Erwin Chargaff

Vermächtnis

Essays

Klett-Cotta

I

Vermächtnis

Die Stille

Wir alle sind Erben wider Willen. Fallengelassen in diese Welt, erleiden wir sie mehr als wir sie erleben. Aber das Kind kann nur die Gegenwart empfinden; ein alter Mann überwacht und überschläft fast ein ganzes Jahrhundert. Wenn auch seine frühen Empfindungen vielfach verändert und entschärft worden sind durch das, was nachher gekommen ist; wenn auch der Schatten späterer Ereignisse die frühen Konturen verschwommen macht: so hat er doch Gelegenheit gehabt, die Erbschaft der Jahrtausende zu sichten, soweit die geringen Kräfte es gestatten, und seinen eigenen Platz darin zu bestimmen.

Ich nehme mich also selbst an der Hand und führe mich dorthin zurück, wo ich fünf oder sieben Jahre alt war. Wie still die Welt war! Zwar gab es schon viele umständlichen Maschinen, aber sie machten wenig Lärm in meinem Leben und waren noch nicht in das Haus eingedrungen. Die Wohnungstür war eine Grenze, die nichts Fremdes überschreiten konnte, keine Stimme, kein Ton, auch nicht das gräßliche Schreien der Sirenen von Ambulanz und Feuerwehr. Wir hatten kein Telephon, das Radio war weit von seiner Erfindung, und selbst der Doktor Freud hätte keinen Spalt gefunden, um seinen Kopf hereinzustecken. Auch die Gassen waren still und leer, und man konnte tags und nachts ganz ohne Angst in ihnen gehen. Automobile gab es wenige, und sie sahen komisch aus. Das Schrekkenerregendste – und es war ein wohliger Schrecken – war die Lokomotive. Sie war für das Kind der Inbegriff der Maschine, und dazu gehörte, daß man nur bei sehr seltenen Gelegenheiten mit ihr zu tun hatte.

Ein die Zähne fletschender martialischer Schnurrbart und ein leicht verblödeter, wacklig-gütiger Backenbart bezeichneten den politischen Horizont. Sie waren ganz ohne Interesse, und selbst ihre Bildnisse in den illustrierten Blättern konnten sich mit den Porträten eines Richard Löwenherz oder Robinson Crusoe, wie die Kinderbücher sie darboten, nicht vergleichen. Ohne ihnen nahetreten zu wollen, glaube ich doch, daß auch der politische Horizont der Eltern nicht viel weiter war. Sie hatten schon solche Namen wie Edison, Ford oder Blériot gehört, Poincaré oder Lloyd George; aber alles war so unendlich weit weg von der kleinsten Provinzhauptstadt der Habsburger Monarchie.

»Das ist es eben«, werden manche vielleicht sagen, »in Paris, London oder Berlin wäre Ihnen die Welt nicht so still vorgekommen. Ein New Yorker Kind hätte die frühe Hölle des Times Square gekannt, und die ›Tubes‹, die ›Métro‹, die ›Subway‹ hätten für rechtzeitigen Anschauungsunterricht gesorgt.« »Ihr habt recht und zugleich unrecht«, antworte ich, »natürlich mußte Oliver Twist andere Erlebnisse gehabt haben als ich. Kindheiten sind sogar verschiedener voneinander als spätere Lebensläufe. Dennoch halte ich meine Behauptung aufrecht, daß die Welt unglaublich still war. Wenn ich von Stille spreche, halte ich sie nicht so sehr gegen den Lärm, der auf der Place de la Concorde geherrscht haben mag oder auf dem Columbus Circle. Ich denke viel mehr an die Stille des Bewußtseins, an eine geradezu ansteckende Seelenruhe. Die Welt, jedenfalls die bürgerliche Welt, war in einen Schönheitsschlaf der Seelen versunken (denn es war immer zehn Minuten vor Mitternacht), einen Schlaf, der, bis auf die kurze Unterbrechung durch die *Commune* von 1871, fast hundert Jahre währte.«

Diese Ruhe, diese Stille sollte im Sommer 1914 plötzlich enden. Wenige ahnten, daß sie nie wiederkehren werde, daß mit dem Ausbruch des Ersten Weltkriegs eine neue Epoche begonnen habe. Diese währte 75 Jahre und erreichte 1989 mit dem Zerfall der kommunistischen Länder wenn nicht einen Schluß-, so einen Strichpunkt. Es war ein kurzes Jahrhundert gewesen.

Die Musik, die bildenden Künste, die Literatur sind getreue

Spiegel ihrer Zeit, aber die Mitlebenden merken es erst, wenn es zu spät ist. Dann hat sich der Spiegel mit einem Hauch, der aus dem Atem der Zukunft kommt, überzogen, und wir erblikken die Figuren überwirklich und verzerrt. So verstanden es während der ersten Hälfte des 19. Jahrhunderts nur wenige, die Spiegelbilder zu lesen, darunter einer der Hauptzeugen, Charles Baudelaire. Als Walter Benjamin vor seinem Tode die Vorarbeiten zu seinem letzten Werk »Paris, die Hauptstadt des 19. Jahrhunderts« zu versammeln suchte, war es Baudelaire gewesen, dessen Stimme vorherrschte.

Gewiß bedurfte es großer Feinfühligkeit, um aus den so verschiedenen Äußerungen der romantischen Bewegung, die die erste Hälfte jenes Jahrhunderts erfüllte, den Todesschrei der aus der Welt verschwindenden Stille zu vernehmen. Obwohl gerade damals der Triumph der Maschine begann, benötigten Veränderungen, die jetzt in zwei Jahren abgeschlossen sind, anfangs Jahrhunderte, so daß die letzten Strahlen einer Sonne, die sich schon für Adalbert Stifter zum Untergang anschickte, noch meine Stirn trafen. Noch ruhte auf der Welt der Segen der Langsamkeit.

Es war jedoch bereits die Zeit eines verwirrenden Nebeneinanders. In den Romanen eines Charles Dickens oder einer Elisabeth Gaskell stinkt es schon nach industrieller Revolution und verdorbener Umwelt, aber gleichzeitig war es die Epoche der ganz aus dem Innern atmenden ruhigen Erzählungen: *Adolphe* von Constant, *Oberman* von Senancour, *Sylvie* von Nerval, *Dominique* von Fromentin, *Der Nachsommer* von Stifter.

Ich denke nicht, daß man sagen kann, daß ein scharfsinniger Beobachter der literarischen und künstlerischen Produktion des Anfangs unseres Jahrhunderts die im Jahre 1914 erfolgte Katastrophe hätte voraussagen können. Zu viele Symptome sind des Diagnostikers Verderben. Er muß eine Auswahl getroffen haben, und dann muß es die richtige gewesen sein. Daher glaube ich nicht, daß sogar Karl Kraus, der irgendwo in der »Fackel« schon fast alles Denkbare hatte kommen gesehen, die richtigen Schlüsse gezogen hätte. Allerdings war der eine

Schluß, den er gezogen hat, vielleicht der allerwichtigste: daß das Absterben der Phantasie des einzelnen ihn unfähig gemacht habe, sich das Grauen der kommenden Zeiten auch nur vorzustellen. Aber hätte ein unversehrtes Vorstellungsvermögen genügt? Kann man selbst den schwächsten Teufel mit dem Paradies verlocken? Man darf den *esprit de corps* der Hölle nicht unterschätzen.

Der Aufschrei

Als Mozart im Dezember 1791 begraben wurde, hat es auch nur einen Menschen auf der ganzen weiten Welt gegeben, der geahnt hätte, daß es vorbei sei mit der letzten großen Hoffnung der Menschheit? In seiner Musik war das Herz der Welt zugleich verschlossen und offenkundig gemacht; jede Bewegung zur Güte, zur Freundlichkeit, die den Menschen mit sich nehmen kann, war in ihr harmonisch besiegelt. »Fürchtet euch nicht«, klang es aus ihr, »bald wird es Tag«. Es war vielleicht der letzte Augenblick gewesen, da das Herz des Menschen noch Platz fand in der beschirmenden Hand. Aber die Furcht war nicht grundlos, denn was anbrach war Nacht.

Dennoch dauerte es lange bis zum Aufschrei. Hundert Jahre zwischen Napoleon und Sarajevo. Hundert stille Jahre, wenn man sie als Kind im Geschichtsunterricht vermittelt bekommt. Aber hundert der verhängnisvollsten Jahre der Menschengeschichte, wenn man erwägt, was sich da abgespielt hat. Es war die Zeit, als der Kapitalismus sich in seiner ganzen die Menschheit verkrümmenden Anmaßung enthüllte; als der Welthandel zu einer Weltmacht anschwoll; als der Kolonialismus sich der niedrigsten menschlichen Eigenschaften bediente, um die Schwachen der Welt zu versklaven. England, Frankreich und Deutschland unterjochten ganze Kontinente, die Vereinigten Staaten und Rußland betrieben eine nicht weniger verhängnisvolle innere Kolonisation.

Es war aber auch die Zeit gewesen – ein großes Aber, dessen

Beisetzung wir vor kurzem bejubelt haben –, als mit Karl Marx ein Strahl der Hoffnung aufleuchtete, der in das Leben von unzähligen Millionen etwas brachte, was angeblich jetzt erloschen ist. Vielleicht war der Marxismus eine Religion gewesen – Dummköpfe würden sagen »nur eine Religion« –, die in Stalin ihren falschen Kaiser Konstantin gefunden hatte. Selbst jemand, der nie ein Akolyth jenes Erlösungsglaubens war, mag fühlen, daß seine Beerdigung etwas forciert vor sich gegangen ist.

Das 19. Jahrhundert war auch das der Entfremdung der Menschen von ihrer Erde, als die rastlosen Wanderer zwischen Geburt und Tod keine Ruhe mehr finden konnten außer in der Erinnerung und im Traum. Es war das Jahrhundert, in dem alle Keime ausgesät wurden, aus denen das Elend unserer Zeit erwuchs. Wenn schon Plautus gewußt hat, daß der Mensch dem Menschen ein Wolf ist, was hätte er zu solchen Wolfszähnen gesagt, wie den »smarten Bomben«, die gerade vor kurzem das unglückliche Volk des Irak zerfleischt haben?

Ich habe soeben von Erinnerung und Traum als den letzten Ruheplätzen der atemlosen Läufer gesprochen. Noch ein letztes Mal in jenem Jahrhundert hatte es geschienen, als eröffnete sich ein zweites Elysium seit Haydns und Mozarts großer Musik. Ich denke an die Malerei des Impressionismus, hauptsächlich in Frankreich. Dieses unglaubliche Aufblühen von Licht und Luft, diese nie dagewesenen Farben der Glückseligkeit, diese freudige Bejahung einer Welt, die es nie gegeben hatte: sie hätten bessere Menschen machen sollen aus denen, die sie in sich aufnahmen. Aber es war eine kurze Seligkeit gewesen und eine lange Kapitalsanlage. Was mit Cézanne begann ging andere Wege, und diese führten zu weiteren großen Schöpfungen, aber mit der jubelnden Kristallisation von Farbe und Licht war es vorbei. Die Malerei, die Musik, die Literatur spiegelten die Verzerrung der Gestalt, die Verdüsterung des Lichts, die Verlorenheit des Geistes.

Aus den großen Schriftstellern unseres Jahrhunderts, Proust, Joyce, Kafka, lassen sich die Angst, die Unruhe, die Zersplitterung des Bewußtseins ablesen. Tiefblickende Leute waren nicht überrascht, als im Jahre 1914 der Aufschrei einsetzte, den ich während meines ganzen Lebens gehört habe. Sie wußten, daß er die Antwort war auf die immer stärker werdende Verkrümmung und Aushöhlung des menschlichen Geistes durch eine Macht, die ihm unbegreiflich war.

Wird es besser auf der Welt oder schlechter?

Die meisten Weisen – daran erkennbar, daß sie alt geworden sind und niemals an den Straßenecken betteln mußten – werden antworten »Weder, noch«. Sie werden sagen, Mensch sei Mensch, und seit der Menschwerdung sei es ihm immer so-so gegangen. Auch sei die Frage sinnlos, denn es komme darauf an, wem sie gestellt würde. Selbst eine statistische Entscheidung, sollte sie möglich sein, wäre wertlos, denn der Mensch lebe nicht von Statistik allein, und Uhl und Nachtigall sängen aus sehr verschiedenen Partituren.

Andere Weise, vielleicht etwas jünger, werden sagen, das sei eine typische Alteleutefrage. Für alte Menschen sei die Welt immer schlechter geworden, und selbst Eva, als sie das Frühstückspaket für ihre beiden Söhne fertigmachte, habe gemurmelt, das Brot werde immer schwärzer und der Käse magerer.

Wieder andere Leute, dumm, weil jung, werden sich über beide Antworten lustig machen, denn es sei überhaupt keine Frage, daß es der Welt besser gehe als je zuvor. Es gebe tausende Beweise dafür, aber sie wollten nur einen nennen, nämlich, daß vor kurzem in dem Krieg der Vereinigten Staaten gegen ein kleines Volk in Asien es bereits Stationen auf den Satelliten gegeben habe, von denen die todesfreudigen Bomben treffsicher dorthin gelenkt wurden, wo sie die meisten Opfer machten. Wissenschaft, Technik und Freihandel seien die Stufen zu immer größerem Glück der Menschheit, »Konsumieren sollst du, sollst konsumieren«, sei die Parole der Zukunft. Schlimmstenfalls werde man in den Weltraum übersiedeln. Auch dort sei es ganz schön, bei passender Kleidung und kontrollierter Umgebung.

Auch ich bin der Meinung, daß die Frage, wenn man einmal den Fehler macht sie zu stellen, nicht beantwortet werden kann. In die Herzen der Toten können wir nicht blicken, aber was uns selbst betrifft, können wir unsere eigene Empfindung ausdrükken. Das will ich tun, nicht als Sprecher für die Menschheit, sondern nur als präsumtiver »Verweser meiner selbst«. Ob der Zeitraum, der jetzt zu Ende geht, der ärgste ist, den die Geschichte kennt, kann niemand entscheiden, wohl aber, daß er ein besonders abscheulicher gewesen ist. Jedenfalls war er der erste, in dem es völlig klar wurde, daß, wenn es so weitergeht, die Erde sehr bald unbewohnbar sein wird. Allein dieser Umstand sollte als Beweis dafür hinreichen, daß wir in wahrhaftig ungewöhnlichen Zeiten leben. »Nach uns die Sintflut, und auch da wird man schön verdienen« sagen die wissenschaftlichen Schlauköpfe, während sie alle Hypotheken vergeuden, mit denen sie ihre Nachkommen belastet haben. Ich glaube nicht, daß es noch viele Menschen gibt, die Zutrauen haben zu dem Geschwätz, das sie überzeugen will, nur die Naturwissenschaft könne die von ihr gemachten Fehler beheben.

Bald, wenn es fünfzehn Milliarden Erdbewohner gibt, die in ebenso vielen Automobilen herumfahren werden, wird kein Mensch mehr am Leben sein, der sich erinnern könnte, wie die Welt einmal ausgesehen hat, unversehrt und unvergiftet, so zwischen Abel und meinem Großvater. Die rapide Zunahme der Bevölkerung und die noch rapidere Verschlechterung der Umwelt sind Beispiele von völlig unlösbaren Problemen, denen die Menschen hilflos gegenüberstehen. Auch in Zukunft wird, denke ich, nichts geschehen, um Einhalt zu gebieten. Wie können die Menschen ihrer wahren sexuell-konsumatorischen Natur zuwiderhandeln? Wo und wie können die immer rastloser werdenden Generationen Ruhe finden?

Die Welt wartet auf einen Messias, aber der spritzt gerade Kokain; sie wartet auf eine neue Gnosis, aber die wird nicht kommen, denn Markion hat noch immer nicht seinen Forschungskredit, um den Hemmstoff gegen die menschliche Bosheit zu isolieren. Nur eine ökonomische und soziale Katastrophe von Ausmaßen, die man sich gar nicht vorstellen kann, würde vielleicht eine Dämpfung herbeiführen. Ein schrankenloser Optimist könnte sich vielleicht eine babylonische Geistesverwirrung ausmalen, in der es niemanden mehr gäbe, der Gebrauchsanweisungen lesen und die Maschinen der Welt betreiben könnte. Mit der Zeit wird auch das eintreffen, aber es wird lange dauern. Auch dann, wenn es keine Geigerzähler mehr geben wird, werden die Deponien des Atommülls fortfahren zu strahlen.

Katalog des Elends

Es besteht also wenig Hoffnung auf das baldige Erscheinen des Messias, und die Menschen werden noch einige Zeit in ihrer gegenwärtigen Lage verbringen müssen. Um diese Lage mir selbst zu beschreiben, legte ich eine Liste wahrgenommener Beschwerden an. Die Grundlage dieser Liste ist natürlich völlig subjektiv. Sie beruht auf meinem viele Jahrzehnte zurückreichenden Gedächtnis und auf meiner durch diese lange Zeit unverändert gebliebenen Vorstellung davon, was es heißt ein Mensch zu sein. Man lernt zwar immer dazu, aber nur, wenn man nicht aufgibt was man früher gewußt hat. (Ich rede selbstverständlich nicht von Telephonnummern, Atomgewichten oder Namen sogenannter Staatsmänner.) Es gibt natürlich Leute, die ihre geistige Haut schlangengleich jedes Jahr umtauschen, aber mit denen will ich nichts zu tun haben. Tatsächlich ist der Verlust der innern Standfestigkeit eines der Krankheitssymptome unsrer Zeit.

Die folgende Liste ist etwas unordentlich geraten, denn es ist mir nicht geglückt, aus der Reihenfolge der einzelnen Punkte eine Stufenfolge der Wichtigkeit zu machen. Auch wird man ihr vielleicht vorwerfen, daß sie nicht unterscheide zwischen dem Taschen- und dem Lungenkrebs. Der Vorwurf ist nicht unberechtigt, aber ich muß gestehen, daß ich oft nicht imstande bin, die Ursachen von den Symptomen zu trennen. Ich schildere nämlich im Folgenden ein Labyrinth, das keinen Ausgang hat.

1) *Übervölkerung* – Das ist eigentlich eine gewagte Bezeichnung, denn kein Weiser kann uns sagen, für wie viele Menschen die Erde geplant ist. Vielleicht waren manche Gegenden schon seit langem übervölkert, vielleicht werden andere es nie sein. Aber da *homo*, ehemals *sapiens*, in fünfmilliardenfacher Ausführung die Erde bereits völlig ruiniert hat, wie viel tatkräftiger werden erst 15 Milliarden, die es bald geben wird, sein. Ich sehe keine Aussicht auf Besserung.

2) *Zerstörung des Umweltgleichgewichts* – Jede Feldmaus schadet und nützt der Natur, aber sie tut das auf feldmäusisch, am Herzen der Natur. Das ungeheure Netz von Geburt und Tod, von Gewinn und Verlust, das über die ganze Welt, ja das Weltall gebreitet war, ist gebrochen worden durch den Aberwitz *einer* Art von Lebewesen; aber die Gnade des Gleichgewichts ist allen entzogen worden. Nur wenn die Waage zittern kann, kann sie wägen. Aber wir haben unsre Trottelfaust auf die eine Waagschale geworfen und wundern uns über die Folgen. Wir addieren alle unsere großen Erfindungen und Entdeckungen und sind erstaunt, daß die Summe der Errungenschaften negativ ist. Denn in dieser Summe ist auch enthalten, was Naturwissenschaft und Technik und die sie vorantreibenden Konsumsüchte der Natur angetan haben. Manche Schäden mögen irreversibel sein, andere könnten durch eine veränderte Lebensweise wieder behoben werden. Daß dies jedoch geschehen wird, daß ein von den Menschen ausgehender Beschluß jemals zu einer wirklichen Besserung führen wird, halte ich für sehr unwahrscheinlich. Eine Tyrannei über die ganze Erde, und noch dazu eine wohlmeinende Tyrannei, wäre erforderlich. Gewiß wird schließlich die Natur, die von den Naturwissenschaften verkannte Natur, aufstehen und Ordnung machen. Aber die Natur mißt die Zeit mit andern Uhren, und unzählige Generationen werden daran glauben müssen, ohne zu wissen was »daran« bedeutet.

3) *Verlust der Wirklichkeit* – Das Tier, die Pflanze leben in der Natur; sie können die Wirklichkeit nicht verlieren. Solange die Natur noch *physis* oder *natura* hieß, also Wachstum und Entstehung, traf das auch auf den Menschen zu. Wann die Loslösung begann, wann der Mensch aus der Natur heraustrat, wann er sie konfrontierte, als Freund oder als Feind, kann ich nicht sagen. In den westlichen Kulturen begann dieser Prozeß, denke ich, zur Zeit der Renaissance; aber es war ein sehr langsamer Vorgang bis zum Ende des 18. Jahrhunderts, d. h. bis zur endgültigen Formulierung des Begriffs der Maschine. Ich habe schon bei früheren Gelegenheiten ausgeführt, daß in meiner Meinung diese Loslösung von der Natur eine Vorbedingung für die Entstehung unserer Art von Naturwissenschaft und Naturforschung gewesen ist.

4) *Aufhebung des Einzelnen* – Wenn man alte Bücher liest, z. B. die wundervolle *Vita* des Benvenuto Cellini, ist man überrascht zu sehen, in welchem Maße jedes Volk eine Gemeinschaft von Individuen war. (Das lateinische *individuum* ist übrigens eine recht genaue Entsprechung des griechischen *átomon* und wurde schon von Cicero so verwendet. Im jetzigen Sinn erscheint es in den Sprachen im 16. und 17. Jahrhundert.) Die Aufhebung der Individualität begann, glaube ich, mit der industriellen Revolution. Die romantische Bewegung, die so zwischen 1800 und 1840 alle europäischen Kulturen ergriff, war vielleicht der letzte, bald gescheiterte Versuch, den Vermassungstendenzen entgegenzuwirken. Zuerst verschwand der Einzelne aus dem öffentlichen Leben; die Parteien als Massenorganisationen degradierten ihn bestenfalls zu einem wirkungslosen Schreier; aus dem Volk wurde ein Brei. Das hatte viele verhängnisvollen Folgen. So entstand – als in Wirklichkeit sinnentleerte Floskel – der Begriff der Öffentlichen Meinung. Das hatte zur Folge, daß der einzelne * nur mehr eine Meinung

* Es ist kein Zufall, daß von jetzt an der Einzelne seinen Großbuchstaben verloren hat. Auch der Duden folgt der Öffentlichen Meinung.

hatte, wenn er danach befragt wurde, und daß diese meistens mit der ihm von der käuflichen Presse vermittelten Öffentlichen Meinung übereinstimmte. Das bedeutete auch den Tod der Demokratie, bevor sie richtig zur Welt gekommen war, denn alle politischen Parteien mußten einander immer ähnlicher werden. Man ist also wieder bei den Zirkusparteien des alten Byzanz angelangt: je weniger Inhalt, desto mehr Geschrei, und die Leidenschaft wird eher größer, wenn sie sich an Sinnloses hängt. Wir stehen demnach einem Paradox gegenüber: Vernichtung des einzelnen durch Multiplikation und des Volkes durch Division.*

5) *Eigenleben der Institutionen* – Die Klagen über das nie dagewesene Anwachsen der Bürokratien sind allgemein und scheinen für alle Länder zu gelten. Dies sind jedoch keineswegs die einzigen Institutionen, die ein nicht mehr kontrollierbares Eigenleben führen. Es scheint, daß alle organisierten Gruppen, ob groß, ob klein – Militär, Polizei, Gerichte, Schulen, Universitäten, Forschungsinstitute, aber auch Industrie und Handel – eine völlig undurchsichtige Existenz führen. Die mächtigeren unter ihnen – und in einem Land wie Amerika gibt es sehr viele sehr mächtige – haben jede ihre Lobby, mit deren Hilfe sie Politiker und Massenmedia teils erpressen, teils kaufen. Seltsamerweise hat die Volksmythologie noch nicht gelernt, daß Demokratie nur der Butzen ist, der übrigbleibt, nachdem alle organisierbaren Institutionen und Körperschaften sich ihre Anteile abgeschnitten haben. Viel bleibt nicht übrig, kaum genug, um von einem elenden Leben abzulenken.

6) *Der Inhalt des leeren Sacks* – Dieser Abschnitt könnte auch Verlust der Menschlichkeit heißen; aber das wäre ein zu pompöser Titel. Er soll sich damit befassen, was als Folge oder Begleiterscheinung des in meinem Punkt 4 Behandelten betrachtet werden kann. Meine Vorstellung davon, was es heißt,

* Zur Ergänzung möchte ich auf mein Kapitel »Öffentliche Meinung« in *Alphabetische Anschläge*, S. 143, verweisen.

ein Mensch zu sein, ist zwar fest, aber sie zu schildern würde ein Handbuch der Ethik erfordern, das zu schreiben ich nicht berufen bin. Allerdings ist das vorhandene Beobachtungsmaterial nicht geringer als das, worüber, sagen wir, ein Montaigne verfügen konnte. Wie er habe ich auf die Menschen geschaut und nicht auf Prinzipien. Eine auffällige Erscheinung ist zum Beispiel die Entwertung der Sprache. Diese setzte ein mit der Französischen Revolution, obwohl ich nicht glaube, daß diese dafür verantwortlich war. Eher umgekehrt: vielleicht war die Erkrankung des Sprechens und Schreibens eine der Vorbedingungen für jene. Der größte Kenner der Sprachpathologie, Karl Kraus, hätte das wahrscheinlich bejaht. Dort, wo ich lebe, ist die Sprache sehr krank geworden; sie ist nicht mehr die festeste Brücke zwischen den einzelnen Menschen und der Welt. Während sie früher ausdrücken konnten was sie bewegte, fehlen den Menschen jetzt die Worte. Es ist leichter, die Schuld zu beschreiben als die Schuldigen, denn Schriftsteller, Journalisten, Politiker sind selbst eher Opfer als Anstifter. Woran aber die Massenmedia gewiß schuld sind ist, daß die Menschen aufgehört haben zu lesen. Verfälschte Vergangenheit und filtrierte Gegenwart kommen zu ihnen nur als Bilder; so wie das Schreiben, soweit sie noch dazu fähig sind, nur im Drücken von Tasten besteht. Die einzelnen sind autistisch geworden und nur mehr durch den Tod vereint. Dieser ist zu einem Betriebsunfall erniedrigt worden, und eine der wichtigsten Pflichten des Menschen besteht jetzt darin, gesund zu sein und nicht zu sterben. Nur durch Verbrechen oder durch Drogenkonsum kann er dem Nirwana der Verstumpfung, in das er gedrängt worden ist, entfliehen.

7) *Der Mensch als Konsumiermaschine* – Die Ereignisse des schicksalschwangeren Jahres 1989 haben gezeigt, daß die Konsumiersüchtigkeit der Menschen eine neue riesenhafte Macht ist, größer als der Nationalismus, größer als der Zerstörungstrieb, größer als der Haß des einen gegen den andern. Das hätte, denke ich, auch Karl Marx nicht vorhersehen können, daß der Fernsehapparat mit seiner Fähigkeit, Abbildungen

der reizendsten Konsumgüter, und noch dazu in Naturfarben, in entfernteste, von der westlichen Zivilisation ausgeschlossene Gegenden auszustrahlen, daß also diese schlichte Trottelkiste eine Sprengkraft besitzt, die Herrn Alfred Nobel mit Neid erfüllt hätte. Wenn dann die Volksseele kocht, unternimmt sie großangelegte Plünderungen von Läden, trägt aber nicht Lebensmittel fort, wie es früher in Zeiten der Hungersnot geschehen wäre, sondern entzückende elektronische Apparate und dergleichen. Die kochende Konsumentenseele tut aber noch viel mehr: sie stürzt Reiche, tötet Ideologien, beendet die Weltgeschichte. Vor Jahren habe ich Geld als das Pneuma des Teufels beschrieben. Aber erst später habe ich erkannt, wie groß die Macht ist, die von der mystischen Überzeugungskraft dieses Pneumas ausgeht.

8) *Ausschaltung der Phantasie, Heiterkeit durch Verblödung* – Die Fähigkeit zu phantasieren ist eine wichtige menschliche Eigenschaft, die den Bereich der ihm zugänglichen Wirklichkeit enorm erweitert. In keiner andern Tätigkeit zeigt sich die Macht der Einbildungskraft so deutlich wie in der Musik, den bildenden Künsten, der Literatur, der Philosophie. Es mag eine Marotte von mir sein, aber ich habe den Eindruck, daß die Qualität der Hervorbringungen auf diesen Gebieten einen bemerkenswerten Tiefstand erreicht hat. Der Niedergang begann möglicherweise mit dem Ersten Weltkrieg und mag auch damit zusammenhängen, daß das den Künsten zugewandte Publikum verschwunden ist. In einem gewissen Sinn hat sich das Publikum für alle geistigen und halbgeistigen Tätigkeiten, wie die Wissenschaften, verlaufen. Die Amüsementindustrie hat noch ein Publikum, aber auch hier hat sich alles verändert, indem Heiterkeit nur durch Verblödung erreichbar scheint. Wenn ich die Opera buffa des 18. und das Singspiel und die Operette des 19. Jahrhunderts, wenn ich z. B. Offenbachs reizende Kompositionen damit vergleiche, was mir jetzt entgegenschallt, sehe ich eine Bestätigung des hier Gesagten.

9) *Naturwissenschaft als Religionsersatz* – Ich habe nicht das Recht über Religion zu sprechen, denn was in den Herzen

der Menschen vorgeht, weiß ich nicht. Aber ich denke nicht, daß ich irregehe, wenn ich fast überall eine beträchtliche Erschlaffung des religiösen Gefühls feststelle. Die numinosen Bedürfnisse der Menschheit müssen jedoch befriedigt werden, und dazu scheinen jetzt die Naturwissenschaften zu dienen. Solange sie ein Zweig der Philosophie waren oder ein kleiner Handwerksbetrieb und nicht eine mächtige Industrie, konnte davon nicht die Rede sein. Aber seit dem Zweiten Weltkrieg, z. B. seit dem »Manhatten Project«, das unmittelbar zur Vernichtung der Städte Hiroshima und Nagasaki und ihrer Bevölkerung führte – oder einfacher gesagt, seit die USA die Szene der Naturforschung zu beherrschen begann –, haben die Naturwissenschaften eine Rolle übernommen, die sogar Prometheus ihnen nicht prophezeit hätte. Gerade vor kurzem hat der von Saddam Hussein und George Bush angezettelte »Golfkrieg« gezeigt, wie mächtig der Panzer ist, den die Naturwissenschaften für das Heer geschmiedet haben. Nicht nur die Physik, die für die Kriege sorgt, von der Chemie diensteifrig unterstützt, sondern auch die Biologie sind gerade dabei, den Angstträumen der Menschheit einen besonders schweren hinzuzufügen. Die Chemie ihrerseits fördert aus eigenem die Zerstörung der Umwelt, und was die Molekularbiologie und die Reproduktionstechnologie teils bereits getan haben und teils sich anschicken zu tun, gehört sicherlich zu den unangenehmsten Bestandteilen des Inhalts der Büchse der Pandora. Der Glaube des Laienpublikums an die Naturwissenschaften und die Ehrfurcht vor ihr entspringen dem Bedürfnis nach Religion; die Anbeter wissen jedoch nicht, daß es die aus der Unterwelt auferstandene Göttin Hekate ist, die sie gedankenlos verehren. Ich habe in früheren Schriften, besonders im *Feuer des Heraklit*, diese Fragen viel ausführlicher behandelt. Da ich am Anfang dieses Katalogs gesagt habe, daß ich hier ein Labyrinth schildere, das keinen Ausgang hat, möchte ich jedoch hinzusetzen, daß ich den Anspruch der Naturforschung, sie wisse, wo dieser Ausgang sei, für falsch halte. Ein anderer ihrer Ansprüche ist vielleicht noch gefährlicher, nämlich daß sie berufen und fähig ist, die Natur zu verbessern, indem sie sie verändert. Ich glaube, daß die Molekulargenetik und die genetische Medizin gerade dabei sind, sich mit raschen Ehren und langer Schuld zu beladen. Auch darüber habe ich an anderer Stelle einiges gesagt.

10) *Innovationssucht* – Als die Menschen es schwer hatten, in der Welt zu leben, lebten sie auch schwer auf der Welt. Sie konnten stehen und in den Himmel schauen, weil sie fest auf der Erde standen. Der einzelne hatte ein Gewicht, das man nicht auf der Waage mißt. Die Lebensweise veränderte sich sehr langsam; man liebte die Jungen, man ehrte die Alten. Jetzt hat man aufgehört, über Tradition und altmodische Manieren zu spotten: man hat sie längst auf den Mist geworfen. Ich glaube, daß das Leben einen Rhythmus hatte, der sich zwischen Julius Caesar und Napoleon nur sehr langsam veränderte. Wenn ich in einer Geschichte Tschechows lese, wie einer jungen Braut als Teil ihrer Mitgift sechs Pelze geschenkt wurden, weiß ich, daß sie diese Pelze bis an ihr hoffentlich spätes Lebensende tragen wird. Wie lächerlich muß uns das jetzt vorkommen! Es ist uns eingebleut worden – von wem? von der Hekate? vom Teufel? –, daß man durch Verschleiß verdient. Und obwohl wir sehr gut wissen, daß wir durch Verschleiß verlieren, wird alles alle paar Jahre weggeschmissen, als wäre diese Erde unerschöpflich und die Natur ewig zu unseren Gunsten bemüht, neue Bodengüter, Metalle usw. zu erzeugen. Eines der wenigen Naturgesetze, denen ich völligen Glauben schenke, sagt mir jedoch, daß das nicht der Fall ist: wir haben was wir haben. Und damit Schluß. Wie es in weniger als einhundert Jahren zu einer derartigen Umstülpung uralter menschlichen Gewohnheiten kommen konnte, kann mir die Soziologie, die Anthropologie, die Nationalökonomie zwar erklären, aber ich werde es nicht verstehen. Jetzt leben wir bereits in der Post-post-postmoderne und ich habe die Moderne kaum eingeholt. Dazu kommt noch, daß nicht nur Automobile oder Fernsehkameras der krankhaft-kommerziellen Erneuerungssucht unterliegen, sondern alles Geistige, das ein Mensch jetzt zu schaffen versucht, ist sozusagen gesetzmäßig und automatisch überholt, wenn er damit fertig

ist. Es ist als handelte die Uhr als Zentrifuge, die alles Abgelaufene wegschleudert. Menschsein heißt jedoch, auf dem Weg in die Zukunft der Vergangenheit zu gedenken.

Lob der Widerspenstigkeit

Die zehn Bündel von Mißklängen, die ich im vorigen Abschnitt auf dem Altar der Streitsucht deponiert habe, erschöpfen keineswegs den Inhalt meines Katalogs. Ich war es einfach müde geworden, ein Feuer zu schüren, das niemanden erwärmen und wahrscheinlich nichts verbrennen wird. Wenn einer der Wirkungslosigkeit seiner Bemühungen gewiß ist, so tut er das oft nicht aus Bescheidenheit und gewiß nicht aus Kleinmut, sondern aus Verzweiflung. Seit den Lamentationen des Jeremias mag es manchmal geschehen sein, daß Beschwerden gehört, aber wenig Anzeichen, daß sie je erhört worden sind. Die Liste ist vielleicht etwas einseitig ausgefallen, aber ich glaube nicht, daß sie unrichtig ist. Trotzdem steht man da wie eine der abschrekkenden Figuren der österreichischen Folklore, des Streithansl oder der Jammerpepi. Meistens hat er nämlich mit Recht gestritten und sie mit Recht gejammert, aber darum schert sich niemand: gegenüber dem Leiden anderer ist es leicht ein Stoiker zu sein.

Man darf aber nicht aufhören zu klagen; man soll sich das dem Menschen innewohnende Schwergewicht nicht rauben lassen. Verträglichkeit, Friedlichkeit, Freundlichkeit sind schöne menschliche Eigenschaften; aber man soll nichts übertreiben, wie der alte Biach, eine der Kernfiguren des Karl Kraus, sicherlich gesagt hat. Alle Mächte der Hölle, die sich als Fortschritt verkleidet haben, gehen los auf den einzelnen, sie kneten ihn, sie putzen ihn, sie schneiden ab was herausschaut. Am Ende, das bald kommt, ist er wie alle anderen. Ich möchte diesem gequälten einzelnen etwas vom Blei der Unbeweglichkeit einflößen.

So lobe ich die Widerspenstigkeit des uns alle überlebenden

Steinblocks. Vom unglaublich großen Michelangelo aus dem Marmor gemeißelt, stand der David bis zum Jahr 1873 auf der Piazza della Signoria in Florenz. Jetzt ist er dort durch eine Kopie ersetzt worden, und das Original ist in der Accademia aufbewahrt. Obwohl der David nichts tut als beharrlich zu stehen, hätten Vergil und Goethe, Dante und Shakespeare, Bach und Beethoven seine Botschaft verstanden. Aber auch die kleinen Leute, wie sie damals lebten, hätten dem Vorbild gefolgt, vielleicht ohne zu wissen, worum es sich handle. Ich habe oft darüber nachgedacht, warum es in unsrer Zeit so leicht geworden ist, uns blöd zu machen, uns in ein Netz zu verstricken, dem man nur durch den Tod entgeht. Die Wege des Versuchers zu ermitteln, dazu hätten meine Kräfte nicht ausgereicht. Ich wäre zufrieden, sollte es mir gelungen sein, einige Maschen des Netzes zu beschreiben.

II

Lob des Laien

I

Welch ein glücklicher Zustand: ein Laie ist man sein ganzes Leben lang, selbst wenn man älter wird als Methusalem; als Fachmann währt man höchstens wenige Jahrzehnte, wenn nicht wenige Jahre. Auch genießt ein Laie die allgemeine Anerkennung seines Standes, den ihm niemand streitig machen wird; ein Fachmann ist immer in Gefahr, seine Würde zu verlieren, und dann ist er nackter als je ein Laie. Das Fürchterlichste, was einem Fachmann passieren kann, ist daß ihm auf einem Kongreß oder in einer Buchrezension die Frage entgegenschallt: »Sind Sie am Ende ein Laie?«. Das erinnert mich an eine kleine Begebenheit, als ich im März 1933 in die Preußische Staatsbibliothek in Berlin eintreten wollte, um etwas im Chemischen Zentralblatt nachzuschauen. Am Eingang stand ein unfreundlicher Haufen von als SA-Männern verkleideten Studenten (oder von als Studenten kostümierten SA-Leuten), und einer davon trat auf mich zu mit der Frage: »Sind Sie Jude?«. Ich schwang als Antwort meinen österreichischen Paß, der damals ein wunderwirkender Talisman war, denn Mussolini hielt noch seine schirmende Hand über Dollfuß, den kleinen Kanzler, den Millimetternich. Wie oft hat sich ein in Frage gezogener Fachmann gewünscht, er hätte auch so einen österreichischen Paß! Er aber kann nur verächtlich schnauben und auf seine 225 Arbeiten, alle über das gleiche langweilige Thema, verweisen. Ich will für ihn eintreten: er hat es bewiesen, 225 mal, daß er kein Laie ist.

Es ist aber Zeit, mit dem Anfang anzufangen. Manchmal, wenn ich ein Wort in den Mund nehmen will, sehe ich es mir zuerst sorgfältig an, denn Wörter ziehen viel Schmutz an, und die einzige Reinigung und Desinfektion besteht darin, daß man genau nachliest. Im Grimmschen Wörterbuch beginnt die zweite Sektion des recht kurzen Artikels *Laie* mit einem hübschen Zitat aus einem 1561 erschienenen Wörterbuch:

> ley, ein person die kein ampt hat, ein schlächt,
> einfaltig und unwüssend mensch, *idiota*

Das Wort gibt es schon im Althochdeutschen, wo es, wie in fast allen Sprachen, ursprünglich einen Nichteingeweihten, einen nicht zur Priesterschaft Gehörigen bedeutet. Aber von Anfang an schwingt noch etwas anderes mit, etwas Verächtliches: der Laie ist auch ein Stümper. Das Griechische hat zwei Bezeichnungen: *idiótes* und *laikós,* das erste viel gebräuchlicher. Beide werden vom Lateinischen übernommen: aus *idiota,* Laie oder Stümper, wird unser unabkömmliches Wort Idiot; *laicus* für einen Nichtkleriker, einen Ungeweihten, wird erst für das Kirchenlatein wichtig und führt zu unsern Wörtern Laie oder *layman.* Ein anderes lateinisches Wort von unsicherer Etymologie, *profanus,* bedeutet eigentlich »unheilig«, hat aber seine laienhafte Erbschaft an viele unserer Sprachen weitergegeben, so an die romanischen Sprachen wie auch an das Russische. Im Deutschen hat »profan« seinen abschätzigen Charakter beibehalten. Übrigens, wenn ich den seltsamen Wunsch hätte, jemanden auf lateinisch einen Laien zu nennen, so würde ich von einem *imperitus* sprechen, einem Unkundigen oder Ungelernten.

II

Meine Lobrede soll keineswegs als ein *encomium ignorantiae* verstanden werden, denn, wie ich das Wort gebrauche, ist der Laie nicht ein Ignorant, er ist ein Nichtfachmann. Zu Beginn des Mittelalters waren vielleicht die meisten Laien Analphabeten im strikten Sinn, aber im übertragenen – und dieser umfaßt auch den moralischen Sinn – sind es jetzt eher die Fachleute. Der Begriff der Unwissenheit ist nämlich, wie zu erwarten, nicht weniger komplex als der des Wissens. So will ich denn die Wörter hinschreiben, mit denen sich dieser Text kurz befassen will: Fachmann, Laie, Wissen, Bildung, Weisheit. Das sind alles große Begriffe, und ich werde sie selbstverständlich als behördlich approbierter krasser Laie betrachten.

Fachmann ist ein junges Wort der deutschen Sprache: der dritte Band seines Wörterbuchs, der letzte, an dem Jacob Grimm noch selbst beteiligt war, bucht nur den Plural »Fachmänner« ohne Angabe eines Datums, aber auch »Fachmensch« aus dem Jahre 1845. (Dieser Band des Grimm war 1862 erschienen.) Auch die entsprechenden Bezeichnungen in andern Sprachen stammen aus der gleichen Zeit, um 1850 bis 1860. So im Französischen *spécialiste* (1856) und *expert,* im Englischen *expert* und *specialist* (beide um 1850).

Man kann also sagen, daß es um die Mitte des vorigen Jahrhunderts war, als sich die Notwendigkeit eines speziellen Worts ergab, um einen sich frisch konstituierenden Stand zu kennzeichnen, während frühere Zeiten mit allgemeineren Beschreibungen wie *Gelehrter, savant* oder *scholar* auskamen. Die Gründe für die Neuprägungen sind leicht einzusehen. In jener Zeit erlangten die verschiedenen Wissenschaften ihre klaren, sie voneinander trennenden Konturen; aus den zunftmäßig kontrollierten Handwerken wurden Fabriken; die Maschine hatte begonnen, die Menschen zu unterjochen.

Dazu paßt es, daß die zweitälteste Profession, gleich nach der Prostitution, nämlich die Medizin lexikalisch besonders hervorgehoben wurde, indem die Bezeichnung *Spezialist* anfangs fast nur auf Ärzte angewendet wurde. Als ich ein Kind war, war der Satz »Man muß einen Spezialisten zuziehen« das direkte Vorspiel zum Trauermarsch. So wird man auch heute viel eher von einem Facharzt sprechen als von einem Fachphysiker. Es gibt also anscheinend noch immer Ärzte, die wenig von allem verstehen, während man von einem Physiker (oft zu Unrecht) erwartet, daß er sich im Urknall und im Chaos gleich wohl befindet.

Hätte man den Doktor Faust, aber auch Paracelsus, gefragt, was sie seien, so hätten sie sich vielleicht als eine Art von Philosoph oder als Naturkundige vorgestellt, ganz ohne Anspruch auf höhere Weihen der Fachlichkeit; aber Liebig oder Darwin hätten nicht gezögert, sich Chemiker, bzw. Biologe zu nennen. Darwin, ein zurückhaltender Mann, hätte sich eher *naturalist* genannt. Bei solchen großen Erscheinungen von Facharroganz zu sprechen wäre höchst unangebracht; aber im allgemeinen kommt mit der Würde der Dünkel. Je dümmer, desto eingebildeter. Es gibt jetzt wahrscheinlich keine menschliche Tätigkeit, die nicht den Status eines Fachmanns anstrebt; vom Kanalräumer zum Kosmologen, vom Bankmanager zum Buchmacher. Es würde mich sehr wundern, wenn es jetzt nicht auch eine Fachzeitschrift für Taschendiebe gäbe. Jede Spezialität, auch fast nicht mehr teilbare Subspezialitäten, besitzt ihre eigene Vereinigung, veranstaltet Kongresse, Symposien, Konferenzen, zu welchem Zwecke vom Steuerzahler subventionierte Reisen in entlegene Gegenden unternommen werden. Das dort vorgetragene Zeug, das niemand anhört, wird dann in Büchern, die niemand liest, gedruckt. Das Hauptgewicht des Unlesbaren trägt jedoch die Unmasse von wissenschaftlichen Zeitschriften, die sich in geometrischer Progression vermehren. Die wichtigste Funktion all dieser Fachvereinigungen besteht jedoch darin, daß sie als Lobbyisten für die finanzielle Unterstützung ihrer diversen Fächer wirken.

Natürlich gibt es nicht nur wissenschaftliche Fachleute, obwohl diese den größten Lärm machen. Kein Handwerk so bescheiden, daß es nicht durch den Fachmann emaskuliert worden wäre. Aus diesem Grunde kann man überhaupt nichts mehr repariert bekommen. Zuerst war die Arbeit, dann kam die Arbeitsteilung, und diese wurde abgelöst durch eine Form von überaus emsigem hochspezialisierten Nichtstun. Daher höre ich, daß in vielen Ländern der Dienstleistungssektor besonders stark wächst. Dieser scheint damit betraut zu sein, keine Dienste zu leisten; eine Tätigkeit, die er bereits seit mehreren Jahrzehnten erfolgreich ausübt.

Fachleute müssen erzogen werden, und so sind die Universitäten und andere höheren Schulen seit dem Ende des Zweiten Weltkriegs zu einer Größe angeschwollen, die man früher nicht für möglich gehalten hätte. Das hat den Charakter dieser Anstalten völlig verändert: sie gleichen Gewerbeschulen, unterscheiden sich jedoch von diesen dadurch, daß die an ihnen jetzt Lehrenden unter starkem Publikationsdruck stehen und daher den hauptsächlichen Beitrag zu der wachsenden Masse sogenannter wissenschaftlichen Arbeiten leisten.

III

Ich habe früher gesagt, daß der *Laie* ein Nichtfachmann ist. Lexikalisch scheint das jedoch nicht anerkannt zu sein, denn sucht man im Wörterbuch – z. B. im französischen Robert oder im ausgezeichneten amerikanischen Webster's Dictionary of Synonyms – nach dem Antonym, dem Gegenwort zu Spezialist, so findet man *Amateur* oder *Dilettant*. Es wird also der Grad des fachlichen Könnens kontrastiert oder das Ausmaß des Engagements. Was betont wird, ist demnach der Gegensatz zwischen, sagen wir, einem Forscher, der in seinem Laboratorium originelle Studien auf dem Gebiet der Gifte ausführt, und einem Privatmann, der zu Hause versucht, sich in die Luft zu sprengen. Meiner Meinung nach ist das jedoch ein ungenügender Gegensatz, um das Königreich des Laien zu beschreiben. Für den wahren Laien ist der Fachmann überhaupt nicht konkurrenzfähig; er hält sich fern von jeder Art von Expertentum; er herrscht in einem Land ohne Untertanen. Ein Dilettant ist ein verfehlter Fachmann, ein Laie ignoriert ihn.

Man kann natürlich, und zwar mit Recht, erwidern, daß in einer zunehmend verfachlichten Welt jedermann ein Laie sein muß, wenn auch manchmal nur ein 98prozentiger. Man kann also sagen, daß sich eigentlich wenig verändert hat, bis darauf, daß heutzutage ein viel zu starkes Gewicht gelegt wird auf diesen unter Umständen bestehenden kleinen Unterschied von, sagen wir, zwei Prozent. Auch der lästigste Molekularbiologe, auch der schlauste Atomphysiker ist in allem andern ein Laie, dem wie allen Laien das Adjektiv »kraß« geradezu angeboren zu sein scheint. Bläst der Atomphysiker noch außerdem die Flöte, so ist er eben auch ein Dilettant auf der Flöte. Wenn er, im seltenen Fall, sehr gut blasen kann, so nennt ihn der dumme Jargon unsrer Zeit einen Renaissancemenschen. So jemand kann angeblich auf mehreren Hochzeiten gleichzeitig tanzen; ich halte ihn aber für ein Erzeugnis der Mediokratie; ein Wort, das nicht zu Unrecht leicht mit Mediokrität verwechselt wird.

Der 100prozentige Laie darf stolz sein auf dieses Attribut, denn es ist nicht leicht, es zu erwerben und zu erhalten. Mit dem Laientum steht es wie mit der Jungfräulichkeit: in dieser bösen Welt ist es allzuvielen Angriffen ausgesetzt. Wer wie Tamino und Pamina die Feuergluten und die Wasserfluten zurückgeschlagen hat, darf dann dem Chor der Priester lauschen:

> Triumph! Triumph! du edles Paar!
> Besieget hast du die Gefahr,
> Der Isis Weihe ist nun dein,
> Kommt, tretet in den Tempel ein!

Es wäre aber falsch zu denken, daß der Tempel in den er eintritt, ein Tempel des Nichtwissens sein wird.

IV

Eher ist es ein Tempel des Nichtwissenwollens, des Widerstands dagegen, was unsere Gegenwart *Wissen* nennt. Das Wort selbst kam auf die Welt kurz vor dem Sündenfall, als uns die Schlange gewisse Versprechungen machte: »Ir werdet mit nicht des Tods sterben / Sondern Gott weis / das / welchs tags ir da von esset / so werden ewre augen auffgethan / und werdet sein wie Gott / und wissen was gut und böse ist.« Als wir bald darauf herausfanden, daß wir dennoch des Tods sterben, kann das kaum zum guten Ruf des Wissens beigetragen haben; um so weniger, als trotz allen Bemühungen der Theologie und der

Philosophie die meisten von uns noch immer nicht wissen, was gut und was böse ist.

Für das wachsende Kind ist Wissen etwas, was in ihm ist, aber wie es dazu kam, kann es nicht sagen. Es ist eine der unbeschreiblichen Erscheinungen des Lebens. Da es keine Geschichte des Alltäglichen geben kann, können wir von den meisten Dingen, die wir wissen, nicht sagen, woher dieses Wissen gekommen ist; und jedenfalls nicht, daß wir dabei waren, wie es gemacht wurde. Natürlich weiß der normale Mensch sehr viel und mehr, als er gelehrt worden ist; er hat es gelesen, er hat es gehört, es ist ihm auf unerklärliche Weise zugeflogen. Will er aber den Status eines 100prozentigen Laien erwerben, so muß er sich gegen den Ansturm des fabrizierten Wissens wappnen; eines Pseudowissens, das gegenwärtig in ungeheurer Menge, geradezu auf dem laufenden Band, produziert wird. Denn die Fachleute aller Länder haben sich vereinigt zu einem neuen Stand, den ich die Wissensproduzenten genannt habe. Kaum sehen sie einen Laien, so wollen sie ihn kontaminieren. Daß es ihnen nicht immer gelingt, kommt von der natürlichen Resistenz des Menschen, von seiner angeborenen Abneigung, das, was gut für ihn ist, zwangsgefüttert zu bekommen.

Manche werden mich, fürchte ich, einer fixen Idee verdächtigen, einer Art von Verfolgungswahn, wenn ich sage, wie ich es schon öfters getan habe, daß die semi-industrielle Produktion von sogenanntem neuen Wissen eine vorher nicht dagewesene Erscheinung unserer Tage ist. Lange schon hat es den Gelehrten gegeben, eine relativ seltene Figur, und es war seine Aufgabe gewesen, durch Nachdenken oder Beobachtung Erkenntnisse zu gewinnen, die er dann später, oft am Ende seines Lebens, dem Buchdruck anvertrauen konnte. Das waren bewunderungswerte Erscheinungen, die ihre ganze Menschlichkeit, ihre gesamte Lebenskraft auf Dinge verwendeten, die sie der Welt weder verkaufen noch aufdrängen wollten. Was sie taten wurde getan, weil sie nicht anders konnten. Die Ergebnisse ihres Denkens und Forschens haben ihren Wert durch Jahrhunderte, ja durch Jahrtausende bewiesen, obwohl sie manchmal vergessen und dann wieder neu entdeckt wurden. Sie umfassen fast die ganze Literatur, die der moderne Mensch nicht in die Hand nimmt.

Wenn ich diese großen Schöpfer des Wissens mit den gegenwärtigen Wissensproduzenten vergleiche, ermesse ich das ganze Elend unserer Zeit. Selbstverständlich ist das nur eines der Elemente dieses Elends, aber ein Verfall kann viele Nadirs haben und doch aus einem einzelnen diagnostiziert werden. Die Wissensproduktion, hauptsächlich in den Naturwissenschaften, ist zu einer gewaltigen Bürokratie entartet, und die daran teilhaben sind kleine Beamten in einem riesigen Forschungsbetrieb.

V

Ich kehre zum Laien zurück, und damit zu einem Wort und einem Begriff, der aus unserm Vokabular fast verschwunden ist, dem der *Bildung*. Das Ideal des verarmten Bürgertums, in dem ich aufwuchs, war »der gebildete Mensch«. Dieses Ideal verkörperte sich im Besitz eines sehr großen »Konversationslexikons«, also des *Brockhaus* oder des *Meyer*. Die Ratenzahlungen, die die Anschaffung dieses schönen, vielbändigen, angenehm riechenden Dings in Halbleder erforderte, benötigten einige Jahre. Man wurde ermahnt, sich die Hände zu waschen, bevor man es konsultierte; eine Prozedur, die, wenn zu nichts anderem, zum Rückgang der Infektionskrankheiten in den bürgerlichen Kreisen beitrug. In andern Ländern spielten die *Encyclopaedia Britannica* und das *Grand dictionnaire universel du XIXe siècle* (Larousse) eine ähnliche Rolle. Wäre »Bildung« nicht als etwas Festes und Unveränderliches betrachtet worden, so hätte man gewiß nicht an den Kauf eines so kostspieligen Gegenstands gedacht. Jetzt, da die Druck- und Geschreimedien nur das Allerneueste verkaufen wollen, haben die mündelsichern Kolosse bürgerlicher Bildung ihre Funktion verloren; und wo sie noch herumstehn, sind sie verstaubte Zeugen eines verblichenen Ideals.

Seit Klopstock und Goethe war es aber ein wirkliches Ideal gewesen. Bildung war das Ziel der Erziehung, und diese befähigte den Laien, ein bißchen von vielem zu wissen, und half ihm, seine Position innerhalb der Welt und ihrer Geschichte halbwegs zu umreißen. Immerhin war, bis zur Zeit meines Vaters, mehr daran als man glauben würde. Als ich vor kurzem einige Schriften des Kommunarden Jules Vallès (1832–1885) las, war ich erstaunt zu sehen, wieviel von der griechischen und römischen Literatur in ihnen noch lebendig war. Wirklich lebendig kann die Erbschaft der Jahrtausende nur in einem Laien sein; den Fachmann interessiert das Kleingedruckte.

Jetzt, glaube ich, sind die »gebildeten Leute« fast überall ausgestorben. In andern Ländern, wo man eher von *culture* (frz.) oder *education* (engl.) sprach, also in Frankreich, Italien, England, mag es noch mehr davon geben als in Deutschland, wo das Bildungsideal zuerst aufkam. Die mir bekannten bedeutenden Naturforscher sind jetzt fast völlig barbarisiert.

VI

Natürlich ist weder der Laie noch der Fachmann der Attribute der Menschlichkeit, bzw. Unmenschlichkeit verlustig gegangen. Nur besteht da ein Unterschied: Der Laie handelt unmenschlich, weil er es sich nicht überlegt hat; der Fachmann, weil er es sich überlegt hat. Nach reiflicher Erwägung werden gewöhnlich die größten Schandtaten begangen. Daß sie oft noch kürzere Beine haben als die Lügen, die sie begleiten, trägt zum ästhetischen Vergnügen nicht bei. (Ich schreibe das, während die uralte Stadt Bagdad aus der Luft zerstört wird. Menschen kommen dabei nicht um, weil die Bomben mit »chirurgischer Präzision« placiert werden. Selbst der von Horaz unsterblich gemachte Jude Apella, ein bekannt leichtgläubiger Mann, glaubt es nur für dreizehn Milliarden Schweigegeld.)

Bietet mancher mir bekannte Spezialist ein Beispiel dafür,

daß man durch Wissen verdummen kann, so ist es weniger klar, wohin der Laie dank langjähriger Ignoranz gelangt. »Ignoranz« ist eigentlich nicht das richtige Wort; »Unbeschwertheit von ewig neu fabriziertem Wissen« wäre besser. In seltenen Fällen mag er den Zustand erreichen, den man *Weisheit* nennt.

»Weise wird man durch Erfahrung und Bemühen, durch Arbeit und Fleiß, durch Schaden, Not und Leid.« – so Trübners Deutsches Wörterbuch (8. Bd.). Gut, aber woran erkennt man diesen wünschenswerten Zustand, woran erkennt man den Weisen? Hauptsächlich an seiner Ungehörtheit, möchte ich sagen. Diese ist nicht immer das gleiche wie Unhörbarkeit. Kassandra war keineswegs unhörbar, sie keppelte laut, aber niemand wollte auf sie hören. Das war Teil der Anstellungsbedingungen. Das ist aber nicht das ganze Signalement. Wenn einer, das Gebot der *omertà** mißachtend, dem Weisen zuhört, vernimmt er oft Dinge, die ihm altvertraut vorkommen, obwohl er sie nie vorher gehört hat. Der Weise ist nur selten originell, viel eher hört man von ihm das gute Alte. Wie viel das Altgewordensein damit zu tun hat, ist schwer zu sagen. Man nennt oft alte Leute weise, weil man nichts anderes Gutes von ihnen sagen kann. Da bekanntlich Torheit nicht vor Alter schützt, sind die meisten Alten alles eher als weise, sehen jedoch oft klüger aus als sie sind. Unsre Zeit hat es allerdings darauf abgesehen, sie zu idiotifizieren. Unter dem Druck der medizinischen Berufe und der pharmazeutischen Industrie ist Gesundheit zur ersten Bürgerpflicht erhoben worden; die meisten alten Leute bringen jetzt ihre Zeit damit zu, Pillen zu schlucken, wenn sie nicht vor den Trottelkisten sitzen und Bilder anschauen.

Ein Aphorismus von Chamfort lautet:

> Ich kann mir Weisheit ohne Mißtrauen nicht vorstellen. Die Heilige Schrift hat gesagt, daß Gottesfurcht der Be-

* Das Wort bedeutet hier Totschweigepflicht, nicht, wie gewöhnlich, Schweigepflicht.

ginn der Weisheit ist; ich hingegen glaube, daß es die Furcht vor den Menschen ist.

Tatsächlich ist Argwohn ein nützliches Attribut: man soll die edlen Absichten des Nächsten nicht überschätzen. Nicht nur der Prophet, auch der Weise braucht ein gutes Gedächtnis: er muß die richtigen Schlüsse ziehen daraus, was er erlebt hat. Das ist oft nicht leicht, und so besteht die Gefahr, daß der Laie zu einem Weisheitsspezialisten wird; und wie die Fachlichkeit eintritt, trippelt oder humpelt die Weisheit davon. Meistens entgeht der Laie dieser Gefahr, indem er schweigt. Nichts verbreitet ein so starkes Aroma der Weisheit wie ein geschlossener Mund. Ich jedenfalls habe immer einen besonderen Respekt empfunden vor den wortkargen, bittern Alten. Von denen habe ich manchmal gesagt, daß sie »im Geruch« der Weisheit gestorben sind, wie das Französische es so hübsch von der Heiligkeit sagt.

Es ist seltsam, aber die meisten Leute, die die Welt zwecks Ausübung der Weisheit engagiert hat, also die Philosophen vom Fach, machen auf mich keineswegs den Eindruck besonderer Weisheit. Ihr Name verkündet zwar, daß sie Weisheit lieben, aber ist das gegenseitig? Was der Laie an der Philosophie wichtig findet, ist fast immer aphoristisch. Nur aus den Schriften derjenigen Philosophen, welche die Zunft nicht ganz anerkennt – ich nenne sie die Clair-obscur-Philosophen –, wird er manches für ihn Gültige herauslesen können. Dazu gehören z. B. St. Augustinus, Meister Eckart, Montaigne, Böhme, Pascal, Kierkegaard, Schopenhauer, Nietzsche, Wittgenstein, Simone Weil. Fachlich-philosophisch betrachtet, waren die meisten der hier Genannten Laien; auch insofern, als sie hervorragende Schriftsteller waren. (Von den großen Vorsokratikern ist zu wenig übriggeblieben, um das letztere behaupten zu können, aber auch sie gehören in meine Liste.)

VII

»Ich hasse die Laien, die gemeinen Laien, bis in den Tod!«, so lautet der Aufschrei des Dr. Tribulat Bonhomet. Er ist eine sinistre Erscheinung, ein Spezialist für Infusorien, im gleichnamigen seltsamen Buch von Villiers de l'Isle Adam (S. 149 im 2. Band der Pléiade-Ausgabe). Die Erzählung war 1867 geschrieben, und seither ist dieser Haß gewiß verflogen und hat einer verächtlichen Arroganz Platz gemacht. Diese wird leider von den meisten Laien mit einem unterwürfigen Gefühl der Minderwertigkeit erwidert. Ganz zu Unrecht, denn es sind die Laien, die die Welt aufrechterhalten.

Leider ist jetzt der Laie, wie alles Gute auf Erden, im Begriff zu verschwinden, so daß ich fürchte, daß diese Zeilen mehr ein Grabgesang sind als eine Hymne. An seine Stelle tritt der Konsument, der seine Tage im Verbrauch von Dingen verbringt, die er nicht braucht. Jetzt gibt es bereits Fachzeitschriften fürs Konsumieren, und so besteht die Gefahr, daß aus dem Laien ein Experte im Fressen und Verschleißen wird. Wo ich lebe, ist diese Entwicklung, begleitet vom Verschwinden der Buchhandlungen und vom Rückgang der Bibliotheken, schon offenkundig.

So will ich denn, gemäß einem meiner zahlreichen Wahlsprüche – *semper contumax* (»immer trotzig«) –, noch einmal den Lobgesang des Laien anstimmen. Einst war er ein seliger Analphabet; jetzt ist er es nicht mehr, aber das macht nichts. Was er sieht, was er hört, was er liest, kann ihm nicht schaden; meist macht es ihn besser. Sein Gewissen ist stärker als sein Wissen. Er erwartet vom Leben nicht mehr, als was es geben kann. Er ist nur dort skeptisch, wo Zweifel am Platz ist, aber er öffnet sich den Versicherungen seines Herzens. Er ist sirenenfest – ich rede von den lockenden Sirenen, nicht von den gräßlich schreienden in der Nacht. Er ist widerspenstiger als ein Maulesel, wenn man ihn überreden will; er kauft nichts, was man ihm anpreist. Er ist weniger stolz auf das, was er weiß, als auf das, was er nicht weiß. Der Fachmann kann ihm eher seine Wasserleitung reparieren als seine Weltanschauung. Er ist hartherzig gegenüber professionellen Schnorrern, die ihm kolorierte Broschüren ins Haus schicken, und gegenüber Politikern, die das Gleiche tun. Er ist gereizt, wenn man ihm Wissen einzuflößen versucht, das er nicht haben will.

Dem Leser dieser Zeilen wird nicht entgangen sein, daß hier nur das Idealbild eines Laien gezeigt werden konnte. Möglicherweise wird sich sogar der Verdacht erheben, daß dieses Idealbild ein teilweise autobiographisches ist. Das ist es aber wahrhaftig nicht. Auch mag man einwenden, daß gewisse höhere Formen, wie der Amateur oder der Dilettant, kaum erwähnt wurden. Solche Abschweifungen wären Ablenkungen gewesen und mußten vermieden werden. In der Literatur erscheint der Laie fast immer als eine komische Figur. Ich hoffe, daß ich auch dies vermieden habe. Ich denke, daß der Laie mehr von der Tragik der Welt abbekommt als der oft abgelenkte und nichtigkeitstrunkene Fachmann. Vorläufig kann ich ihm nur wünschen, daß er ein stilles und nachdenkliches Leben führe, froh darüber, daß es so viel gibt, was er nicht weiß.

Fragmente vom ungewußten Wissen

A
Der Strom des Wissens und seine Ufer

I

Er ist ein riesiger Strom geworden, dieser Strom des Wissens, der unsere Zeiten überflutet hat, ein trüber, höchst verschmutzter Strom. Millionen von Leuten auf der ganzen Welt sind mit nichts anderem befaßt als damit, immer mehr sogenanntes Wissen – ein Wissen, das niemand weiß – hineinzukippen. Manchmal sind es nur tote Katzen und verfaulte Kohlköpfe, was hineingeworfen wird, selten ein Diamant. Dabei ist es ein Strom, der nirgendwo mündet; er schwillt und fließt und findet kein Meer.

Den Strom hat es gegeben, seit es Menschen gibt, aber durch Jahrtausende war er ein helles, klares Rinnsal, und die Ufer waren sehr dünn besiedelt. Was da so hinfloß war menschliches Wissen, überkommenes Wissen, von Vater und Mutter zu Kind und Enkel. Es war fast nie ein Wissen, dessen Ursprung man hätte bezeichnen können; nur selten wurde es erzeugt. Erst in den letzten vierhundert Jahren hätte man beginnen können, die Namen von Wissensfabrikanten zu nennen, und das immer häufiger, bis es in unseren Tagen zu einer wahren Explosion gekommen ist. An den Ufern gibt es jetzt kaum mehr Stehplätze, und die Träger von Kübeln voller Wissen haben es schwer sich durchzudrängen um sie auszuleeren.

Die dicken Scharen der Uferanwohner haben es längst aufgegeben, in diesem Strom nach etwas Bestimmtem zu fischen. Sie nehmen was sie kriegen und müssen damit zufrieden sein. Daß dieses dann ihr ganzes weiteres Leben bestimmen wird, ist traurig, aber dem ist nicht abzuhelfen. Man muß noch froh sein, daß man überhaupt etwas gefunden hat. Das eine kann man sagen: die Freude am Suchen und Finden ist verlorengegangen. Es herrscht eine öde Stimmung, aber dafür eine heftige Konkurrenz zwischen den Fischern. Manches verfaulte Zeug, das da herausgezogen wurde, steht jetzt in einer Vitrine im Museum. Findet aber einer etwas, was hoffnungsvoll aussieht, so muß er ein lautes Geschrei erheben, denn der Wert des Gefundenen wird nach dem Lärm bemessen, den der Finder macht. Es gibt sogar riesenhafte Büros, die man anwerben kann und die sich mit nichts als Geschrei befassen.

II

Jetzt ist es aber Zeit, daß ich der Metapher entsage, indem ich sie in unser tägliches Leben eintauche. »Der Strom des Wissens«? Was unter »Wissen« zu verstehen ist, darüber sind sich die Philosophen nie wirklich einig geworden. Wissen, Gewißheit, Bewußtsein, Gewissen, Weisheit: im Deutschen eng verwandt, aber gar nicht in vielen andern Sprachen – und dazu kommt noch das große Wort Glaube, die Spinngewebe jeglicher Dialektik glatt durchschneidend. Wenn man mir sagt, daß Wissen Gewißheit erfordert, bin ich etymologisch befriedigt und sage »Natürlich!«. Aber auf englisch? »Knowledge requires certainty«. Da antworte ich »This has to be considered more carefully«; und da beginnt schon die Lawine der Spezialliteratur, von der ich nur ein kleines Buch empfehlen kann: Ludwig Wittgensteins letztes unabgeschlossenes Werk *Über Gewißheit*. Dort schreibt er auf S. 113: »Man wird oft von einem Wort behext. Z. B. vom Wort ›wissen‹ «; ein Gefühl, das ich durchaus teile. Allerdings bin ich selbst von diesem Buch mit dem Eindruck geschieden, daß es leichter ist, einer Kuh zu erklären was Milch ist als einem Wissenschafter, was er unter Wissen verstehen soll. Genau gesehen, und wie unsere Welt beschaffen ist, ist nichts wirklich definierbar. Man befindet sich immer in einem Labyrinth von Tautologien. Was das Wissen betrifft, braucht man ein ganzes langes Leben, um zur Ignoranz eines Sokrates aufzuwachen. Aber die meisten von uns nehmen es nicht so genau, weshalb wir auch keine Sokratesse sind, aber dafür emsige Wissenschafter.

Nun ist das Wort gefallen, Wissenschaft, das für die meisten Menschen, die jetzt unsre Erde überfüllen, das verkörpert, was ich den Strom des Wissens genannt habe. Ich denke, diese Gleichsetzung ist nicht ganz richtig, denn der Strom führt viel mehr und viel Wichtigeres, als was als Gegenstand der Wissenschaften betrachtet werden kann.

Wie viele Einwohner die Welt jetzt besitzt, weiß ich zwar nicht genau, aber Schätzungen sind in den verschiedenen statistischen Handbüchern auffindbar. Wie viele Stücke jedoch von einzelnem Wissen – nennen wir sie »Wisseneinheiten« – ein einziges menschliches Gehirn gleichzeitig und abrufbar beherbergt, das entzieht sich gewiß jeder Schätzung. Es muß eine ungeheure Zahl sein, vor der die etwaigen Unterschiede zwischen einem Partikelphysiker, einem Experten in byzantinischen Münzen und einem Börsenjobber sich völlig verwischen. Selbst der wüsteste Fachmann, selbst der zerstreuteste Gelehrte muß unendlich mehr allgemein menschliche Wisseneinheiten besitzen als Gegenstände seines Spezialwissens. Dabei sind jene fast immer assoziativ verfügbar, diese hingegen liegen nur herum und man stolpert darüber. Das ist übrigens in meiner Meinung ein grundlegender Unterschied zwischen überkommenem und angelerntem Wissen, aber ich habe keine Zeit, das zu erörtern.

Die Neanderthaler waren zu gescheit, um uns Autobiographien zu hinterlassen; aber, wenn ich damit, was ich gerade gesagt habe, recht habe, so muß ihr Vorrat an allgemeinem Wissen nicht viel kleiner gewesen sein als der ihrer Nachfolger. Und so wird es weitergegangen sein bis zu den letzten drei- oder vierhundert Jahren.

Brot hat man gewiß schon im alten Ninive gebacken, und es muß viele Bäcker gegeben haben. Aber die Sucher nach dem Unbekannten, die Forscher und hoffentlich auch Finder, waren streng segregiert. Sie saßen in Türmen und schauten auf die Sterne, spärliche Mitglieder einer Priesterkaste, von der das Volk, seines mühseligen Weges gehend, sich fernhielt. Während mehrerer Jahrtausende nach dem Auftreten der ersten großen Zivilisationen wird es nicht viel anders zugegangen sein. Die Chinesen, die Inder und die Griechen waren Völker, die viel nachgedacht haben, über die Natur, über den Menschen und am meisten über das Unerforschliche. Denn die Welt lag da als *ein* großes Geheimnis, das durch Nachdenken noch geheimnisvoller wurde. Was die großen Denker fanden, waren eher Fragen als Antworten. Daß man dies Wissen nennen kann, und jedenfalls erzeugtes Wissen, würde ich bezweifeln. Es baute sich ein ungeheures *Corpus* auf, von Kunst und Dichtung, von Geschichte und Philosophie, so daß man von einem Fortschritt der verschiedenen Kulturen sprechen kann, lange bevor das Schlagwort vom Fortschritt aufkam. Als jenes zu einer sinnentleerten politischen Vokabel wurde, begann dieser, der Fortschritt, höchst fragwürdig auszusehen. Ein Politiker, und leider auch ein Naturwissenschafter, der sich jetzt nicht als progressiv bezeichnet, hat sein Todesurteil unterschrieben.

III

Vom allgemeinen menschlichen Wissen kann man, denke ich, sagen, daß es, trotz unerläßlichen Anstößen von außen, aus dem Innern des einzelnen kommt. Er fährt fort zu lernen, wie er es als Kind getan hat; es ist ein Wissen, mehr des Herzens als des Kopfes. Wenn man vor etwa dem Jahre 1600 von konstituierten, noch uns erkennbaren Naturwissenschaften reden kann, so sind es vielleicht die Astronomie, die Geographie, die Physik und natürlich die Mathematik; aber diese würde ich kaum als strikte Naturwissenschaft betrachten. Die Astrologie und die Alchimie rechne ich nicht dazu, obwohl der dicke Hohn, der jetzt über diese uralten Bestrebungen der Menschheit ausgegossen wird, mir eher albern erscheint. Unsere szientistische Arroganz gestattet uns überhaupt nicht, uns in frühere Zeiten als deren ehrliche Zeitgenossen zu versetzen, um die seelischen und die intellektuellen Knotenpunkte zu erkennen, von denen die uns lächerlich erscheinenden Tätigkeiten der Vergangenheit ausgegangen sind. Es gibt kein Anzeichen dafür, daß der Mensch mit den Jahrhunderten gescheiter geworden ist; er ist überheblicher und der Erde, auf der er ja vorläufig noch leben muß, viel schädlicher geworden. Wollte man mythisch verfahren, so könnte man sagen: der Mensch hat etwas von der Intelligenz des Teufels angenommen, aber die Lebensklugheit einer Eule oder Spinne hat er ganz verloren.

Was wir jetzt als Naturwissenschaften anerkennen, erschöpft natürlich nicht den Begriff der Wissenschaften. Philosophie, Historie, Philologie und vieles andere haben seit der Antike nicht aufgehört zu blühen. Die große Kuppel der Weltkultur mag Löcher erlitten haben, aber Zeichen des Zusammenbruches zeigt sie erst in unsern Tagen. Daß das heute auf alle geistigen Tätigkeiten zutrifft, vielleicht mit der wahrscheinlich nur scheinbaren Ausnahme der Naturforschung, das zu erörtern fehlt es mir an Zeit.

Ich habe früher das Jahr 1600 erwähnt, aber das war eine oberflächliche Datierung. Ich hätte sagen sollen, daß die meisten Naturwissenschaften sich im 17. Jahrhundert herausbildeten, und wollte ich Wahrzeichen erwähnen, so wären es ihrer drei: 1) der Begriff der Maschine; 2) das Teleskop; 3) das Mikroskop. Aber kulturelle Infektionen sind langsame Prozesse, und die ersten Anstöße müssen früher erfolgt sein, nämlich, grob gesagt, zur Zeit der Renaissance. Wieder nenne ich ihrer drei, ohne ausführlich darauf eingehen zu können. Diese sind: 1) die Erfindung des Buchdrucks; 2) die Entdeckung Amerikas; 3) die Anfänge des Frühkapitalismus.

IV

Wenn ich das Wissen des einzelnen ziemlich willkürlich in zwei Teile scheide, so möchte ich zwischen dem allgemein menschlichen und dem angeschwemmten Wissen unterscheiden. Das letztere ist es, das den Strom des Wissens so ungeheuer schwellt. Daß es vor allem andern die Druckerpresse war, die das Anschwellen des Stroms möglich gemacht hat, bedarf nicht der Bekräftigung. Buchwissen erfordert das Buch; mit dem Buchdruck begann die Wissensexplosion, wenn auch anfänglich in sehr bescheidenem Ausmaß. Das 1976 in zweiter Auflage erschienene ausgezeichnete Buch von L. Febvre und H.-J. Martin, *L'Apparition du livre* – ich weiß nicht, ob es ins Deutsche übersetzt worden ist – ist in dieser Beziehung sehr lehrreich. Erst seit Gutenberg kann man von der Gelehrtenrepublik sprechen: ein Gelehrter ist ein Mensch voll von angeschwemmtem Wissen. Je näher er dem Platzen ist, desto höher sein Rang.

Zu jener Zeit veränderte sich jedoch nicht nur die Quantität des Wissens, sondern auch die Qualität. Es wurde immer mehr zu einem durch Forschung zutage geförderten Wissen spezieller Art, eben dem Wissen der Wissenschaften. Erst seit jener Zeit kann man von einer Wissensproduktion sprechen. So wurde im Laufe der Zeit aus einem Handwerksbetrieb ein gigantisches Unternehmen, an dem heute viele Millionen von Menschen beteiligt sind. Ich nenne sie die Klasse der Wissensproduzenten. Sie würden sich vielleicht lieber als einen Stand betrachten. Während jedoch, sagen wir, der Stand der Advokaten, zumindest außerhalb Amerikas, keinen direkten Vorteil aus dem furchterregenden Wachstum der Verbrechen bezieht und diese auch nicht propagiert, sind die Wissensproduzenten höchst interessiert am dauernden und raschen Wachstum der Wissensproduktion. Das gilt natürlich besonders für die Naturforschung, denn die anderen Wissenschaften müssen mit einem beschränkten und sehr geringen Kapital wuchern. Trotz eifrigster Benutzung von Synonymenwörterbüchern kann zum Beispiel die Hölderlin- oder Kafkaindustrie es nicht leicht finden, immer wieder neues Wissen auszugraben. Die Natur aber ist unerschöpflich; und wenn der Naturforscher irgendwo an ein Ende stößt, braucht er nur die Definition von Natur zu erweitern, und schon kann er wieder fortschreiten. Geht es überhaupt nicht weiter, so erhöht man die Genauigkeit um einige Dezimalen. So wird zum Beispiel mit der berühmten Zahl Pi viel Unfug getrieben, denn die Computer und die Völker, die deren Anschaffung ermöglichen, sind geduldig.

Die Erforschung der Natur mit Hilfe der in ihrer Entwicklung begriffenen experimentellen Wissenschaften setzte vor etwa 400 Jahren im Ernst ein und ging fort in einem immer mehr anwachsenden Tempo. Bis zum Ende des Zweiten Weltkriegs hielt sich dieses jedoch in menschlichen Ausmaßen. Man muß sich also fragen, was in unserer Zeit zu einer wahrhaft kataklysmischen Beschleunigung der Wissensproduktion und zu einer Elefantiasis des Wissensumfangs geführt hat. Ich muß gestehen, daß ich diese Frage nicht zu beantworten vermag. Wir sind alle vertraut mit dem journalistischen Schlagwort von der jetzt obwaltenden Informationsexplosion. Nun verhält sich Information zu Wissen wie ein Gerücht zu einer unumstößlichen Wahrheit oder wie Schein zu Sein. Man kann mir tausend Dinge mitteilen, bevor eines in mein widerborstiges Gehirn eindringt; ein Organ, das viel weniger empfänglich ist als sein Kollege, das Ohr.

»Vertrautheit erzeugt Verachtung« – Sie kennen das alte Wahrwort. Manchmal ist es auch nur Mißachtung, und das ist es, was wir dem Schwall und Schwarm von trivialen Ereignissen, Beobachtungen, Behauptungen entgegenbringen, die uns die verschiedenen Medien alltäglich in die Ohren und Augen stopfen. Das meiste davon kann kaum als Wissen aufgenommen werden; es ist ein Teil der Lärmkulisse, die unser ganzes Leben verhunzt. Immerhin dringt noch sehr viel in den Strom, der den Titel meiner Betrachtungen bildet, und wird als zusätzlicher Mist mitgeführt.

V

Vor kurzem erhielt ich als einen der Hunderte von Schnorrbriefen, die einem New Yorker alljährlich zuflattern, ein Schreiben von der New York Public Library, einer der größten Bibliotheken der Welt. Sie braucht Geld – wer nicht? – und sie sagt warum:

> Die Welt lebt in einer Informationsexplosion. Alljährlich steigt die Menge von Informationen, die uns zugänglich wird, um 20 %. Alle 365 Tage erhalten Sie und ich mehr Informationen als unsere Großeltern im Laufe ihres ganzen Lebens abbekommen haben. Naturwissenschaftliche Daten, neue Forschungsergebnisse, historische Auskünfte, gelehrte Veröffentlichungen, riesige Mengen neuer Literatur, und Hunderte von technischen Fortschritten werden uns zur Verfügung gestellt – nicht nur im Druck, sondern auch mittels Computer und Video- und Kompaktplatte. ... Was kann man da tun?

Mit diesem Aufschrei schließe ich das Zitat. Der Brief geht weiter und bittet um finanzielle Beihilfe, fordert mich jedoch nicht auf – was wirksamer wäre –, ein Gelübde zu leisten, nichts mehr zu publizieren. Das hätte das Wachstum des Stromes vielleicht um ein Zehntausendstel Prozent vermindert. Aber die Bibliothek, als Wissensmaklerin, ist ganz im Gegenteil am fortdauernden rapiden Anwachsen der Überflutung interessiert. Alles was sie will ist Geld: für mehr Angestellte, mehr neue Gebäude usw.

Was ich so bedrückend finde ist, daß das ganze Affentheater in unserer Zeit, während wir zugesehen haben, begonnen hat. Vorher herrschte die heilige Stille der Bibliotheken. Die Bibliothekare waren gelehrte, zurückhaltende, nicht allzu gut besoldete Vermittler der Weisheit mehr als des Wissens der Jahrtausende. Jetzt klappert es Tag und Nacht auf allen Dächern, denn alles ist plötzlich wissenswert geworden und fordert ungestüm Aufbewahrung und Abrufbarkeit bis zum

Jüngsten Gericht und wahrscheinlich noch darüber hinaus. Kein Blödwort einer sogenannten Persönlichkeit, aber auch keine Lappalie der Forschung, die nicht mittel- oder unmittelbar das Budget unserer Bibliotheken beschweren. Man kann ja nie wissen, wann so etwas gebraucht werden kann. Die Mettwurst der Wissenschaften, die Soziologie, kann fast alles verwenden, und die Statistik, die Psychologie etc. bleiben nicht weit dahinter. Dennoch ist es ein komischer Anblick, wie die Datenverarbeiter an den Ufern sitzen und klagen. Dieses rührende biblische Bild erweckt übrigens in mir die Vorstellung vom Jüngsten Gericht als einem riesigen Computer; ein jeder steckt seine persönliche Mißkreditkarte in den Schlitz, auf deren magnetischem Streifen Tat und Untat registriert sind, und heraus kommt die Rechnung. Hoffentlich ist der elektronische Rechnungsengel verläßlicher als was einem heutzutage in Ämtern, Banken, Geschäften begegnet. Die Apokalypse des Johannes sagt alles weitere Nötige. Die Lobpreiser unsrer Zeit scheinen vergessen zu haben, daß die Existenz von irgendetwas zwar seine Wirklichkeit, aber nicht seine Wahrheit bekräftigt. Man ist kein Zyniker, wenn man den Verdacht äußert, daß ein beträchtlicher Teil davon, was uns als Information angeboten wird, Unsinn ist oder Lug und Trug.

VI

Es ist eine seltsame Überlegung: mit dem enormen Anstieg der Weltbevölkerung ist jeder einzelne Mensch kleiner geworden, denn sein Pachtgut auf Erden hat sich verringert. Nichtsdestoweniger sind aus den Siebenmeilenstiefeln des Märchens Siebenhunderttausendmeilenstiefel geworden, und die Posaunen von Jericho reichen jetzt über den ganzen Erdkreis. Statistisch gesehen kann niemand mehr allein sein; und doch sind viele Menschen einsamer als je zuvor. Sie haben darauf mit einer Verdickung ihrer seelischen Haut geantwortet, und es ist ihnen völlig egal, ob einer der Spähsatelliten der Gernegroßmächte ihnen bis in die Toilette folgt. Selbst das sind Daten, die zur Informationsexplosion beitragen, und die New York Public Library wird froh sein, sie aufbewahren zu dürfen. Die Wissenschaften vermehren sich ja jeden Tag, mal durch Spaltung, mal durch Akkreszenz – und bald wird, sagen wir, die Molekularpsychophysiologie froh sein, derartige Daten zu besitzen.

Aber Spaß beiseite – und es ist ein trübseliger Spaß –, warum ist unsere die erste Epoche, die alles Wißbare für wissenswert hält? Wohl doch nicht, weil es jetzt so viel mehr Ohren auf der Welt gibt; die meisten wollen nichts davon hören. Die Wissenschaften sind hermetischer als je zuvor. Die Gelehrtenrepublik, von der Klopstock träumte, ist völlig atomisiert: selbst innerhalb derselben wissenschaftlichen Disziplin ist jeder einzelne Teilhaber ein kompletter Laie, außer in seinem eigenen sehr beschränkten Spezialgebiet. Die Fachleute verfügen jetzt nur über sehr schmale Fächer. Da waren Leibniz oder sogar noch Alexander von Humboldt ganz andere Männer.

Dieses ungezügelte Wissenwollen, ja Wissenmüssen, ist über die Welt gekommen wie eine plötzliche Seuche. Obwohl es bescheidene Vorläufer gibt, kann man, denke ich, den Ausbruch der Pestilenz recht genau datieren. Er fällt in den Zweiten Weltkrieg, als die Staaten gewahr wurden, daß naturwissenschaftliche Erkenntnisse en gros viel rascher zu haben sind, besonders diejenigen, die zur rapiden Entmenschlichung beitragen. Und gibt es etwas Entmenschenderes als den Massenmord? Zu jener Zeit wurde die Finanzierung der Naturforschung aus Steuergeldern als eine Pflicht der Völker statuiert. Das war das Ende der kleinen Wissenschaften, die uns jetzt – nach nicht mehr als 40 oder 50 Jahren – anmuten wie ein liebenswert hausväterliches Kleingewerbe, rührend wie die stillen Klöpplerinnen auf einem Gemälde von Vermeer. Ich habe diese Zeit noch in lebhafter, sehnsüchtiger Erinnerung: es ist also nicht so lange her.

Das weitere enorme Anwachsen erfolgte mit fast automatischer Regelmäßigkeit. Der entstehende ungeheure Produktionsdruck wirkt wie eine Kettenreaktion: 20 % Vermehrung pro Jahr bedeutet, daß die »Wissenseinheiten« sich schon nach vier Jahren verdoppelt und nach zehn versechsfacht haben. Man darf diese Schätzung nicht zu genau nehmen. Aber sind das nicht wahrhaft grauenerregende Zinseszinsen? Diese könnten nicht akkumuliert werden, wenn nicht eine regelmäßig wachsende Anzahl von Forschern in den Betrieb einträten. Obwohl die Forschung immer mehr mechanisiert ist, dürften in manchen Fächern 50 oder sogar 100 mal so viele Leute tätig sein wie in der Vorkriegszeit.

Das hat zu einem bedeutsamen Wandel in der Art von Menschen geführt, die sich jetzt mit den Naturwissenschaften befassen. Ich will aber heute solche ökonomischen, demographischen, ja sogar moralischen Überlegungen vermeiden, um so mehr als ich schon an andern Orten einiges darüber gesagt habe. Daß die in den Laboratorien herrschende geistige Atmosphäre sich in den letzten Jahrzehnten sehr verschlechtert hat ist allgemein bekannt, wie auch die erschreckende Zunahme von erschwindelten Publikationen.

VII

Wie kommt es, daß die Naturwissenschaften trotz ihrem Reichtum, ihrer Macht uns immer mehr entfremdet werden? Ist es ihre zunehmende Unverständlichkeit oder kommt es daher, daß sie uns immer öfter etwas mitteilen, was wir gar nicht hören wollen? Oder ist es der Umstand, daß in weiten Kreisen die Überzeugung sich verbreitet, daß selbst das Wissenswerte manchmal sehr schädlich und sogar lebensgefährlich sein kann? Oder ist gar diese Entfremdung, diese Hieratisierung gerade, was die Völker brauchen? Denn mit dem Verblassen des religiösen Gefühls, mit der Erschlaffung der Religionen sind die Naturwissenschaften für viele Menschen ein Religionsersatz geworden. Ihre Unnahbarkeit, ihre Macht über Leben und Tod, ihr Fachvolapük erhöhen den numinosen Aspekt. Die Baumeister der ägyptischen Pyramiden, Träger eines Geheimnisses, das vielleicht keines war, mögen einen ähnlichen Eindruck gemacht haben. Es gibt nämlich eine Form von Unsinn, die bis an die Erhabenheit reicht. Nestroy sagt es sehr treffend, wenn er in seiner Posse »Nur keck!« eine der Figuren ausrufen läßt: »Das ist schon der höhere Knoblauch, der unsereinem niemals blüht.«

Daß ein Bruch besteht oder eine Kluft zwischen den Völkern und der von ihnen bezahlten Forschung, daran kann ich nicht zweifeln. Ich glaube jedoch, daß diese Kluft eine tiefere Ursache besitzt, welche die Legitimität so weit vorangetriebener Forschungstätigkeiten betrifft. Um es kurz zu sagen: *Wir haben keinen Grund anzunehmen, daß die Natur rational ist; die Wissenschaften hingegen können nichts anderes sein als rational.* Die Wissenschaft drückt den zur Untersuchung ausgewählten Natursegmenten gleichsam einen Raster auf, der diese erst der Erforschung zugänglich macht. Das heißt, daß die Naturwissenschaften nur einen Teil der Welt, und vielleicht nicht den wichtigsten zu untersuchen vermögen. Was wir nicht isolieren, messen und zerlegen können entgeht notwendigerweise unserer Aufmerksamkeit, deren einzige Vermittlerin die menschliche Vernunft sein muß. Am Lebendigen wird aber die lebende Vernunft immer scheitern: das Forschungsobjekt kann nicht zugleich das Instrument sein. So wird eine wahre Metabiologie uns immer unzugänglich sein. Der tiefsinnigen griechischen Vorsilbe *meta,* im Sinne von »darüber hinaus« sind wir nicht gewachsen. Nur was sozusagen »auf dieser Seite« liegt, können wir erforschen. Wenn sich jedoch der Teil als Ganzes aufzwingt, entsteht der Bruch, von dem ich gesprochen habe. Es ist als stünden wir vor einem Buch, von dem wir sagen können, daß es aus Papier von dieser und dieser Zusammensetzung besteht; darauf seien schwarze Lettern gedruckt mittels einer so und so zusammengesetzten Schwärze; aber den Text, den könnten wir nicht lesen. Man wird jedoch nicht viele Naturwissenschafter finden, die dieses Eingeständnis zu machen bereit sind; ein nicht unverständliches Widerstreben, denn eine solche Einräumung würde heißen, daß die Wissenschaften nur das erforschen können, worauf es möglicherweise wenig ankommt.

In meiner Jugend, als ich beschlossen hatte, Chemie zu studieren, war ich sehr beeindruckt von einer Art von Wortwechsel, die vor langer Zeit zwischen Goethe und Albrecht von Haller stattgefunden hat. Allerdings war der große Schweizer schon damals viel zu tot, um antworten zu können. Er hatte in einem 1730 erschienenen Lehrgedicht die folgenden Worte geschrieben:

Ins Innre der Natur dringt kein erschaffner Geist,
Glückselig, wem sie nur die äußre Schale weist.

Diese weise Bescheidenheit war dem im Alter zugleich vorsokratisch und dialektisch denkenden Goethe unerträglich, und so erwiderte er fast hundert Jahre später im Jahre 1821, mit dem folgenden unfreundlichen Gedicht, das den Titel *Allerdings* trägt:

»Ins Innre der Natur –«
O du Philister! –
»Dringt kein erschaffner Geist.«
Mich und Geschwister
Mögt ihr an solches Wort
Nur nicht erinnern:
Wir denken: Ort für Ort
Sind wir im Innern.
»Glückselig, wem sie nur
Die äußre Schale weist!«
Das hör ich sechzig Jahre wiederholen.
Ich fluche drauf, aber verstohlen;
Sage mir tausend tausend Male:
Alles gibt sie reichlich und gern;
Natur hat weder Kern
Noch Schale,

Alles ist sie mit einem Male.
Dich prüfe du nur allermeist,
Ob du Kern oder Schale seist.

Die Gegner schieden unversöhnt; sie hatten aneinander vorbeigeredet. Noch dialektischer als Goethe, habe ich den Eindruck, daß sie beide recht haben, aber Haller vielleicht ein bißchen mehr. Wenn er vom »Innern der Natur« sprach, betrachtete er dieses anders als Goethe, als etwas der Forschung ewig Unzugängliches. Selbstverständlich hatte Goethe, nur mit einer ganz andern Art von Naturwissenschaft vertraut, nicht erkennen können, daß eine Naturforschung im Kommen ist, welche, den Kern zerlegend, ihn gleichsam zwangsläufig zur Schale degradiert.

Vielleicht ahnte Goethe dennoch, was da herankam. In einem Brief an den Botaniker Ernst Meyer vom 10. September 1822 schrieb er:

> Die Wissenschaft, anstatt sich in die Mitte zu stellen zwischen Natur und Subjekt, geht darauf aus, sich an die Stelle der Natur zu setzen, und wird nach und nach so unbegreiflich als diese selbst. Will nun der unbewußte Mensch hier sich in Worten aussprechen, so haben wir den traurigen Mystizismus, der das Labyrinth verwirrt.

VIII

Damit was ich gerade gesagt habe, ist meine Charakterisierung als *vir obscurus,* als Dunkelmann, wahrscheinlich sichergestellt, und der Humanistenkreis um Johannes Reuchlin, wenn man sich jetzt so etwas vorstellen kann, würde mir schön einheizen. Dennoch glaube ich nicht ganz im Unrecht zu sein, wenn ich folgendes sage. Das Sichausleben des menschlichen Wissenstriebs kann ein edles Unterfangen sein, wenn es in einem menschlichen Zeitmaß vor sich geht. Unser Geist, nicht weniger als unser Körper, widersetzt sich extremen Bedingungen. Wir brauchen viel Zeit um uns zu adaptieren; und diese Zeit ist uns jetzt genommen worden. Wird ein Trieb zu einer Sucht, so ist er ein Laster. Der jetzt auf uns niederprasselnde Hagel von wissenschaftlichen Leistungen, vorangetrieben von riesigen öffentlichen Geldern, hat aus dem Wissen eine gefährliche Droge gemacht: je mehr wir kriegen, desto mehr brauchen wir. Die einzige Bremse, die ich mir vorstellen kann, ist ein kompletter ökonomischer und politischer Kollaps der reichen Nationen. Da die Wissensproduzenten über eine sehr wirksame Lobby verfügen, werden sie selbst dann nicht unter den ersten Opfern sein.

Die explosive Aufhäufung von Wissen, für das nur der Computer Platz haben kann, hat eine Wirkung gehabt, die man vielleicht nicht hätte vorhersagen können. Sie hat eine unglaubliche Ignoranz unter den Forschern hervorgerufen. Viele Trivialitäten – und manchmal, darunter verborgen, etwas Wichtiges – regnen alltäglich auf sie hinunter. Wenn etwas übervoll wird, entwickelt man einen *amor vacui*. Das mag eine unnatürliche Reaktion sein, ist aber eine durchaus menschliche.

Anstatt des Suchers, des Forschers haben wir den Fachmann bekommen, anstatt des Doktor Faust den Magister Wagner. Dieser ist gleichsam der Franz Liszt des Computers, ein wahrer Virtuose im Tastendrücken. Nun haben sich aber die Wissenschaften, besonders die Naturwissenschaften, derart ausgebreitet, daß jeder Fachmann auf seinem immer enger werdenden Gebiet ein Unikum darstellt. Der jeder Wissenschaft so nötige Überblick ist verlorengegangen, und das hat die Qualität des Wissens sehr beeinträchtigt. Auch diese Gottesgabe kann den Gefahren der Inflation unterliegen. Wenn der Fachmann eine Machtposition erreicht hat, so daß er, über eine Anzahl von Hilfskräften gebietend, sich der wirklichen Forschung ganz entfremdet hat, gleicht er einem Impresario oder – um ein Wort aus dem Börsenmilieu zu gebrauchen, dem die gegenwärtige Forschung zu ähneln beginnt – er gleicht einem Arbitrageur.

Schon vor 200 Jahren, als diese Frage noch gar nicht akut war, hat der große Lichtenberg über sie nachgedacht. So zum Beispiel die folgende Notiz:

> Ich glaube, daß einige der größten Geister, die je gelebt haben, nicht halb so viel gelesen hatten, und bei weitem nicht so viel wußten, als manche unserer mittelmäßigen Gelehrten. Und mancher unserer sehr mittelmäßigen Gelehrten hätte ein größerer Mann werden können, wenn er nicht so viel gelesen hätte. (K 168)

IX

Ich komme zu dem Schluß meiner Bemerkungen. Es würde mir leid tun, wenn diese Ihnen den Eindruck vermittelt hätten, ich sei ein Wissensnihilist. Das bin ich nun ganz und gar nicht. Es hat einmal ein Buch gegeben, das den Titel trug *Daß man nichts weiß*, oder, wie es sich gehört, auf lateinisch: *Quod nihil scitur*. Ein Vertreter der großen französischen Skeptikerschule des 17. Jahrhunderts hat es geschrieben, der Portugiese Francisco Sanchez, gestorben 1632. So weit würde ich keineswegs gehen; man hat schon 1632 allerhand gewußt, und jetzt weiß man noch ein bißchen mehr. Da wir aber auch allerhand vergessen haben, was wir nicht hätten vergessen sollen, ist unser Vorsprung nicht so riesenhaft, wie uns vorgeblasen wird. Wir sind allerdings überreich an Wissen, das niemand weiß, aber das will ich nicht anerkennen.

Es hat wohl wenige Zeiten gegeben, die nicht dumm genug waren um zu glauben, sie stünden auf dem Gipfel des Möglichen. Unsere Zeit gehört nicht dazu, denn wir sehen unsere Hauptaufgabe darin, die Grenzen des Möglichen immer weiter hinauszuschieben. Aber ist das Mögliche auch das Wünschenswerte? Sind nicht viele Dinge, in die die Forschung sich jetzt einläßt, sind sie nicht ein reiner Übermut? Da möchte ich – um in dem mir leichter zugänglichen Bereich zu bleiben – das sogenannte menschliche Genomprojekt nennen; in der Branche heißt es jetzt HUGO. Es handelt sich um die völlige Aufschlüsselung der DNA-Kette des Menschen, um die Bestimmung der Sequenz von insgesamt 3 Milliarden von Nukleotiden. Man schätzt die Kosten auf 3 Milliarden Dollar. Das ist sicherlich eine Unterschätzung: es wäre das erste Mal, daß ein von einer Regierung geplantes oder finanziertes Unterfangen nicht ein Vielfaches des Voranschlags kosten würde.

Da ich in meinem unlängst erschienenen Buch *Alphabetische Anschläge* ausführlicher darüber gesprochen habe, will ich mich hier auf wenige Punkte beschränken. Die Begeisterung, mit der die Molekularbiologen und die Genetiker dieses mir unsinnig erscheinende Riesenprojekt aufgenommen haben, zeigt, wie innig es mit den beruflichen, sozusagen den gewerkschaftlichen Belangen der Klasse der Wissensproduzenten übereinstimmt. Es wird einer sehr großen Zahl sogenannter Gelehrten Anstellungsmöglichkeiten für Jahrzehnte garantieren. Da niemand weiß, was und ob etwas dabei herauskommen wird, kann man zahlreichen »Durchbrüchen« und laut ausposaunten Überraschungen entgegensehen, die für das »Image« der Forschung heutzutage unumgänglich sind. Lange bevor man eine Ahnung hat, wie man anfangen soll, gibt es schon in vielen Ländern Ausschüsse, die die Ausschußwaren voreiliger Versprechungen kolportieren, zahlreiche Symposien haben bereits stattgefunden, der Stellungskrieg um Machtpositionen ist angelaufen. Ich kenne nur einen großen Schriftsteller der Vergangenheit, der dem Ganzen die Gerechtigkeit seiner Satire angedeihen zu lassen vermocht hätte: der Mann, der den dritten Teil von *Gulliver's Travels* geschrieben hat, Jonathan Swift.

Was kann man tun? Die Antwort ist natürlich: Nichts. Wäre ich ein allmächtiger Mandschukaiser, wie China sie im Mittelalter kannte, so würde ich sagen: eine sofortige Dämpfung der Wissensinflation ist unbedingt notwendig. Die Ausgaben des Staates für die Naturforschung werden jedes Jahr um 5 % reduziert, bis die relativen Aufwendungen auf das Niveau von, sagen wir, 1935 zurückgefallen sind.

Das wird natürlich allen Naturwissenschaftern als eine Dystopie erscheinen. Ich aber kann nur sagen: wahres Wissen ist herrlich, es erweitert den Geist; leeres Wissen ist tödlich, es erstickt den Geist. Da Adam und Eva bekanntlich mit der Fähigkeit ausgestattet wurden – allerdings nicht von Gott –, das Gute und das Schlechte zu erkennen, sollte ihnen die Unterscheidung nicht schwerfallen.

B

Die Wolke des Wissens

I

Wie eine schwarze, undurchdringliche Masse liegt jetzt die Wolke des Wissens über den Menschen, zwischen ihnen und dem, was sie nicht erreichen können. Jahrhunderte mußten vergehen, bevor die Wolke versammelt war, aber jetzt haben die Menschen sich an das immer grauer werdende Licht gewöhnt, an die Düsterheit, deren Folgen hier betrachtet werden sollen.

Den einen oder andern Leser dieser Zeilen wird ihr Titel vielleicht an eine Wendung erinnern, der er schon begegnet ist. Ein berühmter englischer Traktat aus der zweiten Hälfte des 14. Jahrhunderts trägt nämlich den schönen Titel *The Cloud of Unknowing* (»Die Wolke des Nichtwissens«). Der auf mittelenglisch geschriebene kurze mystische Text ist oder war* als Übersetzung in der Penguin-Sammlung leicht erhältlich. Wenn

* Taschenbücher gehören zu den Wahrzeichen unsrer Wegwerfzivilisation. Wenn es sich um bemerkenswerte Texte handelt, so scheinen sie mit affenartiger Behendigkeit aus den Katalogen, die sie mit ihrer Anwesenheit nur kurz geehrt haben, wieder zu verschwinden. Die Händler in »instant culture«, diesem lästigen Schaum auf der freien Marktwirtschaft, sind sich der Vergänglichkeit aller Dinge vielleicht zu sehr bewußt.

man das Buch liest, merkt man, daß »unknowing« etwas anderes und mehr bedeutet als den Gegensatz zu »Wissen«; eher so etwas wie *Entwissen*, also die Folge eines Läuterungsvorgangs, eines Fortschritts zu einer höheren Stufe des Glaubens. In unserem dummen Zeitalter, das stolz ist auf die angebliche »Wissensexplosion«, ist Unwissenheit oder Nichtwissen wohl das Ärgste, was man dem Fachmann vorwerfen kann. Wird ihm dieses zu Recht vorgehalten, so wird angenommen, daß er mit einem häßlichen Schrei von der Bildfläche verschwindet.

Zu dem Unwissen vorzustoßen, von dem der englische Mystiker in alten Zeiten schreiben konnte, wird in unseren Tagen nur wenigen im Westen Lebenden gelingen. Wer sich jedoch von dem öden Allerleiwissen und dem damit verbundenen Geschrei fernhalten will, muß lernen, eine Art von Askese gegenüber ihm aufgedrängten Neuigkeiten, sozusagen einen Wissensvegetarismus zu üben. Nur dann wird er es vermögen, eine zugleich so großartige und so einfache menschliche Fähigkeit wie die des Denkens zu bewähren. Aber er muß aufpassen: die schrecklichen Damen, welche die griechische Mythologie Harpyen nannte, beschäftigen sich jetzt mit der Verbreitung angeblichen Wissens, und sie sind sehr aggressiv. Will also der zurückhaltende Wissensasket etwas aufschreiben, wird er bald merken, wie schwer es geworden ist – viel schwerer, scheint mir, als früher –, das Recht zu erwerben, etwas zu sagen, was zu hören sich lohnt.

II

Etwas zu sagen, was gehört zu haben sich lohnt; etwas zu schreiben, was man froh ist gelesen zu haben – als ich jung war, schien mir die Welt noch immer nicht arm zu sein an Leuten, von denen ich das gesagt hätte. Jetzt aber starrt eine Öde, für die der Eiskordon des Altseins keine hinreichende Erklärung ist. Das Feuer schriftstellerischer Intensität würde wie eh und je die Barriere schmelzen. Was aber ist aus diesem Feuer geworden?

Es muß eine Erklärung dafür geben, daß der Stil, das charakteristische Merkmal des einzelnen, erschlafft ist; daß die Wörter ihre Konturen und damit die Gedanken die Schärfe ihrer Umrandung verloren haben; daß eine matte Verschwommenheit jegliche Perspektive auflöst; daß alles über jedes gesagt werden kann und daher nichts über etwas Besonderes; daß so viel aus dem Kopf geschrieben wird und so wenig aus der Seele gedacht. Mit andern Worten, die geistigen Erzeugnisse haben ihre Ansteckungskraft eingebüßt: man liest und legt das Papier weg, als wäre nichts gewesen. Und tatsächlich ist nichts gewesen.

Woher kommt es also, daß – mit wenigen rühmlichen Ausnahmen – im Bereich der Literatur und wahrscheinlich auch der anderen Künste eine fade Nullstimmung herrscht? Die Antwort, die ich auf diese Frage zu geben vermag, enttäuscht mich selbst. Es ist, als träte ich einer Apokalypse mit der Fliegenklappe entgegen. Der Grund, der mir glaublich erscheint, ist nämlich das seit dem Beginn dieses Jahrhunderts immer deutlicher werdende Verschwinden der Intellektuellen aus dem denkenden und schreibenden Leben.

III

Ich wollte, es gäbe ein besseres Wort für die Art von Schriftstellern, deren Leistungen auf ihrem Höhepunkt waren, lange bevor das recht häßliche Wort »die Intellektuellen« in das Schrifttum eintrat. Im Französischen und Englischen sind die von *intellect* (Verstand) abgeleiteten Adjektive uralt; viel weniger alt sind die Nominative als Bezeichnung derjenigen, die von ihrem Verstand sozusagen hauptberuflich Gebrauch machen. Im Littré, dem großen französischen Wörterbuch des 19. Jahrhunderts, fehlt überhaupt das Hauptwort »L'intellectuel«.

Wann im Deutschen der Intellektuelle sich zu dem »geistigen

Arbeiter« und dem etwas komischen »Kopfarbeiter« gesellte, weiß ich nicht. Im großen Duden ist er jedenfalls vorhanden, im 3. Band, S. 1352: »*Der Intellektuelle* – jmd., der wissenschaftlich (oder künstlerisch) gebildet ist und geistig arbeitet.« Und dazu das mir wohlgefällige, drollige Zitat: »ein Pfeife rauchender Intellektueller«. (Allerdings fehlt der Tweedanzug.)

Zu einer nicht genau bestimmbaren Zeit, gegen Ende des vorigen Jahrhunderts, geschah jedoch etwas Bemerkenswertes, das Erscheinen einer neuen, durch einen Plural gekennzeichneten Klasse: »die Intellektuellen«, nicht nur als solitäre Pfeifenraucher, sondern als oft vereint schlagende soziale Gruppe. Hören wir Paul Valéry (meine Übersetzung):

> Der Beruf der Intellektuellen besteht darin, alle Dinge aufzustören, soweit deren Zeichen, Namen oder Symbole in Betracht kommen, jedoch ohne das Gegengewicht wirklicher Handlungen. Infolgedessen sind ihre Absichten erstaunlich, ihre Politik gefährlich, ihre Vergnügungen oberflächlich. Sie sind soziale Reizmittel, mit den Vorzügen und den Gefahren von Reizmitteln im allgemeinen.[1]

Tatsächlich war Frankreich in der ersten Hälfte dieses Jahrhunderts das Land, wo »den Intellektuellen« nur geschriebene Satzungen fehlten, um sie als anerkannten Gewerbszweig hinzustellen. Den ersten Höhepunkt der Wirksamkeit erreichte die neue Zunft anläßlich des Dreyfus-Prozesses, mit Maurice Barrès auf der einen und Émile Zola auf der anderen Seite. Zolas *J'accuse* ist eines der großen kulturgeschichtlichen Manifeste. Ein zweiter Höhepunkt kam nach der Beendigung des Zweiten Weltkriegs, als einer der Hauptfunktionäre, J. P. Sartre, vom General de Gaulle brieflich als »Mon Cher Maître« angesprochen werden konnte. Bald darauf zerfiel das Gewerbe.

Da in Deutschland geistige Arbeit nur anerkannt wird, wenn ihre Resultate unverständlich sind, was man von den französischen Intellektuellen nicht behaupten kann, half man sich eher mit der verwaschenen Bezeichnung »die Akademiker«*. Der englische Sprachraum blieb fern von der ganzen Angelegenheit. Dagegen hat die russische Sprache sogar ein spezielles Wort hervorgebracht und spricht von der »intelligenzia«, ein eher rührendes Zeichen der Bescheidenheit des russischen Volks.

IV

Das erste Auftauchen der Bezeichnung »die Intellektuellen« als ein eine Gruppe kennzeichnender Begriff wird gewöhnlich in das Jahr 1886 verlegt: in seinem ungewöhnlichen Roman *Le Désespéré* spricht Léon Bloy von »forçats intellectuels«, von »intellektuellen Zuchthäuslern«.[2] Ich glaube jedoch, eine viel frühere Verwendung entdeckt zu haben, und zwar im Englischen, einer Sprache, in der die Bezeichnung eine viel geringere Rolle spielt als im Französischen. In seinen Tagebüchern aus dem Jahre 1813 schreibt Lord Byron:

> Canning is to be there, Frere and Sharpe – perhaps Gifford. I am to be one of »the five« ... I wish I may be well enough to listen to these intellectuals.[3]

Jedenfalls dürfte das Datum 1886 ungefähr den Beginn einer etwa 70 Jahre währenden Epoche markieren, in der, zumindest in Frankreich, die selbstbevollmächtigten Intellektuellen den Ton angaben. Sie mag mit Renan und Taine angefangen und über Bergson, Alain, Gide, Valéry bis etwa zu Camus und Sartre angedauert haben. Ohne die Existenz einflußreicher Zeitschriften – anfangs *Revue des Deux Mondes*, später *Mercure de France*, *Nouvelle Revue Française* und schließlich *Les Temps Modernes* – wäre diese Periode undenkbar. Selbstver-

* Das L der Abschätzigkeit findet sich im Wort »Intelligenzler«, genauso wie in »Wissenschaftler«.

ständlich hat es immer bedeutende Schriftsteller gegeben, die zu dieser Gruppe, die meistens von einem leichten Schleier spitzmäuliger Preziosität umhüllt war, nicht gehören wollten; so z. B. der bereits erwähnte Bloy, dann Péguy, Claudel (wahrscheinlich), Maurras, Bernanos, Léautaud. Die abseits standen waren meistens, wie zu erwarten, konservativ gesinnt. Charles Maurras war schon etwas zu übertrieben reaktionär, in seinem langen Leben den zweitausend Jahre alten Weg von Perikles zu Adolf Hitler zurücklegend.

Vor etwa 20 oder 25 Jahren war es mit dem Ganzen zu Ende. Die Konsumentenwelt, in der wir leben, hatte andere Sorgen. Die Zeiten hatten wenig Respekt vor dem Intellekt, jedenfalls nicht vor dem, der die Zunft beseelte. Dafür hatten sie einen lebhaften Sinn für die Lächerlichkeit einer nur miteinander redenden Würdenwelt; ein Sinn allerdings, der vor anderen viel größeren Lächerlichkeiten versagte.

Zuerst möchte ich jedoch einen Blick in die Vergangenheit tun. Die, welche konnten, schrieben; die, welche nicht konnten, schrieben auch, aber meistens über jene. Daher gehen die Werke über Ästhetik bis in eine sehr alte Vergangenheit zurück, wenn auch der Name dieser Wissenschaft aus dem 18. Jahrhundert stammt. Viel Sinn hat das Ganze für den Laien nie gehabt; denn, wenn ich selbst nicht weiß, warum mir etwas gefällt, wird ein anderer es mir nicht erklären können. Und wenn er mir vollends befehlen will, wie ich empfinden soll, mag er zum Teufel gehn. Das Geheimnisvolle an aller Kunst ist, daß man über sie reden kann, aber nicht soll. Die Unbefugten treffen es besser, weshalb ich lieber Kierkegaard über Don Giovanni anhöre als einen Professor der Musikästhetik. Noch lieber hätte ich eine der Garcia-Töchter gehört, die Malibran oder die Viardot, aber ach!

V

Die meisten Leute, wenn sie von einem Schriftsteller gesagt bekommen, er schreibe in Prosa, werden an einen Romanschreiber denken. Für die Jahre 1750 bis 1950 wäre das auch am Platz gewesen, denn diese Periode gehörte der erzählenden Prosa. Was zwischen Fielding und Joyce, zwischen Stendhal und Proust, zwischen Puschkin und Tschechow in Romanen und Novellen geleistet wurde, übertraf an Quantität, obwohl nicht an Qualität, die Literatur der Lyrik. Die deutsche Literatur bildet vielleicht eine Ausnahme. Wenn man sie gegen die großen Prototypen der Romankunst hält, also z. B. Fielding, Balzac, Flaubert, Dickens oder Tolstoi, sind die bedeutenden deutschen essayistisch-lyrischen Werke, wie *Agathon*, *Ardinghello*, *Wilhelm Meister*, eigentlich keine Romane. Jean Paul hingegen, Stifter, Gottfried Keller und Fontane gehören zweifellos zur großen euopäischen Tradition. Die beiden bedeutendsten Außenseiter der deutschen Literatur, Kleist und Kafka, stehen allein. Ihre erzählenden Werke, und vielleicht auch Büchners *Lenz*, haben eigene Traditionen gesetzt.

Was jedoch nicht vergessen werden darf ist, daß eine andere Form künstlerischer Prosa in Europa auf eine viel ältere Tradition zurückblickt, auf ein ununterbrochenes Fortleben von der Antike an bis fast in unsere Zeit. Unsere Gegenwart hat allerdings, so will es mir erscheinen, damit Schluß gemacht. Es ist die Art von Prosa, in der es nicht um Erdichtung geht, wohl aber um Dichtung, nicht um Aussage, aber um Ausdruck. Die Liste der Schriftsteller, an die ich denke, ist viel zu groß, als daß der Versuch einer Aufzählung gemacht werden könnte. Manche sind Dichter, auch im vulgären Sinn, gewesen, manche Philosophen, Theologen, Historiker, Staatsmänner; die meisten trugen keine Etikette außer der, daß sie große Schriftsteller waren, die es verstanden, aus Wörtern Worte zu machen und aus Worten Sätze; die Sätze hinwiederum verwebten sich zu einem Kontinuum, das auf uns den Eindruck eines Kunstwerks macht. Ob Platon oder Lukian, ob Cicero oder Tacitus, Petronius oder

Tertullian, Augustinus oder Thomas von Aquino, Luther oder Machiavelli, Galilei oder Vico, Donne oder Sir Thomas Browne, Pascal oder Bossuet, Swift oder Doctor Johnson, Lessing, Hamann oder Lichtenberg, Kierkegaard oder Karl Marx, Schopenhauer oder Nietzsche und so weiter bis zu Karl Kraus und Walter Benjamin: alle waren höchst verschieden voneinander, aber alle waren große Prosaschreiber. Anders kann man sie nicht nennen: ich kenne keine Kategorie, der man sie zuzählen könnte, wie es bei den Lyrikern, Dramatikern oder Romanschreibern der Fall ist. Als einziges bietet sich so etwas wie »Essayist« an, aber das wäre eine Verlegenheitslösung und noch dazu eine recht lahme. Wer möchte den heiligen Augustinus oder Martin Luther einen Essayisten nennen? Oder nehmen wir die beiden großen Kardinäle, deren Namen auf jeder Liste stehen müssen: Retz und Newman. Beide haben hervorragende Autobiographien geschrieben: die *Mémoires* von Retz, die *Apologia pro vita sua* von Newman sind Meisterwerke der Prosa; aber nur dieser könnte auch als Essayist bezeichnet werden.

Zwei sehr bedeutende Schriftsteller haben sich fast ausschließlich dem Essay gewidmet: Montaigne, der diesen Namen in die Sprachen eingeführt hat, und William Hazlitt. Über das Wesen dieser nicht leicht definierbaren literarischen Gattung habe ich bereits bei früheren Gelegenheiten einiges gesagt[4, 5].

VI

Auch die Verfasser von Aphorismen, Anekdoten und anderen Kurzformen gehören in den Kanon: E. M. Cioran nicht weniger als La Rochefoucauld, die Marquise de Sévigné ebensogut wie Amiel oder Léautaud. Man sieht, es wäre ein sehr dicker Katalog, und er würde bis etwa zum Jahr 1930 reichen. Dann beginnt er sich rapid zu verdünnen. Der Gründe sind viele. Einer davon, werden manche sagen, ist, daß uns die Distanz fehlt von dem, was zu unsern Lebzeiten geschaffen worden ist. Wir brauchen im allgemeinen einen zeitlichen Abstand, um zu erkennen, was gut ist. Ich halte diese Erklärung für unzutreffend oder zumindest sehr unzureichend. Die bedeutenden Schriftsteller sind gewöhnlich auch in ihrer eigenen Zeit nicht unerkannt gewesen. Selbstverständlich, wenn sie, wie Lichtenberg, ihre »Sudelbücher« im Schreibtisch haben liegen lassen, konnte man sie nicht erkennen. Allerdings, und das ist ein Teil der Misere, fehlt es jetzt mehr als je an guten literarischen Kritikern und an wagemutigen Verlegern.

Zwei andere Gründe, von denen der erste schon vielfach erwogen worden ist, will ich hingegen gelten lassen. Erstens, die sehr schlechten politischen und ökonomischen Zustände während des Hauptteils unseres Jahrhunderts. Seit dem großen Einschnitt des Jahres 1914 hat wenig Ruhe geherrscht. Der fürchterliche Erste Weltkrieg; die Russische Revolution; der mit 1928 einsetzende und irgendwie nie beendete Wirtschaftskrach; die 1933 beginnende und im Zweiten Weltkrieg kulminierende nationalsozialistische Greueldiktatur; der Zerfall der westlichen Zivilisationen, der zu einer in einer Wohlstandsnarkose dahindämmernden Welt geführt hat. »Sie hatten es nie so gut, obwohl sie es so schlecht haben.«

Obgleich ich die hier angeführten Umstände als eine teilweise Erklärung annehmen will, kann ich mich nicht ganz mit ihr befreunden. Der Dreißigjährige Krieg war eine Epoche des Grauens für einen großen Teil Europas. Aber sehe ich nicht einen großen symptomatischen Unterschied, wenn ich *Simplicius Simplicissimus* mit *Im Westen nichts Neues* vergleiche? Wo ist der Crashaw, wo ist der Gryphius unseres Jahrhunderts? Die Manierismen des Surrealismus eigneten sich zu allem besser als zum emphatischen Ausdruck des Elends einer Zeit. Die Besten mußten sich in allegorische Satiren retten, die nur wenige verstehen konnten. Nichtsager des Unsagbaren, wie Beckett, ragen heraus, aber man hat nicht viel davon. In meiner Zeit bin ich keiner Kraft begegnet, welche die Tränen ihres Zeitalters in unzerstörbar schimmernde Kristalle hätte verwandeln können. Schreie des Herzens wurden nur in Irrenhäusern behandelt.

VII

Ich komme jetzt zu meinem Zweitens, das ich im vorigen Abschnitt versprochen habe. Der Triumph der Naturwissenschaften hat den hauptsächlichen Teil der geistigen Fähigkeiten der Menschheit in Beschlag genommen, er hat den Bereich ihrer Interessen verheerend verschoben. Ich habe bei frühern Gelegenheiten schon so oft davon gesprochen, daß ich es mir hier ersparen kann auszuführen, warum ich den Eindruck habe, daß die einzige Tätigkeit des Intellekts, die in unsern Tagen blüht, die Naturforschung ist. Ich will nicht einmal behaupten, daß wir mehr wissen von der Natur, aber wir haben enorm dazugelernt, was wir alles aus ihr herausbekommen können. Ob nicht alle Natur lebend genannt werden muß, weiß ich nicht; jedenfalls ist unser Spezialwissen über die zahllosen Bestandteile der »lebenden« und der »toten« Natur und über deren Verknüpfung so enorm gewachsen, daß die Naturwissenschaften der Gegenwart nur in ihren Namen denen der Vergangenheit ähneln, in Wirklichkeit jedoch etwas völlig Neues, Niedagewesenes vorstellen.

Der Einwand, daß es neben den Naturwissenschaften ja auch zahlreiche Geisteswissenschaften gebe, ist natürlich berechtigt, aber gerade im Vergleich der beiden zeigt sich die Einzigartigkeit dessen, was als die moderne Naturwissenschaft und Naturforschung bezeichnet werden kann.

Wenn ein Naturforscher sagt, er brauche sich keine Sorgen zu machen, daß ihm jemals der Faden ausgehen werde, denn die Natur sei unendlich, sagt er gewiß eine Dummheit, denn ihm fehlt das Organ, Unendlichkeit zu begreifen. Aber ausgehn wird ihm der Faden sicherlich nicht, so fleißig er auch spinnen möge. Es ist nämlich dafür gesorgt worden, daß seine Wissenschaft in so viele Etagen unterteilt worden ist, daß die

Gefahr, er könne alle bereits völlig möbliert vorfinden, sehr gering ist. Und sogar, wenn das der Fall ist, so kann er immer noch tiefer graben und neue Fächer einrichten.

Ich glaube, daß dieser Umstand die Naturwissenschaften von allen andern entscheidend abhebt. Zwar haben diese verzweifelt versucht jenen nachzueifern, aber mit wenig Erfolg. Ist es schon in der Naturforschung nicht leicht, zwischen Entdeckung und Erfindung zu unterscheiden, so ist es in den andern Wissenschaften noch viel schwerer. Was dem Naturforscher einerseits und, sagen wir, dem Historiker oder Philosophen andererseits als Wirklichkeit erscheint, das sind, fürchte ich, sehr verschiedene Wirklichkeiten, wenn auch beide den Namen nicht verdienen.

Fast alle, auch die ärmsten Länder besitzen großzügige Einrichtungen zur Unterstützung der Naturforschung. Dies hat zur Entstehung einer neuen Klasse, der Wissensproduzenten, geführt; einer Klasse, die sich von den früher besprochenen »Intellektuellen« nicht nur durch ihren gewaltigen Umfang unterscheidet, sondern auch dadurch, daß es sich bei ihnen kaum um Intellektuelle handelt. Durch ihre Anzahl und durch die Lautstärke, mit der sie ihre oft sehr trivialen Entdeckungen proklamieren, haben die Wissensproduzenten viel Einfluß auf die sogenannte Öffentliche Meinung und bringen es zustande, mittels politischen Drucks für ihre dauernde Vermehrung und wachsende finanzielle Unterstützung zu sorgen. Sie produzieren ungeheure Mengen von manchmal wirklichem, häufig jedoch angeblichem »neuen Wissen«. Die vorgebliche Nutzbarkeit alles Wissens über die Natur dient als Vorwand für eine unverdiente Monopolstellung und hat, mindestens in den »entwickelten« Ländern, zu einer grotesken Hieratisierung der gesamten Klasse geführt.

Es ist diese von den Völkern geförderte Vormachtstellung der Forschung, die für die wahrhaft ungeheure Produktion von Wissen auf dem laufenden, von den Behörden geschmierten Band verantwortlich ist. Sie hat die Wolke des Wissens, von der mein Titel spricht, so schwarz und undurchsichtig gemacht.

Wenn so viel geschrieben und gehudelt wird, wie kann da der einzelne, mit keiner Fachlichkeit gesalbte, mit keinem Professortitel versehene Schriftsteller den Mund auftun? Er mag zwar auf der Höhe der Zukunft sein, nicht aber auf der seiner eigenen, von Trivialentdeckungen überschäumenden Zeit.

VIII

Das ist kein ganz neuartiger Zustand. Schon im vorigen Jahrhundert wurden ähnliche, wenn auch primitivere Argumente gegen angebliche Amateure verwendet, um solche Schriftsteller wie Schopenhauer, Burckhardt, Nietzsche lächerlich zu machen oder totzuschweigen. Mit wieviel Bitterkeit Schopenhauer diese Mißachtung aufnahm ist wohlbekannt. In seinen *Parerga und Paralipomena* ist er gewiß einer der großen Essayisten des Jahrhunderts, ganz abgesehen von seinen philosophischen Arbeiten.

Dennoch besteht ein großer Unterschied zwischen jener Zeit und unserer. Damals gab es noch in allen Ländern Europas ein sehr beträchtliches Publikum für literarische Erzeugnisse von hohem Rang. Wo gibt es jetzt z. B. Kritiker, die eine Stellung einnehmen, die der eines Sainte-Beuve oder Matthew Arnold vergleichbar wäre? Was für ein hervorragender Kulturkritiker war zum Beispiel Baudelaire! Oder jener Nietzsche, der den Liedern der unwahrscheinlichen Sirenen namens Wagner und Darwin hie und da seine Ohren verschloß. Jetzt gibt es bestenfalls Mitläufer; meistens sind es Nachläufer, die ihr Leben fristen, indem sie dem an sich schon windigen Begriff der Moderne ein »post« nach dem andern vorhängen: Postpostpostpost-Moderne – alle fünf Jahre ein weiteres »post«.*

* Es gibt natürlich rühmliche Ausnahmen. Zu diesen möchte ich zum Beispiel Erich Auerbach mit seinem Buch *Mimesis* zählen und meinen vor kurzem verstorbenen Freund Erich Heller, dessen Schriften, insbesondere *The Disinherited Mind* mich viel gelehrt haben.

Unterdessen hat sich jedoch das des Lesens noch fähige Publikum verlaufen. Die Flut von wissenschaftlichen Arbeiten – Lawinen gedruckten Papiers, das niemand liest* – mag zum Teil daran schuld sein, daß die Leute sich allmählich das Lesen abgewöhnen; hinzu kommen die zeitraubenden Massenmedien, und noch mehr die allgemeine Apathie, die wie ein Bleideckel auf den Menschen lastet.

Es ist nicht unmöglich, daß meine pessimistische Einschätzung für die Randländer Europas – Rußland und Spanien (samt Lateinamerika) – nicht ganz gilt. Das kann ich leider nicht beurteilen. Was ich an Belletristik überschauen kann sieht trostlos aus. Die wenigen Variationen, deren der Geschlechtsverkehr und der Alkoholkonsum fähig sind, sind bereits viele tausendmal abgewandelt worden, bei kräftiger Abnutzung aller vorhandenen Slangwörterbücher. Jetzt kann man nur die Haupt-, Zeit-, Umstands-, Für- und Mittelwörter auslassen und versuchen, aus dem Rest etwas zu machen. Im Englischen bleiben wenigstens noch die Interjektionen übrig, im Deutschen ist das weniger ergiebig. Die französische Prosa hilft sich eher auf andere Art, um langweilig und farblos zu sein. Jedenfalls ist es überall gelungen, die »schöne Literatur« – was auf englisch *Fiction* heißt – unleserlich zu machen, außer für die Konkurrenz.

Die unschöne Literatur – mein kleiner Langenscheidt übersetzt *Non-fiction* seltsamerweise mit »Fachliteratur« – sitzt auf einem noch weniger grünen Zweig. Zeitschriften von nationaler Bedeutung, wie diejenigen, die im vierten Abschnitt erwähnt worden sind, haben ihren frühern Einfluß völlig verloren oder sind eingegangen. Man muß nur bedenken, was für eine enor-

* Laut der Zeitschrift SCIENCE (*250*, 1331, 1990) bleiben 55 % aller naturwissenschaftlichen Publikationen in den ersten fünf Jahren nach ihrem Erscheinen völlig unzitiert. Sie sind also mit ihrer Geburt in das Loch der Vergessenheit gefallen. Dafür ist die Zahl wissenschaftlicher Zeitschriften in den letzten 20 Jahren von 70 000 auf 108 590 gestiegen. Der Drang nach Daueranstellung hat sich als ein wirksames geistiges Abführmittel erwiesen: *est cacatum scriptum.*

me Rolle so eine Zeitschrift wie die *Edinburgh Review* in der ersten Hälfte des vorigen Jahrhunderts gespielt hat. Auch die hochstehenden Zeitschriften mit kleinem Leserkreis, die noch vor fünfzig Jahren viel zur Einführung wertvoller Texte beitrugen, sind fast alle verschwunden oder auf ein winziges sektiererisches Publikum beschränkt.

IX

Ich habe hier versucht, die Wellen höchst einseitigen Wissens, die uns überrollt haben, und den damit verbundenen ungeheuren Wortschwall, in Verbindung zu bringen mit dem Elend und der Öde unsrer Zeit. Das mag vielen als eine fixe Idee vorkommen, als eine Lappalie, wenn man derartige Bedrohungen wie die irreversible Verschmutzung und Überbevölkerung * der Erde dagegen hält. Aber irgendwie hängt alles miteinander zusammen: die Hungersnot im Sudan und die drei Milliarden für das Genomprojekt, die halbe Million sinnlos in die Wüste geschickter amerikanischen Soldaten und die gestern erfolgte Ermordung eines kleinen Mädchens in Brooklyn.

> Liber scriptus proferetur,
> in quo *totum* continetur . . .

Das Wort *totum*, alles, habe ich unterstrichen, denn der Dichter des *Dies irae* stammte aus unbedingtern Zeiten: auch für ihn hing alles zusammen, und so mußte es Platz finden im geschriebenen Buch. Das ist aber nicht ein Buch, das Menschen schreiben können. Auch der umfassendste Chip, und wäre selbst ein ganzes Menschenleben graviert in seine Winzigkeit, könnte nicht beginnen es zu bewältigen.

---

* Ist es schon betont worden, wie viel dumme Arroganz in dem Wort *Überbevölkerung* enthalten ist? »Für mich ist gerade noch Platz; dann wird der Deckel zugemacht.« Vielleicht ist die Erde schon seit Hunderten von Jahren überbevölkert.

Kein Mensch kann anfangen, über irgendetwas nachzudenken, ohne der Geringfügigkeit seiner Anstrengungen gewahr zu werden. Daher ist es durchaus möglich, daß ich mich irre; daß die schwarze Wolke des Wissens nur den Wissenden stört; und daß, da es nur sehr wenige Wissende gibt, die Welt ganz andere Sorgen hat. Wenn der Laie ausdrücken will, daß eine Diskussion völlig unangebracht ist, sagt er, es handle sich um eine akademische Frage. Vielleicht habe ich mich also wieder einmal um ein akademisches Viertel verspätet.

Anmerkungen

1 Paul Valéry, Rhumbs, in *Œuvres,* 2. Bd., S. 619 (Pléiade, Paris, 1960).

2 Paul Robert, *Dictionnaire alphabétique et analogique de la langue française,* 4. Bd., S. 229 (Paris 1957) – unter dem Wort »galérien«.

3 Lord Byron, Journal, 23. November 1813, in Byron, *Letters and Journals* (Hrsg. L. A. Marchand), 3. Bd., S. 216 (London, 1974).

4 E. Chargaff, Quintessence, in *Serious Questions,* S. 173 (Boston, 1986).

5 E. Chargaff, Versuch mit oft unzulänglichen Mitteln, in *Alphabetische Anschläge,* S. 222 (Stuttgart, 1989).

Bedauerliche Erfüllung einer Vorhersage

Zu einigen Sätzen von Adalbert Stifter

I

Im »Nachsommer«, dieser wunderschönen Utopie für Wohlhabende, ist mir eine längere Stelle aufgefallen, die in einigen Beziehungen bemerkenswert ist. Am Anfang der fünfziger Jahre des vorigen Jahrhunderts niedergeschrieben, sagt sie zum Teil Ereignisse vorher, die erst viel später eingetroffen sind. Die Sätze, die ich zitieren will, fallen insofern aus dem Rahmen des großen stillen Buches hinaus, als sie eine Fähigkeit und Fachlichkeit auf den Gebieten der Naturforschung und Technik voraussetzen, die den Figuren des Werkes fremd sind. Diese sind eigentlich Amateure von Profession; sie sammeln was ihnen unter die Hände kommt, Produkte der Kunst und der Natur, Gemälde, Skulpturen, Kameen so gut wie Pflanzen, Tiere, Steine. Sie botanisieren, chemisieren, physisieren, geologisieren, wenn ich so sagen darf; sie besitzen Vorrichtungen zur Ausführung wissenschaftlicher Experimente, halten sich jedoch, wie auch im Zitherspiel und andern schöngeistigen Betätigungen, streng innerhalb der Grenzen eines edlen Dilettantismus.

Hier ist nun die Stelle, über die ich was sagen will; sie findet sich im 2. Band, im 4. Kapitel. Ich muß mich für die Länge des Zitats entschuldigen; da »Der Nachsommer« jedoch sehr lang ist – Stifter nannte ihn zwar eine Erzählung, aber diese beanspruchte drei Bände –, kann selbst ein kurzes Zitat nicht ohne Breite auskommen. Man hat zuerst von Caesar gesprochen, von den Römern, von der Welt der Antike, und jetzt spricht der Gastgeber und väterliche Freund des Helden, der Freiherr von Risach:

Unsere Zeit ist eine ganz verschiedene. Sie ist auf den Zusammensturz jener gefolgt, und erscheint mir als eine Übergangszeit, nach welcher eine kommen wird, von der das griechische und römische Altertum weit wird übertroffen werden. Wir arbeiten an einem besondern Gewichte der Weltuhr, das den Alten, deren Sinn vorzüglich auf Staatsdinge, auf das Recht und mitunter auf die Kunst ging, noch ziemlich unbekannt war, an den Naturwissenschaften. Wir können jetzt noch nicht ahnen, was die Pflege dieses Gewichtes für einen Einfluß haben wird auf die Umgestaltung der Welt und des Lebens. Wir haben zum Teile die Sätze dieser Wissenschaften noch als totes Eigentum in den Büchern oder Lehrzimmern, zum Teile haben wir sie erst auf die Gewerbe, auf den Handel, auf den Bau von Straßen und ähnlichen Dingen verwendet, wir stehen noch zu sehr in dem Brausen dieses Anfanges, um die Ergebnisse beurteilen zu können, ja wir stehen erst ganz am Anfange des Anfanges. Wie wird es sein, wenn wir mit der Schnelligkeit des Blitzes Nachrichten über die ganze Erde werden verbreiten können, wenn wir selber mit großer Geschwindigkeit und in kurzer Zeit an die verschiedensten Stellen der Erde werden gelangen, und wenn wir mit gleicher Schnelligkeit große Lasten werden befördern können? Werden die Güter der Erde da nicht durch die Möglichkeit des leichten Austauschens gemeinsam werden, daß allen alles zugänglich ist? Jetzt kann sich eine kleine Landstadt und ihre Umgebung mit dem, was sie hat, was sie ist, und was sie weiß, absperren; bald aber wird es nicht mehr so sein, sie wird in den allgemeinen Verkehr gerissen werden. Dann wird, um der Allberührung genügen zu können, das, was der Geringste wissen und können muß, um vieles größer sein als jetzt. Die Staaten, die durch Entwicklung des Verstandes und durch Bildung sich dieses Wissen zuerst erwerben, werden an Reichtum, an Macht und Glanz vorausschreiten und die andern sogar in Frage stellen können. Welche Umgestaltungen wird aber erst auch der Geist in seinem ganzen Wirken erlangen? Diese Wirkung ist bei weitem die wichtigste. Der Kampf in dieser Richtung wird sich fortkämpfen, er ist entstanden, weil neue menschliche Verhältnisse eintraten, das Brausen, von welchem ich sprach, wird noch stärker werden, wie lange es dauern wird, welche Übel entstehen werden, vermag ich nicht zu sagen; aber es wird eine Abklärung folgen, die Übermacht des Stoffes wird vor dem Geiste, der endlich doch siegen wird, eine bloße Macht werden, die er gebraucht, und weil er einen neuen menschlichen Gewinn gemacht hat, wird eine Zeit der Größe kommen, die in der Geschichte noch nicht dagewesen ist. Ich glaube, daß so Stufen nach Stufen in Jahrtausenden erstiegen werden. Wie weit das geht, wie es enden wird, vermag ein irdischer Verstand nicht zu ergründen. Nur das scheint mir sicher, andere Zeiten und andere Fassungen des Lebens werden kommen, wie sehr auch das, was dem Geiste und Körper des Menschen als letzter Grund inne wohnt, beharren mag.

II

Welche Übel die kommende Größe der Menschengeschlechter mit sich bringen werde, vermag der Freiherr von Risach nicht zu sagen. Da sind wir vielleicht in einer besseren Lage, obwohl nicht mehr als 140 Jahre, keine Jahrtausende uns von ihm trennen. Der Geist liebt es, sich in Äonen zu versenken, dabei sind es manchmal nur ein paar Wochen. Bevor ich jedoch versuche, aus den angeführten gedankenvollen Bemerkungen einige Tropfen bittern Saftes herauszupressen, muß ich mich fragen, ob Stifter darin, was er sagte, zum Teil nur als ein rückwärts gekehrter Prophet gehandelt hat. Er hatte immer ein großes Interesse für die Naturwissenschaften und trug sich einmal sogar mit dem Gedanken, »ein Bändchen Physik für Realschulen« zu verfassen.

»Der Nachsommer« erschien 1857, die Arbeit daran begann 1852. Die erste öffentliche Eisenbahn, zwischen Manchester und Liverpool, wurde im September 1830 mit großer Feierlichkeit und einem Todesopfer eröffnet[1]; kommerzielle Telegraphie mittels Elektrizität gab es in England seit 1844[2]. Die Verbreitung von Nachrichten »mit der Schnelligkeit des Blitzes« und das Reisen »mit großer Geschwindigkeit«, dieser »Anfang des Anfanges« muß Stifter bekannt gewesen sein, als er sein Buch schrieb, obwohl dessen Handlung um etwa 25 Jahre zurückdatiert ist, also in Goethes letzte Lebensjahre. Es waren allerdings sehr kleine Anfänge, und sie tun meiner Bewunderung für Stifters triumphalen Scharfblick in ferne Zeiten keinen Abbruch. Er erkannte die neue, die unerhörte Übermacht lang bevor sie ihre Herrschaft über die Natur, den Geist, das Herz angetreten hatte.

Als die Menschheit zuerst mit der Maschine, mit dem Begriff der Maschine, konfrontiert wurde, hörte man von viel Furcht und Widerwillen. Den Abscheu, der sich in Blakes »finstern satanischen Mühlen« ausdrückt, teilten jedoch weder Goethe noch Stifter. Der Gewerbefleiß, in dem sich die unwiderruflich niedern Schichten zu ergehen haben, fand allgemeine Zustimmung. Alles hatte seinen gerechten Platz im Universum, und den Teufel gab es nur im Ersten und im Zweiten Teil. Auch war es ein aufgeklärter Teufel, der seine Socken aus den gleichen Spinnereien bezog wie die olympischer Gestimmten. So läßt die hier abgedruckte Zukunftsschilderung zwar die Möglichkeit zu »Übeln« offen, zeigt aber wenig metaphysischen Spürsinn für die Richtungen, in denen sie auftreten mögen.

Stifters Schilderung ist mit freudigem Optimismus getränkt. Obwohl ein hervorstechender Vertreter der biedermeierlichen Bourgeoisie zeigt er bereits den innigen Glauben an einen unaufhaltsamen Fortschritt, wie ihn die viktorianische Zeit zur allgemeinen Pflicht machen sollte. Natürlich gab es Ausnahmen, Unbelehrbare, die nicht viel Vertrauen zur unbegrenzten Erziehbarkeit des Menschengeschlechts hatten, z. B. Schopenhauer, Kierkegaard, Baudelaire, Burckhardt, Nietzsche. Solche Verse, wie sie meine eigenen grünen Jahre belehrten: »Da hat er eben leider recht. / Die Welt ist arm, der Mensch ist schlecht.« – sie hätten Stifter ebensowenig zugesagt wie seinem Vorbild Goethe. Bei den Olympiern haben Zyniker nie eine gute Presse gehabt; und unter der Drohung des Geschicks, selbst eine Art von Klassiker zu werden, hat auch Brecht andere Töne hervorgebracht. Man wandelt nicht ungestraft unter Triumphbögen.

III

Stifter sah also einer unendlichen Weiterentwicklung der von der Naturforschung gelenkten Technik entgegen. Er zog die Möglichkeit, ja die Wahrscheinlichkeit nicht in Betracht, daß der Mikrowellenherd – ein nützliches Gerät, um Tiefgefrorenes zur Ungenießbarkeit zurückzubringen – uns einen Praxiteles kosten könnte, und das Programm »Dallas« einen Hölderlin. Lang hat der amerikanische Volksgeist arbeiten müssen, bevor er seinem tiefsten Gedanken Ausdruck gab – »There's no free lunch« (Man kann nicht gratis Mittag essen«) –; einem Gedanken, der aussagte, daß die Summe der Welt konstant ist. Du kannst nicht mehr herausnehmen, als du hineingegeben hast. Verzichte auf Goya, und du kriegst Dali plus dem Telephon. Verhöhne deine in ihren Mitteln ach so beschränkte Vergangenheit, und du kriegst eine furchterregende Zukunft.

Utopisten, die erklären, nur in Rhodus springen zu können, machen sich leicht lächerlich. Man könnte daher Stifter auffordern, auf die Jahrtausende vorläufig zu verzichten und die ersten 150 Jahre als Probe auf das Exempel genugsein zu lassen. Allerdings müßte man ihm gleichzeitig klarmachen, man sei sicher, daß er sich in seiner Rolle geirrt hat: in Wirklichkeit sei er der Dichter der Stille, ein großer Landschaftsmaler, viel größer in Prosa als mit den Ölfarben. So möchte auch ich die Vorrede zu den »Bunten Steinen« der Zukunftsphantasie des

Herrn von Risach vorziehen. Dennoch steht es fest, daß der edle alte Herr – vielleicht mit umgehängter weimarischer Geheimratsmaske – diese vorschnelle Vorhersage gemacht hat.

Warum ist die Vorhersage falsch, obwohl sie richtig ist? Sie scheint von der Annahme eines unverändert stabilen sozialen Verhältnisses auszugehen, wie es 1850 in Oberösterreich bestanden haben mag und das daher sich unfehlbar durch Jahrtausende, begleitet vom gemütlichen Ticken der »Weltuhr«, fortsetzen wird. Die Möglichkeit, daß die Weltuhr, wenn ihr zu viele Gewichte angehängt werden, ihre Funktion einstellen könnte, wird gar nicht in Betracht gezogen. (Ganz abgesehen davon, daß diese, wie alle großväterlichen Standuhren, zwar noch aus braunem Mahagoni sein mag, aber dank einem japanischen Quarzsplitter allen Gewichten entsagt hat.) Wie dem auch sei, die Vorhersage ist falsch, weil sie die Schwäche der Menschen, ihre Verbildbarkeit und Verzerrbarkeit, unterschätzt. Sie unterschätzt auch vieles andere, nicht jedoch die Rolle, welche die gerade mündig gewordenen Naturwissenschaften zu spielen sich anschickten.

In Linz konnte man das damals gewiß nicht beobachten, aber hätte Stifter das London seiner Zeit besuchen können, so hätte er den berühmten Nebel erlebt, der in den gleichzeitigen Romanen eines Dickens, und an anderen Stellen schon seit dem 17. Jahrhundert immer wieder auftaucht[3]. Dieser schwarzgelbe Nebel – Stifter hätte die Farben seines Kaiserhauses begrüßt – war vielleicht der erste drohende Hinweis darauf, daß es so etwas gebe wie eine Umwelt, daß unsere Welt sich einmal weigern könne, für ungezählte Generationen den Mistbauern abzugeben. Daß der Krug so lange zum Brunnen geht, bis der Brunnen bricht, ist eine Erkenntnis, zu der sich niemand zu Stifters Lebzeiten hätte durchringen können. Es fehlte der Anschauungsunterricht, aber noch mehr fehlte es an einer genügend tiefen Einsicht in das Walten der Natur. Viel eher war es feinen Geistern möglich, den metaphysischen Frevel, der in der gewissenlosen Ausnützung und Verfremdung der Naturkräfte lag, zu verstehen, als sich die Gefahren zu vergegenwärtigen, die aus der übermäßigen Anhäufung von Kohlendioxyd oder aus der Zersetzung der Ozonschicht entstehen können. Unsern komplizierten Gehirnen tritt die Natur höchst einfach entgegen und haut den Prometheus auf den Kopf mit dem kleinen Einmaleins.

IV

Eine der grundlegenden Naturwissenschaften, die Chemie, hatte in Stifters Zeiten ihre verheerenden Anwendungsmöglichkeiten überhaupt noch nicht gezeigt. Die organische Chemie war in ihren Anfängen. Von der Biochemie kann man überhaupt nicht sagen, daß es sie gab. Friedrich Miescher entdeckte die Desoxyribonukleinsäure in Stifters Todesjahr. Der große Aufschwung der chemischen Industrie begann erst viel später. Das gleiche gilt für die Verwendung von Erdöl, für den Verbrennungsmotor, den Kraftwagen, das Flugzeug usw. Was hätte Stifter dazu gesagt, hätte er erfahren, daß in weniger als hundert Jahren die ganze Welt – Boden, Luft und Wasser – dank der von ihm so feurig begrüßten »Umgestaltung« verdreckt und vergiftet sein werde?

Faraday war zwar ein älterer Zeitgenosse, aber ich denke nicht, daß das große Wunder der Elektrizität Stifter hätte bewußt sein können. Die ersten wirklichen Elektrizitätswerke wurden erst im Jahre 1882 errichtet[4]. Und wenn wir gar zu den Hausgeistern unserer Zeit kommen, den ionisierenden Strahlen, was hätte der stille Dichter – Kraus nannte ihn den Friedens-Stifter – damit anfangen sollen? Dicke Schichten herrlichster Ignoranz schirmten ihn vor den Dumdumgeschossen organisierter Naturmißhandlung.

Dennoch verfällt er in die schwere Sünde der Überheblichkeit. »Die Übermacht des Stoffes wird vor dem Geist, der endlich doch siegen wird, eine bloße Macht werden, die er gebraucht.« Ist es denkbar, daß er die Möglichkeit nicht erwogen hat, daß Macht nicht ausgeübt wird, sondern ausübt: der Mächtige ein Opfer seiner Macht? Daß Menschenwerk immer mit der eingebauten Gefahr der Verderblichkeit behaftet ist, mußte ihm bekannt sein.

Allerdings konnte Stifter das ekelhafte neudeutsche Wort »Sachzwang« nicht kennen. In seinem Universum siegte immer der Geist. Das war ein Axiom, ein Dogma oder ein Alibi, das die Grundlage des Optimismus der viktorianischen Epoche bildete, eines Optimismus, dem halbgeschlossene Augen und ein weicher Fauteuil zuträglich waren. Man dämmerte in eine Hölle hinein. Als sie dann eintraf, war ihr Dasein ihre Rechtfertigung. Alles kam, wie es kommen mußte. Gibt es etwas Herrlicheres als das Erkennen der Natur? Was mich erstaunt ist, daß Stifter nicht unterschied zwischen solchem Erkennen und dessen Anwendung zu Ausnützung und Raubbau. Naiverweise kann ich mir vorstellen, daß man viel wissen kann, ohne dieses Wissen zu mißbrauchen; aber in unserer Welt kommt auf hunderttausend Fachleute kaum ein Weiser, dessen Unhörbarkeit für Mit- und Nachwelt durch seine Weisheit selbst gewährleistet ist. So wollen wir uns als forsche Naturforscher lieber darüber freuen, daß es so ein Genprodukt geben mag wie das Hormon Herostratin – erzeugt von einem aus uralten Zeiten ererbten Gen eines Tempelschänders –, das, zum Beispiel, die Mitglieder der komischen Autopartei in der Schweiz veranlaßt zu verkünden »Unsere Autos fahren auch ohne Bäume«. Über die Gültigkeit dieses geistreichen Ausrufs werden die vom Freiherrn von Risach angerufenen Jahrtausende entscheiden müssen.

V

»Alles, was sich fortschreitend vervollkommnet, geht fortschreitend zugrunde.« So Pascal in den *Pensées*[5]. Er sah, glaube ich, tiefer als Stifter. Selbst Goethe, von dem man es eigentlich nicht erwartet hätte, war keineswegs sicher. Aus der *Italienischen Reise,* in einem Brief an Herder vom 17. Mai 1787:

> Ich bin freilich, wie du sagst, mit meiner Vorstellung sehr ans Gegenwärtige geheftet, und je mehr ich die Welt sehe, desto weniger kann ich hoffen, daß die Menschheit je *eine* weise, kluge, glückliche Masse werden könne. Vielleicht ist unter den Millionen Welten eine, die sich dieses Vorzugs rühmen kann; bei der Konstitution der unsrigen bleibt mir so wenig für sie als für Sizilien bei der seinigen zu hoffen.[6]

Aber was dachten einige Zeitgenossen Stifters, die das Glück hatten in einer wirklich perfekteren Zivilisation zu leben, vom Fortschritt, den Herr von Risach mit Siebenhunderttausendmeilenstiefeln kommen sah? Baudelaire in einem Aufsatz über die große Kunstausstellung von 1855[7]:

> Fraget jeden guten Franzosen, der alltäglich *seine* Zeitung in seinem Wirtshaus liest, was er unter Fortschritt versteht. Er wird antworten, daß das der Dampf ist, die Elektrizität und die Gasbeleuchtung – Wunder, die die Römer nicht gekannt haben –, und daß diese Entdeckungen unsere Überlegenheit über die Alten völlig beweisen. So sehr hat sich die Finsternis in diesem unglücklichen Gehirn ausgebreitet; und so sehr haben sich die materiellen und die geistigen Dinge darin bizarrerweise vermengt.

Zwei Jahre vor Baudelaire, am 22. Mai 1853, machte ein großer Maler, Eugène Delacroix, eine erstaunliche Eintragung in sein Tagebuch[8]:

> Der Mensch macht Fortschritte in alle Richtungen: er gebietet der Materie, das ist unbestreitbar, aber er lernt nicht, sich selbst zu gebieten. Erbauet Eisenbahnen und Telegraphen, durchkreuzet in einem Augenblick Länder und Meere, aber lenket die Leidenschaften wie ihr die Luftballons lenkt! Schaffet insbesondere die bösen Leidenschaften ab, die in den Herzen ihre abscheuliche Macht nicht verloren haben, allen liberalen und brüderlichen Ma-

ximen unserer Zeit zum Trotz! Da ist das Problem des Fortschritts und sogar des wahren Glücks. Es scheint, ganz im Gegenteil, daß unsere Instinkte der Lüsternheit und egoistischen Wollust unendlich mehr durch alle diese materialistischen Verbesserungen aufgestachelt werden.

Dabei hat der Delacroix sicherlich bessere Bilder gemalt als was sich in der Sammlung des alten Freiherrn vorfand. Andererseits gab es wahrscheinlich damals in Linz nur brave Leute. Diejenigen, die von der Norm abwichen, nannte man Wiener oder gar Juden, und im schlimmsten Fall, der sich allerdings erst nach 1871 ergab, Reichsdeutsche. Jedenfalls muß Stifter sie als durchaus verbesserungsfähig angesehen haben.

VI

Einem Linné, einem Buffon wäre es wahrscheinlich kaum in den Sinn gekommen, daß die von ihnen niedergeschriebenen Sätze »als totes Eigentum in den Büchern oder Lehrzimmern« herumliegen würden. Das war keine Drohung, die sie verstanden hätten. Verwertbarkeit war nicht, was sie suchten; die Philosophie eines Bentham lag noch in unerkannter Ferne. Sie betrachteten und beschrieben eine Natur, die noch nicht vom Spezialistentum parzelliert worden war. Naturforschung muß ihnen als eine eminent geistige Tätigkeit erschienen sein.

Zur Zeit des Herrn von Risach sah es schon ganz anders aus. Die Französische Revolution und Napoleon hatten die Welt durchbraust und erschüttert, und jetzt wachten die Spitzel der Heiligen Allianz über den Gewerbefleiß. Auch in den Wissenschaften herrschte noch Ruhe, bekanntlich die erste Bürgerpflicht. So sah damals ein klarer Geist die Fortschritte der Wissenschaft auf eine bemerkenswert gemächliche Weise. Die 1828 gedruckten Worte stammen von einem Balten, dem im Jahre des Bastillesturms geborenen Carl Gustav Jochmann. Wäre er nicht schon 1830 gestorben, er hätte eine Art von deutschem

Tocqueville werden können. Er schreibt von den Wissenschaften:

> Lehren sie uns nicht gerade, wovon wir noch nichts wußten, so lehren sie uns doch, von wie vielem, das wir zu wissen meinten, wir nichts verstehn; lernen wir nicht immer finden was wir suchten, so lernen wir doch um so öfter es gar nicht suchen, wo wir es schon gefunden zu haben uns einbildeten.[9]

Jeder um seine Daueranstellung bangende junge Naturforscher kann jetzt bei diesen Worten nur bitter lächeln. Er weiß, daß, wenn er nicht findet, was er gesucht hat, er doch das Gefundene gesucht zu haben vorgeben muß. Im Walde so vor sich hingehn gilt nicht. Die so hoch gepriesene Vorhersagekraft unserer Wissenschaften hat die Blümchen bezeichnet, die er pflücken wird. Daß das eine Art von Reduktionismus ist – eine Eselsbrücke, die ich nur ungerne beschreite –, wird vielleicht nicht allgemein eingesehen. Jedenfalls ist die gegenwärtige Ödheit mancher Forschungszweige darauf zurückzuführen.

Viele Leute bezichtigen unsere Naturwissenschaften schuld zu sein an dem Verderb der Umwelt; andere leugnen es und verklagen die Technik; die Majorität ist stumm und macht den Mund nur auf, wenn sie gefüttert wird. Alle drei haben recht, nur kommt es darauf an, wie man es ansieht. Ohne die organische Chemie hätten wir nicht die Pestizide, ohne Antibiotika wäre die Bevölkerung der Welt etwas kleiner. Ohne die Technik wären beide, Pestizide and Antibiotika, Laboratoriumskuriositäten geblieben. An anderen Übeln ist die Technik viel mehr beteiligt als die Naturforschung, und wir müssen den Prometheus anklagen, den Menschen das Feuer beschert zu haben. Man kommt nämlich nicht darum herum, daß es die Natur des Menschen ist – mehr Bestie als Engel –, die an allem schuld ist. Alles ist gekommen, wie es kommen mußte, und es gibt nur eine Richtung, in der es weitergehen kann. Diese zu bezeichnen hätte nur Kassandra vermocht, und die hat das Mistvieh Klytämnestra unlängst umgebracht.

Der Freiherr von Risach – oder sagen wir Adalbert Stifter? – war weiß Gott keine Kassandra. Sie lebten am Ende einer Epoche, da eine günstige Prognose angebrachter erscheinen mußte als je zuvor oder nachher. Kleine Grauslichkeiten wurden in Kauf genommen: es war die Stimmung von Faust II, allerdings ohne Verklärung im Opernhimmel. Wie kommt es aber dann, daß Kierkegaard in seinem Tagebuch, in Sätzen, die fast gleichzeitig waren mit denen Stifters, zu einer so verschiedenen Folgerung kam? »Alles Verderben wird zuletzt von den Naturwissenschaften kommen.« [10]

VII

»Bei Prophezeiungen ist der Ausleger oft ein wichtigerer Mann als der Prophet.« So Lichtenberg in seiner Notiz Nr. H 89 [11]. »Wichtig« kann nur den Sinn haben, daß es der Ausleger ist, der nachweisen oder behaupten kann, die Prophezeiung habe sich gerade jetzt bewahrheitet. In anderen Zeiten – Jacob Burckhardts »Glück und Unglück in der Weltgeschichte« – hätte der Ausleger feststellen müssen, daß die Prophezeiung nicht eingetroffen ist. »Jetzt« ist aber was gilt, obwohl es häßlicher klingt als »andermal«, denn Hegel versichert uns in seinen *Vorlesungen über die Geschichte der Philosophie,* daß die Gegenwart das Höchste ist.[12] Mir selbst wäre das nicht eingefallen, denn ich glaube, wir leben in wilden, abscheulichen Zeiten. Inwieweit die Naturwissenschaften an diesen Zeiten beteiligt sind, als Ursache oder Symptom, das überzeugend entscheiden könnte nur einer, der in den Plänen der Vorsehung lesen kann. Das können selbst die ekelhaften Fasler nicht, die eine genetische Perestrojka der Menschheit vorhaben. In deren Ebenbild möchte kein Hund wiedergeboren sein, selbst wenn er uns die Genomstrukturen des reichsten Mannes und der schönsten Frau – also beide aus Kalifornien – apportieren darf.

Ich habe Angst vor den Wohltätern der Menschheit, die sich dauernd in den Haaren liegen, weil jeder mehr Geld bekommen möchte als der Kollege. Der eine braucht es, weil er nochmals in den Raum vorstoßen will, hauptsächlich um zu erforschen, wie sich Schmierkäse unter schwerelosen Bedingungen verhält; der andere hat die kalte Fusion entdeckt, will aber nicht recht sagen wie. Die wissenschaftlichen Durchbrüche kommen so dicht hintereinander, daß der kurze Ruhm, der einem jeden gebührt, verlischt, bevor er strahlt. Entdeckung als rasch verbrauchte Konsumware: hätte Stifter den von ihm vorausbesungenen Sieg des Geistes über die Übermacht des Stoffes in unserer Gegenwart wiedererkannt? Hätte er nicht vielmehr mit Trauer festgestellt, daß der Geist sich verstofflicht hat, so daß ein Schlachtfeld voll von vorläufigen Endgültigkeiten übriggeblieben ist? Mögen auch alle guten Wege nach Rom führen, die schlechten führen in die Hölle. Nur heilige Mittel heiligen den Zweck, aber die Wege, die zu »Reichtum, Macht und Glanz« führen, gehören nicht dazu.

VIII

Der Reichtum, die Macht, der Glanz, das sind die Attribute, die Stifter denjenigen Völkern verspricht, die sich der Errungenschaften der Naturforschung und der Technik zu bedienen wissen. Mir klingt das alles wie ein farbiger Reiseprospekt, der mich zum Besuch von, sagen wir, Hongkong oder Singapur aufmuntern will. Die Slums besucht ja ohnedies kein Tourist, obwohl er aus ihrer Betrachtung lernen könnte, wie kindisch die Vorstellung ist, daß »durch die Entwicklung des Verstandes und durch Bildung« eine günstige »Umgestaltung des Geistes« zustande kommen werde. Sicherlich besteht ein Zusammenhang zwischen der verfeinerten Bildung unserer Institutionen und den Elendsfiguren, die ich haufenweise in den Straßen New Yorks herumliegen sehe, aber es ist nicht der von Stifter erhoffte. Je größer die Macht und Pracht, desto größer die Armut und das Elend. Es scheint mir, daß der Fortschritt der Forschung und der Technik die Wucht einer gigantischen Zentrifuge erreicht hat, welche die schwächeren Teile der Menschheit in den Bereich eines Elends stürzt, das die Kraft zur Verzweiflung verloren hat. Im »Brausen dieses Anfanges« hat der Geist schon längst den Geist aufgegeben.

Der Zusammenhang ist sogar direkter, als man erwartet hätte: wann immer in New York alte Wohnhäuser eingerissen werden, um blinkenden Wohnpalästen Platz zu machen, werden Tausende von armen Leuten obdachlos. Erbarmungslos und ohne Aufhören dreht sich die Zentrifuge, und ihr Lärm übertönt das Eselsgeschrei vom »Ende der Ideologie« und vom »Ende der Geschichte«. Es scheint nämlich, daß alles, was uns, die Mächtigen, die Glänzenden etwas nervös gemacht hat, abgetan und beendet ist. Mit Ideologie meint man natürlich den Marxismus und mit Geschichte den langen Weg, den die Menschheit unternehmen mußte, um zu dem Amerika des Präsidenten Bush zu gelangen. Der Montsalwatsch, den müde Pilger so lange gesucht haben, heißt, höre ich, freie Marktwirtschaft, und ein von käuflichen und gekauften Nationalökonomen eingesegneter Gral leuchtet den Wohlhabenden.

Wie dumm ihm das vorkommt, kann einer der wenigen Nichtüberzeugten gar nicht ausdrücken. Denn das einzige Ende, worauf es ankommt, ist das noch nicht verkündete Ende des Elends. Das sitzt aber in Genen, die man nicht wird manipulieren können. Hat Stifter wirklich in so glücklichen Zeiten gelebt, daß er Segnung und Fluch nicht auseinanderzuhalten vermochte?

IX

Der von Stifter uns vorgezeichnete Weg hat sich als ein Irrweg erwiesen; eine Sackgasse, an deren Ende ein stinkendes Beinhaus steht. Das Jahrhundert, das bald ausläuft, ist gewiß eines der abscheulichsten der Geschichte. Auch ist es das erste, in dem sich die Drohung einer unbewohnbaren Erde mit furchterregender Deutlichkeit abzeichnet. Die von Stifter erträumte »Umgestaltung der Welt und des Lebens« ist mit einer apokalyptischen Wucht und einer infernalischen Hast erfolgt, von deren Fieberzittern Stifter sich keinen Begriff hätte machen können. Aus der von Angstträumen illuminierten Nacht steigen irrsinnige Synonyme auf: Freiheit – Pfandsklaverei; Wissensexplosion – Gedächtnisschwund; Verkabelung – Verblödung; Zukunftsforschung – Verlust der Vergangenheit; Abrüstung – Aufrüstung usw.

Die großen Lehrer und Propheten sind vergessen und verschollen. Was als klare Quelle durch die Jahrhunderte floß ist versickert oder verdreckt. Hast und Gier sind die Regenten der Zeit. Die Gier können wir nicht loswerden, sie ist mit uns geboren. Aber der Hast, dem sinnlosen Getriebenwerden können wir uns verweigern. Wir können verhindern, daß die Macht des Menschen über die Natur noch weiter gesteigert wird. Wir müssen vielmehr versuchen sie zu verringern, indem wir die der anwendbaren Naturforschung geschenkten Gelder immer mehr einschränken. Wir müssen die Industrie zügeln und zurückpfeifen, damit die gequälte Erde Zeit zum Wiederaufatmen finde. Das heißt natürlich, daß die sogenannten reichen Völker sich daran gewöhnen müssen, viel ärmlicher zu leben als sie es jetzt tun.

Das wird aber vorläufig gewiß nicht geschehen. Gerade jetzt, während ich dies schreibe, ist die erste erfolgreiche deutsche Revolution im Gange, erwarteterweise eine Revolution von Konsumenten. Die ganze Welt will so leben, wie es die in Hollywood für die unterste Schicht des Fernsehverbrauchs hergestellten Grad-C-filme schildern. Die Erde ist erfüllt von einem Riesenschmatzen kolorierter Scheingenüsse. Die seit der *aurea aetas* ungestillte Sehnsucht der Menschheit nach Glück und Freude kann anscheinend mit einem »cheeseburger« abgespeist werden.

Der aus den Humanitätsidealen des achtzehnten Jahrhunderts bezogene Traum Stifters ist also vorläufig nicht wahrgeworden. Der mit Äonen handeltreibende Freiherr von Risach verweist mich auf das Jahr 30 000. Also gut, warten wir!

Anmerkungen

1 Jennings, H., *Pandaemonium, 1660–1886,* – The Coming of the Machine as Seen by Contemporary Observers (The Free Press, New York, 1985).

2 A History of Technology (Hrsg. C. Singer, E. J. Holmyard, A. R. Hall, T. I. Williams; Clarendon Press, Oxford, 1958), Bd. 4, S. 657 ff.

3 Dickens, C., *Bleak House,* Beginn des 1. Kapitels. Vgl. in dem in Anm. 1 angeführten Buch Seiten 8, 124, 136, 330.

4 Wie in Anm. 2, Bd. 5, S. 197 ff.

5 Pascal, B., *Œuvres complètes* (ed. L. Lafuma, Éditions du Seuil, Paris, 1963) S. 599 (*Pensées,* Nr. 779).

6 Goethe, J. W. v., Poetische Werke (Aufbau-Verlag Berlin, 1961) Bd. 13, S. 502.

7 Baudelaire, Ch., *Œuvres complètes* (ed. Le Dantec u. Pichois, Pléiade, Paris, 1961) S. 958.

8 Delacroix, E., *Journal* (ed. Joubin, Plon, Paris, 1950), Bd. 2, S. 60.

9 Jochmann, C. G., *Über die Sprache* (Winter, Heidelberg, 1828. – Deutsche Neudrucke, Vandenhoeck u. Ruprecht, Göttingen, 1968) S. 13 f.

10 Kierkegaard, S., *Die Tagebücher* (Übers. Th. Haecker, Brenner Verlag, Innsbruck, 1923), Bd. 1, S. 294.

11 Lichtenberg, C. G., *Schriften und Briefe* (ed. Promies, Hanser, München, 1968), Bd. 2, S. 190.

12 Hegel, G. W. F., *Werke in zwanzig Bänden* (Suhrkamp, Frankfurt am Main, 1970), Bd. 20, S. 456.

III

Dimensionen der Langweile

Bemerkungen zu einem Gedanken von Pascal

I

In jener erhabenen Gedankenruine, die schon seit dreihundert Jahren die Plagiatsappeure mit Material versorgt, in Pascals *Pensées*, hatte ein ganzer Trakt den Namen *Ennui* tragen sollen. Eine der Bemerkungen möchte ich hier im Originaltext anführen, denn so schön wird man sie in keiner Übersetzung wiedersehen.

> *Ennui*
>
> Rien n'est si insupportable à l'homme que d'être dans un plein repos, sans passions, sans affaires, sans divertissement, sans application.
>
> Il sent alors son néant, son abandon, son insuffisance, sa dépendance, son impuissance, son vide.
>
> Incontinent il sortira du fond de son âme, l'ennui, la noirceur, la tristesse, le chagrin, le dépit, le désespoir.[1]

Die nachtwandlerische Wortschärfe und Konstruktion verdienen Beachtung: sechs Gefühlen im zweiten Satz entsprechen sechs Konsequenzen im dritten. Nichts – Langweile; Verlassenheit – Schwermut; Unzulänglichkeit – Traurigkeit; Abhängigkeit – Verdruß; Ohnmacht – Ärger; Leerheit – Verzweiflung. Ob meine hier vorgeführte harmonisierende Präzision am Platze ist, weiß ich nicht; eine Warnung ist jedoch angebracht. Wenn man, z. B. im Littré, die Bedeutungsfelder der von Pascal verwendeten Wörter durchsieht, wird man einer sehr weiten Streuung gewahr, mein Mißtrauen gegen Übersetzungen, einschließlich meiner eigenen, rechtfertigend. Das beginnt mit dem Grundwort *ennui*, das im Sprachgebrauch der Pascalzeit, welche schließlich auch die Zeit des Corneille, Racine, Bossuet war, viel mehr bedeutet als Langweile. »Seelenqual« oder »Seelenfolter« wäre eine richtigere Entsprechung; aber mit der Seele ist uns auch die Pein verlorengegangen, und für die Psyche ist Langweile gut genug. Daß aber einem so vollen Wort wie *néant* der *ennui* entspricht, zeigt, daß Pascal bei diesem an mehr gedacht hat als die Lektüre von *Il nome della rosa.*

Nicht unähnliche Äußerungen finden sich übrigens bereits bei Montaigne und später bei Bossuet und La Bruyère. Aber wie immer kommt es auch hier nicht nur darauf an, was gesagt wird, sondern auch, wer es sagt und wie es gesagt wird. So steht Pascal allein. In den folgenden Jahrhunderten hat *ennui* viel von seinem metaphysischen Aroma verloren und bedeutet neben Langweile auch noch Verdruß, Schererei. Man hat überhaupt den Eindruck, daß die Treffsicherheit unserer alten Wörter sich mit den Jahren verloren hat; die Synonymik wurde ein Brei. Pascal hat sicher nicht Flauberts Qualen erlitten, das *mot juste* kam ihm ungerufen; der Federkiel war eine semantische Wünschelrute, die immer und fast sofort das Gold der Sprache fand.

Glücklicherweise ist es in verschiedenen Sprachen ein verschiedenes Gold. Dieses unermeßliche Glück der Vielfältigkeit ist aber der Grund meines Mißbehagens vor Übersetzungen. Pascals kurzer Text, der in der ersten Anmerkung von mir ins Deutsche gequält worden ist, enthält in seinen drei Sätzen mindestens dreizehn Wörter, die Anlaß geben zu vielem Zweifeln. Ich will sie hier nicht einzeln besprechen, aber zwei von Pascals Schlüsselwörtern sind darunter: *ennui* und *divertissement.* Sollte man jenes vielleicht wirklich mit »Seelenqual« übersetzen, ist dieses »Zerstreuung«, »Unterhaltung« oder am Ende »Ablenkung«? Die Übersetzung dieser wenigen Sätze hat wahrscheinlich mehr Zeit gekostet, als Pascal brauchte, um sie zu schreiben.

Für Pascal war die Langweile offenkundig ein schweres metaphysisches Übel; sie bedrückte den von Gott Abgefallenen, sie trieb ihn zur Verzweiflung. Das deutsche Wort Langweile sieht eigentlich nicht so aus, als könnte es ein drückendes seelisches Gewicht tragen; es ist ein gähnendes Wort, an dem Stunden und Stunden einheitlich grau vorüberfließen, nichts hat sich geändert, man ist um einen Tag älter geworden. Da haben das französische *ennui*, das italienische *noia* und besonders das russische *skuka* breitere Schultern, auf denen viel Kummer und Verzweiflung Platz haben. In den romanischen Wörtern schwingt noch immer etwas von ihrem Ursprung nach, der sie mit dem lateinischen *odium*, Haß, verbindet; auch enthalten sie ein Element von Schwärmerei und Sehnsucht, das dem deutschen, aber nicht dem russischen Ausdruck fehlt.

Es ist eigentlich seltsam, wie wenig Hintergedanken das deutsche Wort Langweile zuläßt, ganz im Gegensatz zu seinem Gegengift Zerstreuung. Das ist ein Wort, das man beim Wort nehmen kann, voller Obertöne und bildlicher Vorstellungsmöglichkeiten. Dabei ist die Langweile eine fürchterliche Form der Einzelhaft: man ist allein mit dem Teufel, und was noch ärger ist, mit sich; aber in das Wort selbst dringt nichts davon ein.

Darf man aus dem Fehlen eines Wortes auf die Abwesenheit des von ihm beschriebenen Zustands schließen? Das Lateinische hat anscheinend kein richtiges Wort für die Langweile, denn *taedium vitae*, Abscheu vor dem Leben, ist nicht dasselbe. Im Griechischen gibt es das Wort *álys*, aber die spärlichen Nachweise im Liddell-Scott verweisen mit einer Ausnahme auf eine späte Zeit, das 2. Jahrhundert n. Chr. Sollte die Langweile eine Krankheit des Christentums sein? Ich weiß nicht genug von andern Völkern, Sprachen, Religionen, um darauf antworten zu können.

II

Ich sollte vielleicht erzählen, wie ich auf mein Thema gekommen bin. Vor kurzem las ich einmal wieder den sehr schönen Roman von Georges Bernanos *Journal d'un curé de campagne*. Gleich auf den ersten zwei Seiten des Buches kommt *ennui* einige Male vor, in einem Zusammenhang, der mich stutzen machte. Ich zitiere hier zwei Stellen aus diesem Tagebuch eines Landpfarrers. Meine Übersetzung läßt leider die so wunderbar mitschwingenden Assoziationen des französischen Texts vermissen.

> Meine Gemeinde wird von der Langweile aufgefressen, so ist es einmal. Wie so viele anderen Gemeinden! Die Langweile frißt sie vor unsern Augen und wir können nichts dagegen tun. Eines Tages wird die Ansteckung auch uns erreichen, wir werden den Krebs in uns entdecken. Man kann sehr lang damit leben. ... Ich sagte mir, daß die Welt von der Langweile gefressen wird. Natürlich muß man ein bißchen nachdenken, um sich Rechenschaft zu geben, das kapiert man nicht sofort. Das ist eine Art von Staub. Ihr kommt und geht, ohne ihn zu sehn, ihr atmet ihn ein, ihr eßt ihn, ihr trinkt ihn, und er ist so fein, so dünn, daß er nicht einmal unter den Zähnen knirscht. Aber bleibt nur eine Sekunde stehn, und schon bedeckt er euer Gesicht, eure Hände. Ihr müßt euch dauernd rühren, um diesen Aschenregen abzuschütteln. Und so rührt sich die Welt auch sehr viel.[2]

Was Bernanos hier mit *ennui* im Sinn hat, ist gewiß nicht die Langweile, die einen beim Anhören einer Politikerrede überfällt oder bei der Vorführung einer Sammlung von Ferienphotographien. Woran der arme Landpfarrer denkt, während er einer Art von Heiligkeit entgegenstirbt, das ähnelt einer geistigen Virusinfektion, einer Epidemie von Stumpfheit oder transzendenter Dumpfheit. Es ist ein Zug, der unsere Zeit mehr und mehr zu kennzeichnen scheint: die Unbeteiligtheit des einzelnen an fast allem, was nicht seine sexuellen oder konsumatorischen Bedürfnisse betrifft. Es ist eine Wolke der Ausgelöschtheit, der Taubheit, der Blindheit; ein ansteckendes Minus, das alles Positive, womit es in Berührung kommt, auf Null reduziert. Das ist übrigens ein Minus, das sich mit allen Religionen, Strömungen, Bewegungen sehr gut verträgt; ob Katholik, Protestant, Jude, Atheist, Kreationist, Darwinist, Kommunist, Kapitalist, oder was immer: solange sich das Beiwort »dumpf« zu ihnen gesellt – und das tut es sehr häufig –, gehören sie zu der Minusgeneration, die unsere Zeit beherrscht.

Ich glaube nicht, daß Bernanos meiner Interpretation zugestimmt hätte. Er hätte wahrscheinlich gefunden, daß ich das Gebrechen, von ihm für gläubige Katholiken reserviert, viel zu sehr generalisiert habe. Er hätte es vielleicht gegen jeden Naturwissenschafter gehalten, daß er das Laster der Induktion mit der Doktorvatermilch eingesogen habe; ein Vergehen, dessen ich mich nicht schuldig bekennen will. Man muß ja schon sehr blöd sein, um aus dem Vorhandensein genetischer Erbelemente oder aus den Wundergebilden der organischen Chemie den Schluß zu ziehen, daß es keinen Schöpfer gebe.

Wer in Amerika lebt weiß, daß es falsch wäre anzunehmen, die Leerheit, die die Langweile begleitet, könne nicht ausgefüllt sein mit allerhand Lärm und Geschäftigkeit. Wenn er auch die religiösen Dimensionen des von Bernanos beschriebenen Zustands nicht ermessen kann, wird ihm der alles bedeckende, ansteckende Aschenregen nicht unvertraut sein. Die monumentale Öde des Landes hat schon manchen Besucher beeindruckt. Dennoch muß man sich anderswo hinwenden, um einen wirklich grandiosen literarischen Niederschlag dieses Verlorenheitsgefühls vorzufinden, nämlich nach Rußland. Gontscharows großartiger Roman *Oblomow* ist die einzige mir bekannte, adäquate Bewältigung dieses trostlosen Themas. Es gibt viele Bücher, die Prototypen der Langweile sind, man liest sie wie in einem schweren Schlaf; aber nur dieses eine Buch vermag sie zu gestalten: der Held steht da in mythischer Verschlamptheit. In Rußland bestand die wahre *glasnost'* immer im Bekenntnis der leidenden Seele.

III

Es muß immer Leute gegeben haben, die stolz darauf waren, sich nie in ihrem Leben gelangweilt zu haben. Ich habe selbst einige gekannt. Ein großer Bekenner solchen Stolzes war Rousseau, der in seinen *Confessions* darüber schreibt. Wahrscheinlich hatte er die *Nouvelle Héloïse* nie als Leser gelesen. Autoren schlafen über ihren Werken nur selten ein, obwohl auch das vorgekommen ist. Rousseaus schweizerischer Gefühlsroman ist ein schön geschriebenes, sehr langweiliges Buch. Man muß sich nach einem Schwitzbad der Seele sehnen, um es genießen zu können. Aber das 18. Jahrhundert war nicht arm an solchen Lektüremasochisten; wer damals Zeit zum Lesen hatte, hatte sehr viel Zeit, und so verschlang man *Émile*, *Clarissa* usw. Daß *Werthers Leiden* trotz ihrer Kürze in den Bestsellerstrudel hineingezogen wurden, ist eigentlich erstaunlich, denn nur philosophische Romane, *Candide*, *Rasselas*, durften kurz sein. Tatsächlich sind diese, und nicht nur, weil sie kurz sind, am unterhaltendsten zu lesen.

Wie aus manchem, was ich hier geschrieben habe, hervorgeht, ist Langweile kein einfarbiges Wort. Einerseits bezeichnet es, was solche Wörter wie *ennui*, *boredom* in der gegenwärtigen Sprache ausdrücken, also die gähnende Taten- und Interessenlosigkeit, die sofort verschwindet, wenn ein Bekannter zu einem Plausch erscheint. Andererseits steht es aber auch für den *ennui* des 17. Jahrhunderts, für einen an Verzweiflung grenzenden Zustand, für eine Leere, eine Dumpfheit der Seele, die einen zum Selbstmord drängen können. Es ist eine Nacht der Seele, die keinen Morgen zu erhoffen wagt. Es ist die Nacht, auch wenn die Sonne scheint; es ist die Nacht des Ketzers, der seines Abfalls unsicher geworden ist; es ist die Nacht des Faust des Ersten Teiles, wenn Mephistopheles ihn einmal allein gelassen hat. Es ist ein Zustand, dem das Wort Langweile eigentlich nicht gerecht wird, aber ich kenne keines, das es ersetzen könnte. Mein Russisch ist nicht gut genug, um den Oszillationen des eingeborenen Sprachverstandes zu folgen, aber ich vermute, daß das russische *skuka* dem von mir vergeblich gesuchten Ausdruck nahekommt.

Es gibt Kennwörter, die der nicht immer gütige Volksmund auf andere Völker anwendet. So habe ich gelesen, daß für die Engländer das Wort *spleen* als bezeichnend erschien und für die Franzosen das Wort *ennui.* (Welches Wort hätte man damals – sagen wir, im 18. Jahrhundert – als den Deutschen angemessen betrachtet? Vielleicht »Heimat« oder »Heimweh«, möglicherweise »Gemüt«, hoffentlich nicht »Blutwurst«. Später – im Biedermeier, wenn es sich romantisch vorkam – wäre es wahrscheinlich der »Weltschmerz« gewesen, ein Gefühl, das von dem der Langweile nicht völlig verschieden ist. Darüber wird noch etwas zu sagen sein.)

Wenn man jemanden sucht, der seine Mitmenschen mit einem garantiert kalten Auge ansieht, wird man mit La Rochefoucauld nicht fehlgehen. In dessen Maximen und Reflexionen kommt unser Wort *ennui* recht häufig vor, aber, soweit ich sehen kann, immer im heutigen Sinn, ohne metaphysischen Beigeschmack. So zum Beispiel die Maxime Nr. 141: »Wir prahlen oft damit, daß wir uns überhaupt nicht langweilen, und sind so eitel, daß wir uns nicht in schlechter Gesellschaft finden wollen.« Oder Nr. 304: »Wir vergeben oft denen, die uns langweilen, können aber denen nicht vergeben, die wir langweilen.« Dekaden aristokratischer Teegesellschaften lispeln an einem vorbei, wenn man diese Aussprüche liest. Der Herzog von La Rochefoucauld, die Madame de Sévigné, La Bruyère und viele andern sind große Beispiele dafür, daß eine entwickelte Sprache, wenn man sie nur genügend ernährt, einem viel vordenken kann. England und Italien machten die gleiche Erfahrung im 18. Jahrhundert, Deutschland niemals. Die wenigen Male, da schüchterne Ansätze erschienen, schlug man den Zivilisationssäuglingen, wenn ich sie so nennen darf, die Schädel ein, wahrscheinlich mit urkräftigen Bierkrügeln.

Jetzt sind die Sprachen überall verarmt und mager, blutleer und langweilig. Man denkt und spricht in leicht beweglichen Versatzstücken, in sprachlich und geistig obszönen Ideogrammen; man speit Vorgekautes aus, ohne daß es den geistigen Stoffwechsel des Sprechers hätte beleben können. In früheren Zeiten hatte die Fähigkeit, mit sich selbst zu reden – auch sie eine Vorstufe des Gebets – für viele Menschen die Verzweiflung der Langweile verhütet. Das ist jetzt, fürchte ich, fast unmöglich geworden; und wenn mir einer sagt, er kenne die Langweile nicht, antworte ich, daß er eben gelangweilt geboren ist. Wir leben in einem geistlosen Jahrhundert. Ein jeder ist ein Fachmann, auch wenn er nur ein Spezialist im Zugrundegehen ist.

IV

Im anfangs zitierten Gedanken Pascals sind sechs Folgen der vollständigen Ruhe, des *plein repos*, aufgezählt Der Weltschmerz ist nicht darunter, denn Pascal legte gewiß wenig Wert auf Bühnendekorationen. Außerdem war ihm das zweideutige Wort natürlich unbekannt, denn die französische Sprache kennt *le Weltschmerz* eigentlich noch immer nicht. Das Wort wurde von Jean Paul um 1823/24 geschaffen und von Heinrich Heine 1831 vulgarisiert.[3] In Jean Pauls unvollendetem Werk »Selina, oder über die Unsterblichkeit der Seele« kommt eine Stelle vor, in der von Gott die Rede ist.

> Nur sein Auge sah alle die tausend Qualen der Menschen bei ihren Untergängen – Diesen Weltschmerz kann er, so zu sagen, nur aushalten durch den Anblick der Seligkeit, die nachher vergütet.

Diese Sätze stehen, soweit ich sehen kann, nicht in einem abgeschlossenen Kapitel des Werkes, sondern befinden sich unter den Bruchstücken, die der erste Herausgeber, Jean Pauls Freund Christian Otto, als das Buch 1827 erschien, dem fertigen Text unter dem Titel »Vorläufige Gedanken« folgen ließ; u. zw. in Abschnitt XI des Anhangs.[4]

Die Wortprägung bezog sich also auf den Schmerz Gottes über das Leiden der von ihm erschaffenen Welt: eine schöne und höchst unorthodoxe Vorstellung. Aber schon vier Jahre später kam Heine mit seiner 1831 erschienenen Aufsatzreihe »Französische Maler«, der ersten Schrift nach seiner Auswanderung nach Paris. Darin bespricht er unter anderem, und nicht ohne journalistische Schmalzigkeit, eine Reihe von Werken des Malers Delaroche. Anläßlich eines Gemäldes, das Cromwell vor der Leiche des von ihm hingerichteten Königs Karl des Ersten darstellt, ruft Heine aus: »Welchen großen Weltschmerz hat der Maler hier mit wenigen Strichen ausgesprochen!«[5] Man sieht, als das Wort seinen Siegeszug antrat, war es von Anfang an ein lügnerischer, heuchlerischer Siegeszug: ein Henker, der sein Opfer beweint, ist ja eigentlich keine sehr sympathische Erscheinung. Jean Paul hatte es anders gemeint, aber die Welt hatte anscheinend auf ein geeignetes Schlagwort gewartet, auf ein Gefäß, in das sie alles, was sie zu fühlen vorgab, schütten konnte. Es war eine Art von Seekrankheit der Seele, und so ist das französische *mal du siècle* genau so gebildet wie *mal de mer*. Auch die anderen Sprachen konnten nur nachhinken und produzierten Ausdrücke, die sich mit »Weltschmerz« nicht messen konnten: *world-weariness, dolore universale* usw.

Lord Byron und Puschkin, beide sehr bedeutende Dichter, mögen den Ton angegeben haben; aber sie hielten sich fern von erlogenen Slogans und waren vor dem Ärgsten geschützt durch ein Element voltairischer Skepsis, die immer wieder als Zensor schwärmerischer Ausschweifungen auftrat. Die Lawine, aus der es von rührseliger Verlogenheit nur so triefte, war jedoch nicht aufzuhalten. Alles machte mit, auch jenes Relikt aus besserer Zeit – Gottfried Keller nennt es den »Harnwagen von Ense«[6] –, wenngleich spöttischer Protest sich bald hören ließ, z. B. bei Fontane und Keller.[7] Der Artikel im Grimmschen Wörterbuch gibt einen sehr guten Überblick; was die tieferen Zusammenhänge angeht, muß man den Essay *Heine und die Folgen* von Karl Kraus lesen.

Was ich gerne wissen möchte, ist, wie so ein Präriebrand zustandekommt. Hat Heine die postume Ausgabe der *Selina* gekannt und die Prägung übernommen, jedoch in anderem Sinne verwendet? Einem behördlich anerkannten Meister des Liebesschmerzes hätte die Erzeugung des neuen Wortes auch sonst nicht schwerfallen sollen. Aber die rasche Ausbreitung? Allerdings fiel sie in den Beginn der Massenpresse, als Meinungen leicht zu öffentlichen Meinungen wurden.

Ich habe diesen kleinen Exkurs hier eingefügt, weil ich gewisse Ähnlichkeiten sehe zwischen dem Weltschmerz, einem ansteckenden Schlagwort, und der Langweile, einem Gefühl, dessen Virulenz in unsrer Zeit immer deutlicher wird. Man braucht kein Fachmann zu sein – ja vielleicht darf man kein Fachmann sein –, um zu erkennen, daß so ein geflügelter Slogan wie Weltschmerz viel von jenem Schnulzengeist besitzt, der die Weltbevölkerung jetzt vor den Fernsehschirmen festhält: das Schlagwort als Wortschlager. Denksurrogate und Empfindungssurrogate haben ähnliche Funktionen; wenn jene den Anfang einer ziemlich schäbigen Epoche bezeichnen, so markieren diese ihr Ende. (Was nicht heißen soll, daß nicht eine noch schäbigere ihr folgen mag, aber diese wird sich vielleicht eher in stupiden Computerspielen ausdrücken.)

V

Der große Philosoph der Langweile war Arthur Schopenhauer. Da der Begriff des menschlichen Willens den Mittelpunkt seiner Philosophie bildete, liefert er auch den metaphysischen Hintergrund für die Betrachtung des schweren Übels der Langweile. So schreibt er in seinem Hauptwerk, der *Welt als Wille und Vorstellung*:

> Die Basis alles Wollens aber ist Bedürftigkeit, Mangel, also Schmerz, dem er (der Mensch) folglich schon ursprünglich und durch sein Wesen anheimfällt. Fehlt es ihm hingegen an Objekten des Wollens, indem zu leichte Befriedigung sie ihm sogleich wieder wegnimmt; so befällt ihn

> furchtbare Leere und Langweile: d. h. sein Wesen und sein Daseyn selbst wird ihm zur unerträglichen Last. Sein Leben schwingt also, gleich einem Pendel, hin und her, zwischen dem Schmerz und der Langenweile, welche Beide in der That dessen letzte Bestandteile sind. Dieses hat sich sehr seltsam und dadurch aussprechen müssen, daß, nachdem der Mensch alle Leiden und Qualen in die Hölle versetzt hatte, für den Himmel nun nichts übrig blieb, als eben Langeweile.[8]

Obwohl Schopenhauer den Gedanken Pascals, der der Ausgangspunkt meiner Überlegungen ist, nicht zitiert, ist es offenkundig, daß auch für ihn *ennui* eine Hölle ist. Allerdings kann er sich den kleinen Witz nicht versagen, sie Himmel zu nennen. Daß das Paradies langweilig gewesen sein muß, wenn man es mit Amerika vergleicht, ist schon oft angemerkt worden. Jedenfalls unterschätzt Schopenhauer die Qual der Langweile nicht, obwohl er ihr eine gewisse soziale Nützlichkeit nicht aberkennt.

> Die Langeweile aber ist nichts weniger, als ein gering zu achtendes Übel: sie malt zuletzt wahre Verzweiflung auf das Gesicht. Sie macht, daß Wesen, welche einander so wenig lieben wie die Menschen, doch so sehr einander suchen, und wird dadurch die Quelle der Geselligkeit. ... Wie die Noth die beständige Geißel des Volkes ist, so die Langeweile die der vornehmen Welt. Im bürgerlichen Leben ist sie durch den Sonntag, wie die Noth durch die sechs Wochentage repräsentiert.[9]

Aus den Schriften und besonders aus den Briefen Flauberts geht seine wilde Abneigung gegen den *Bourgeois* hervor; das bourgeoise Leben war unter anderem auch der Inbegriff der Langweile. Nicht anders stand es um Baudelaire, der dem beginnenden Gefühl der Heimatlosigkeit des geistigen Menschen in der bürgerlichen Welt erschütternden Ausdruck gab. Obwohl um eine Generation älter, war Schopenhauer doch der Zeitgenosse dieser großen Franzosen. Sein Haß galt allerdings nicht dem Bourgeois – in mancher Hinsicht war er selbst einer –, sondern dem Philister, einem andern Produkt des deutschen Biedermeier, wie auch der Weltschmerz. Das zweite große Werk Schopenhauers, *Parerga und Paralipomena,* ist reich an Überlegungen der folgenden Art.

> Nun würde ich zwar, von einem höhern Standpunkt aus, die Definition der Philister so aussprechen, daß sie Leute wären, die immerfort auf das Ernstlichste beschäftigt sind mit einer Realität, die keine ist. Allein eine solche, schon transzendentale Definition würde ... nicht durchaus jedem Leser faßlich sein. ... (Der Philister) ist demnach *ein Mensch ohne geistige Bedürfnisse.* Hieraus ... folgt, ... daß er ohne geistige *Genüsse* bleibt. ... Wirkliche Genüsse für ihn sind allein die sinnlichen: durch diese hält er sich schadlos. Demnach sind Austern und Champagner der Höhepunkt seines Daseyns, und sich Alles, was zum leiblichen Wohlseyn beiträgt, zu verschaffen, ist der Zweck seines Lebens. Glücklich genug, wenn dieser ihm viel zu schaffen macht! Denn, sind jene Güter ihm schon zum Voraus oktroyiert; so fällt er unausbleiblich der Langeweile anheim; gegen welche dann alles Ersinnliche versucht wird: Ball, Theater, Gesellschaft, Kartenspiel, Hasardspiel, Pferde, Weiber, Trinken, Reisen usw. Und doch reicht dies Alles gegen die Langeweile nicht aus, wo Mangel an geistigen Bedürfnissen die geistigen Genüsse unmöglich macht. Daher auch ist dem Philister ein dumpfer, trockener Ernst, der sich dem thierischen nähert, eigen und charakteristisch. Nichts gewinnt ihm Antheil ab.[10]

Ein Schriftsteller, wenn er einige Sätze Schopenhauers zitiert, möchte sich in das tiefste Mauseloch zurückziehen, um den tierischen Ernst seiner Bewohner zu teilen. Allerdings mag er sich, eingeschüchtert von so viel großartiger Prosa, fragen, ob der beste polemische Essayist Deutschlands den Ernst der Tiere nicht anthropozentrisch übertreibt. Vielleicht lachen die Mäuse mit ihren Schwänzchen, obwohl die Leichtsinnigen wahrhaftig nicht viel zu lachen haben. Aber die Langweile und ihre Folgen hat niemand besser geschildert als Schopenhauer, wenn man auch die verzweifelten metaphysischen Untertöne eines Pascal oder Bernanos vermissen mag. Die Langweile, die in Form der *acedia* oder *tristitia* zu den Todsünden gehört, ist wahrscheinlich nicht auf »die vornehme Welt« beschränkt und kaum gestillt durch die Befriedigung »geistiger Bedürfnisse«. Wenn schöpferische Kräfte wie Goethe oder Schopenhauer unter ihr nicht zu leiden hatten, so kam das aus Gnade, und nicht vom Schreiben, Lesen, Denken. Die Leerheit, die laut Pascal zur Langweile und Verzweiflung führt, ist eine grauenerregende Anfechtung, die sich keineswegs scheut, sich zusammen mit dem Schreiber ans Pult zu setzen, zusammen mit dem Maler vor die Leinwand zu treten; ja, sie führt ihre Hände. Ich glaube, van Gogh hat sie gekannt, als er sich tötete. Denn sie ist eine Leere, die dem kühlen Beobachter sehr voll vorkommen kann.

So hat, denke ich, Schopenhauer auch die transzendente Bedeutung dessen, was Pascal *divertissement* nannte, unterschätzt. Im Wort »Zerstreuung« hat die deutsche Sprache wieder einmal ein tiefsinniges Wort geschaffen: es drückt viel mehr aus als die Ablenkungen, die Schopenhauer aufzählt. Ist nicht der Teufel der große Zerstreuer?

VI

»Wenn unsre Gattung untergehen soll, wird sie aus Ekel, aus Langweile untergehen«, schreibt Bernanos im bereits früher zitierten Roman.[11] Das Futurum ist des Sehers Präsens, und so sah er eine Rettung nur in tiefer Frömmigkeit; also nicht darin, was die TV-Evangelisten Amerikas täglich als Okkasion anbieten. Das ist Zerstreuung, und Zerstreuung in einer ihrer übelsten Formen.

Allerdings hat diese neue Weltmacht nicht wenige üblen Formen, das Fernsehen vielleicht die verhängnisvollste. Darüber ist schon so viel gesagt worden, daß ich keine Lust habe, ein weiteres stumpfes Scherflein anzubieten. Unser Leben ist durchsetzt von Angeboten der Zerstreuung, welche sich in Gebote verwandeln: »du sollst dich zerstreuen!« Vielen Leuten hängt der *Walkman* aus den Ohren: sie sitzen in der Untergrundbahn und lesen ein schmieriges Taschenbuch, oder sie machen ihre Gesundheitshopser im Park; immer aber rieselt gleichzeitig der aurale Abhub in sie ein. Auch Auto- und Radfahrer sind an den Vergnügungsstrom angeschlossen. Ruft man eine Behörde oder eine Firma an, so versüßt sanfte Musik die Wartezeit, Bahnhöfe und Flughäfen erschallen nur so von Schönheitsmusik. Zeitungen und Rundfunk gestalten die Verbrechen der Regierung und der Regierten zu einem riesenhaften Amüsement; alle Neuigkeiten sind lustig, weil sie so traurig sind. Wüßte man nicht, daß das der Vorhof der Hölle ist, so glaubte man sich im Paradies.

Sähe ich Anzeichen dafür, daß wir von der Vernunft geleitet werden, so würde ich sagen, daß diese epidemische Zerstreuung als Gegengift gegen das Massenphänomen der Langweile, der Leerheit, der Verzweiflung bewußt entworfen worden ist. Ähnlich dem Methadon bei Entwöhnungskuren ist jedoch auch die Zerstreuung gewohnheitsbildend. Die Menschen können ohne sie nicht mehr leben, auch die Sterbenden nicht. Ich habe es schon früher gesagt: der Tod kommt im Dreivierteltakt.

Tatsächlich kann aber diese Art von Zerstreuung zwar zerstreuen, jedoch nicht heilen. Sie ist nichts anderes als das zweite Gesicht, als der Hintergedanke der Langweile, der breiteste Weg für eine Massenflucht vor der Wirklichkeit. Was wird eigentlich durch diese der Welt zur Gewohnheit gewordenen Ablenkungsreize zerstreut? Nicht die Langweile selbst, sondern ihre Konsequenzen; nicht die Verzweiflung, sondern die aus ihr bezogene Möglichkeit, sich selbst zu erkennen. Zerstreut wird, ich wage es zu sagen, die Menschlichkeit. Wir leben in einer autistischen Zeit; in einer Zeit, die den einzelnen zum Sklaven seiner selbst macht; in einer Zeit, die, ihn aus jeglicher Gemeinschaft hinausreißend, es ihm gerade dadurch verwehrt, über sein eigenes Leben nachzudenken. Die große Mahnung des

Delphischen Orakels, wohl auch zu ihrer Zeit kaum erfüllt, ist jetzt ein bitterer Hohn geworden. Was ist vom Selbst noch zu erkennen übrig geblieben?

Wieder einmal, denke ich, hat es niemand besser gesagt als Pascal.

> Misère.
> La seule chose qui nous console de nos misères est le divertissement. Et cependant c'est la plus grande de nos misères. Car c'est cela qui nous empêche principalement de songer à nous et qui nous fait perdre insensiblement. Sans cela nous serions dans l'ennui, et cet ennui nous pousserait à chercher un moyen plus solide d'en sortir, mais le divertissement nous amuse et nous fait arriver insensiblement à la mort.[12]

Was Pascal wahrscheinlich nicht hat in Rechnung ziehen können ist das Ausmaß, in dem sich der Begriff dessen, was wir jetzt unter Zerstreuung verstehen, verroht hat. Die Ablenkungsfunktion ist geblieben – Pascal hätte sie erkannt –, aber wie vulgär, wie unaussprechlich gemein und brutal alles geworden ist! Die Verwandlung des gesamten öffentlichen und privaten Lebens in einen Zuschauersport, und noch dazu in einen, dessen schäbige Hintergründe niemandem verborgen sind; die Ikone aus Pappendeckel; die von Reklamebüros angeworbenen Helden; die Charismapomade aus der Tube; die ganze Welt ein Szenario von Trotteln. Daß wir noch des Todes würdig geblieben sind, ist ein Wunder. Irgendwo gibt es vielleicht schon den fixen Assistenzprofessor, der auch dieses Wunder durchschauen wird.

Anmerkungen

1 Dieses Fragment ist Lafuma-Nr. 622, Brunschvicg-Nr. 131. – »*Langweile.* Nichts ist dem Menschen so unerträglich wie in voller Ruhe zu sein, ohne Leidenschaften, ohne Geschäfte, ohne Zerstreuung, ohne Aus-

dauer. So fühlt er sein Nichts, seine Verlassenheit, seine Unzulänglichkeit, seine Abhängigkeit, seine Ohnmacht, seine Leerheit. Sofort werden sich aus dem Grund seiner Seele erheben die Langweile, die Schwermut, die Traurigkeit, der Verdruß, der Ärger, die Verzweiflung.«

2 G. Bernanos, Œuvres romanesques (Pléiade, Paris, 1961), S. 1031 f.

3 Ich verweise auf den ausgezeichneten Artikel »Weltschmerz« im Grimmschen Wörterbuch. Leider sind die entsprechenden Artikel »lange Weile«, »Langeweile« und »Langweile» völlig unzureichend. Die spärlichen Beispiele gestatten es kaum, die Entwicklung der gegenwärtigen Bedeutung und ihre Abgrenzung von »eine lange Zeit beanspruchend« und »langwierig« klar zu erkennen. Das Adjektiv »langweilig« scheint 1429 verbürgt zu sein, das Substantiv »Langweil« und das Verbum »langweilen« fast gleichzeitig 1535 bzw. 1537. Die häufige Verwendung beginnt erst in der zweiten Hälfte des 18. Jahrhunderts.

4 Die historisch-kritische Ausgabe war mir leider nicht zugänglich. Ich zitiere aus einer alten Gesamtausgabe, die einst Friedrich Gundolf gehörte: Jean Paul, Sämmtliche Werke (Reimer, Berlin, 1862), Bd. 33, S. 256. In der jetzt verbreiteten Hanser-Ausgabe scheint der Text nicht abgedruckt zu sein.

5 H. Heine, Werke und Briefe (Aufbau-Verlag, Berlin, 1961), Bd. 4, S. 332.

6 Gottfried Keller an F. Freiligrath, Brief vom 30. April 1850, in G. Keller, Leben, Briefe und Tagebücher (hrsg. E. Ermatinger; Cotta, Stuttgart und Berlin, 1924), Bd. 2, S. 225.

7 »Nun bin ich ein Muster von Nüchternheit und Melancholie, esse weltschmerzlichen Apfelkuchen neben lesenden Blaustrümpfen und gehe um neun Uhr ins Bett.« – G. Keller in dem in Anm. 6 erwähnten Brief.

8 A. Schopenhauer, Sämtliche Werke (hrsg. A. Hübscher; Brockhaus, Leipzig, 1938), Bd. 2, S. 367 f.

9 A. Schopenhauer, a. a. O., S. 369 f.

10 A. Schopenhauer, wie in Anm. 8, Bd. 5, S. 364 f.

11 G. Bernanos, wie in Anm. 2, S. 1143.

12 Dieses Fragment ist Lafuma-Nr. 414, Brunschvicg-Nr. 171. – »Elend. Das einzige, das uns über unser Elend tröstet, ist die Zerstreuung. Und dennoch ist sie unser größtes Elend. Denn sie ist es, die uns hauptsächlich daran hindert, über uns nachzudenken, und uns allmählich dem Verderben ausliefert. Ohne sie würden wir uns in der Langweile befinden, und diese Langweile würde uns veranlassen, ein verläßlicheres Mittel zu suchen, um sie loszuwerden; aber die Zerstreuung amüsiert uns allmählich in den Tod.«

Kurzes Signalement eines schlechten Charakters

Bemerkungen über Witz, Bonmot, Aphorismus, nach einem Ausspruch Pascals

I

Ich war noch ein Obergymnasiast in Wien, als ich mir in den frühen zwanziger Jahren die damals übliche handliche kleine Ausgabe von Pascals Werken kaufte, die den Philosophieprofessor Brunschvicg zum Urheber hatte.[1] Jetzt ist die Arme sehr alt und im Zerfallen begriffen, wie wir alle, steht aber noch immer wacker im Regal und wird oft zu Rate gezogen; sie hat ausführliche Anmerkungen und ein recht gutes, leider nicht ausreichendes Register. Da ich zu denen gehöre, die es vorziehen, alte Musik auf alten Instrumenten gespielt zu hören, verwende ich jetzt auch die späteren textgetreueren Ausgaben von L. Lafuma.[2, 3]

Natürlich wandte sich meine Aufmerksamkeit zuerst zu den *Pensées*, dieser »Milchstraße von Einfällen« (Lichtenberg), deren unordentlicher, fragmentarischer, mit Bruchstellen übersäter Bau zur Wirkung beiträgt. Die Sammlung war ein unerschöpfliches Kaleidoskop von Überraschungen. Man konnte das Buch, so oft man wollte, aufschlagen und immer fand man etwas Neues, Aufregendes. Zuerst suchte ich mir die kürzesten Stücke heraus, ein, zwei Zeilen. So fiel mein Auge sehr bald auf eine überaus kurze Notiz (Brunschvicg Nr. 46, Lafuma Nr. 670):

Diseur de bons mots, mauvais caractère.

Meine Bestürzung, als ich die lakonischen Worte las, kam daher, daß ich – obwohl ich es jetzt selbst schwer finde, mir das zu glauben – damals unter den Fünfzehn- und Sechzehnjährigen einen gewissen Ruf als Erzeuger von Bonmots besaß. Für deren Qualität will ich heute nicht einstehen, aber manche waren, glaube ich, wirklich nicht schlecht. Den Ruf habe ich dann während vieler Jahre beibehalten, bis mit der allmählichen Vergreisung von Publikum und Sprecher Witz und Anlaß versiegten.

Ich habe daher viele Jahre über meinen aphorismenbehördlich bestätigten schlechten Charakter nachgedacht und mir herauszuhelfen versucht, so gut es ging. Das Nachdenken über einen Ausspruch beginnt am besten mit notwendigerweise beiläufigen Übersetzungsversuchen. Hier also einige Vorschläge zur Übersetzung, der an sich trügerisch eindeutig erscheinenden sechs Worte.

1) Witziger Mann, schwieriger Mann.
2) Geistreicher Mann, schlechter Charakter.
3) Boshafter Mann, schlechter Charakter.
4) Nur schlechte Menschen machen gute Witze.
5) Wem im Gespräch geistreiche Dinge einfallen, der muß ein hinterhältiger Mensch sein.
6) Wer dir mit Witzen entgegenkommt, dem geh aus dem Weg.

Man könnte weitere Vorschläge machen, aber es lohnt sich nicht. Nur die ersten drei Versionen sind annähernde Übersetzungen, die andern sind exegetisch, wie es beim unseligen Geschäft der Übertragung in eine andere Sprache oft der Fall sein muß. Das Wort »Milch« zu übersetzen bietet keine Probleme; man braucht sich nicht vor schillernden Halbsynonymen in acht zu nehmen, und auch die anderen Sprachen drohen bei »milk«, »lait«, »latte« usw. nicht mit unerkannten Ober- und Untertönen. Aber *diseur de bons mots*? Ist der *diseur* auch ein *faiseur*? Oder handelt es sich gar nicht um einen Geistreichen, sondern nur um einen Geistreichler? * Wir alle kennen jene unerträglichen Erzähler von Anekdoten, die keinen was angehn, und von Witzen,

* Die geheimnisvolle Kraft des eingeschobenen »l« habe ich bei einer anderen Gelegenheit betont.[4]

die andere gemacht haben. Nicht viel erträglicher sind die Witzbolde, die Erzeuger von schlechten Witzen, wovon es natürlich viel mehr gibt als gute.* Und ist *bon mot* sinndekkend mit »Witz«? Nicht unbedingt. In den Schriften des ausgezeichneten Chamfort finden sich viele *bons mots,* die ich nicht als Witze bezeichnen würde. Er war *un homme spirituel,* nicht *un plaisant.* Das gleiche gilt von Rivarol. Auch im Deutschen sind »geistreich«, »witzig«, »humorvoll«, »scherz- oder spaßhaft« unter sich nur sehr entfernt sinnverwandt; genau so wie Witz und Humor einander kaum vom Grüßen kennen. Begegnen sie einander, so merken sie, daß sie auf verschiedenen Straßenseiten in entgegengesetzter Richtung wandeln.

Ein hervorragender Schriftsteller unserer Zeit, Paul Léautaud, nicht nur ein großer Tagebuchschreiber, sondern auch ein edler Wohltäter verhungernder Katzen und Hunde, hat eine weitumfassende Definition des Bonmots vorgeschlagen:

> Ein Bonmot, aber das kann alles sein! Es kann Poesie sein, Rührung, Lachen, das Tragische, Schmerz, Güte, Liebe, die ganze Erfahrung des Lebens, ein ganzer Charakter, eine ganze Philosophie.[5]

Da er selbst ein Meister geistreicher Prosa war, hat er es wissen müssen. Kenner der moralistischen und aphoristischen Literatur werden eher ihm recht geben als dem Verdammungsurteil Pascals. Und wie wird man es nicht, wenn man feststellt, daß das Buch Léautauds, aus dem das Zitat stammt, seinen Katzen und Hunden gewidmet ist?

---

* Von diesen Stadt- und Landplagen sagt die Sprache, daß sie »witzeln«. Leider fehlt das entsprechende Zeitwort, das einem erlauben würde zu sagen, »er wissenschaftelt«.

II

Wenn man den in der Literatur sich aussprechenden Charakter der Völker vergleicht, so kommt man – sicherlich vorschnell – zu der Vermutung, daß die Deutschen weder besonders witzig sind (mit Ausnahme von Lichtenberg und Karl Kraus, aber der war ja kein Deutscher), noch besonders humorvoll (mit Ausnahme von Wilhelm Busch). Der ganz anders geartete, unkomische, lyrische Humor solcher bedeutenden Dichter wie Jean Paul und J. P. Hebel bedürfte einer über das Ziel dieses Aufsatzes hinausgehenden Untersuchung. Die Literatur der Engländer ist reich an Humor, arm an Witz; die der Franzosen viel mehr witzig als humorvoll. Am charakteristischen vielbesprochenen Witz der Juden * kann man oft sehen, wie viel Verzweiflung sich hinter einem Witz verbergen kann. Daß es immer die Sprache ist, in der und durch die sich der Charakter eines Volkes ausdrückt, bedarf keiner Erwähnung.

Und nun zu Pascals *mauvais caractère*. War es der tiefe Denker oder der versteinernde Anhänger des Port-Royal, der diese Worte wählte? Daß ihm das leichte Spiel federnder Einfälle auf die Nerven ging, als er an die totenstille Aufgabe einer Apologie des Christentums schritt, ist möglich. Aber er war in seiner Jugend selbst ein Wilderer in jenem großen, dunklen Wald gewesen, z. B. in seinen *Lettres provinciales*. Ich glaube, später sah er tiefer und spürte die Finsternis, aus der die Blitze des Geistes kamen um zu blenden. Das war nicht mehr das Licht, das er suchte.

Ein anderer großer Schriftsteller, 22 Jahre jünger als Pascal, Jean de La Bruyère, zitierte den Aphorismus Pascals, bedauernd, daß er ihn nicht selbst erfunden hatte.[8] Aus seinem Text

* Sigmund Freuds berühmtes Buch[6] widmet dem jüdischen Witz – meistens aus den Wiener und Prager Kaffeehäusern stammend – mehr Raum als anderen Sorten von Witz. Die von ihm gesammelten Proben sind z. T. recht komisch. Weniger tief eindringend ist die Anthologie von Landmann, die ich allerdings nur in der ersten Auflage kenne.[7]

geht hervor, daß er unter *bons mots* boshafte Bemerkungen über andre Leute verstand, die den, der sie machte, als einen schlechten Menschen enthüllten. (Daher mein Übersetzungsvorschlag Nr. 3.)

Gebe ich jedoch meinem Vorschlag Nr. 1 den Vorzug, so liegen die Dinge ganz anders. *Mauvais caractère* ist dann jemand, mit dem nicht gut Kirschen essen ist. Mein kleiner Langenscheidt übersetzt diese uralte deutsche Redensart wie folgt ins Englische: *He is not a nice customer to deal with.* Da die Welt, außerhalb der von Rousseau erfundenen, nicht unbedingt aus netten Leuten besteht, eröffnet sich uns da ein viel weiterer Spielraum; einer, den ich sehr jung betrat, als ich noch im Gymnasium Pascals Gedanken zum ersten Mal begegnete. Ich erinnere mich noch sehr gut, wie erschüttert ich war, als der von mir hochverehrte Pascal mir derart den Spiegel entgegenhielt, den ich als Zerrspiegel betrachten mußte. Denn lange, bevor laut Jugendpsychologie mein Character gefestigt sein konnte, war ich schon ein kleiner Meister witziger, also boshafter Assoziationen. Etwas später, als einige meiner Freunde gezwungen waren, das Französische als (gutturale) Stiefmuttersprache anzunehmen, hörte ich mich manchmal als *mauvais caractère* beschrieben, ohne daß ich – Hand auf Rousseaus Herz – irgendwelcher bösen Taten bewußt gewesen wäre. Ich hatte nur fortgefahren, meine stillen Witze zu machen und bin viele Jahrzehnte dabeigeblieben.

Erst sehr spät, als mein Charakter sich leider sehr verbessert hatte, sah ich ein, wie groß mein Fehler gewesen war. Ich hatte nicht ermessen, wie verwundbar sogenannte gute Charaktere, konstitutionell unfähig auch zum kleinsten unschuldigsten Witz, sein können. Sie sind wie Lämmer, denen auch die sanfteste Schur wehtut. Sie blöken zum Himmel, und der erhört sie, denn sie sind in der Mehrzahl. Wenig ist so majoritätsbewußt wie der Zufall, und witzige Köpfe sind zufällig sehr selten. In unserer Zeit steht ein Preis auf ihrem Kopf, aber der wird nur selten ausgezahlt, denn die öde Fachlichkeit, die uns regiert, hat mit Recht dekretiert, daß es jetzt nichts zum Lachen gibt.

III

Sich mit eigenen Federn zu schmücken ist heuzutage viel verpönter, als wenn man es mit fremden tut; besonders wenn diese von längst ausgestorbenen Vogelarten stammen. Lebende Spottvögel gibt es überhaupt nicht mehr – woher also die Federn nehmen? Unsere Zeit ist gewiß die geistloseste, die die Geschichte kennt, die dumpfste und daher die blutigste. Die lächelnden Sorgenfalten auf den Gesichtern unserer Staatsmänner und Landestanten und ihre schabenartigen Ausweichungsmanöver, wenn es für etwas einzustehen gilt, erfüllen mich mit Schrecken. Vor soviel gutem Charakter erstirbt die Kritik, die es ja ohnedies kaum mehr gibt. Wahrhaftig, man sehnt sich nach einem Rivarol, der ebenso scharf sah, wie er schrieb: gleich zu Beginn der Französischen Revolution sagte er deren weiteren Verlauf und den Aufstieg eines kaiserlichen Napoleon – natürlich, ohne ihn mit Namen zu nennen – vorher.

Aber zurück zu den eigenen Federn. Hoffentlich erwartet man keine Musterkollektion und glaubt mir dennoch aufs Wort. Die besten Bonmots bleiben ungeschrieben, so wie die schönsten Schmetterlinge ungefangen bleiben. Einmal aufgespießt, sind sie nur ein Dokument. Alle meine guten Witze und Beobachtungen habe ich vergessen, soweit sie nicht in meinem Buch *Bemerkungen* gedruckt sind. Wenn man den Hauptteil des Lebens unter Biochemikern verbringt, macht man keine Bonmots; man ist froh, daß man noch außerhalb fachmännischer Auspizien atmen kann. Bei den Kollegen fällt einem nur ein kurzes Stoßgebet ein, und das ist eher melancholisch. Man spürt geradezu, wie man selbst ein besserer Charakter wird, so daß man am Ende nur mehr das *Journal of Molecular Biology* lesen kann. Wenn dieser progressive Ameliorationsprozeß in meinem Fall auf dem halben Wege stehenblieb, so vielleicht darum, weil wissenschaftliche Zeitschriften unlesbar geworden sind.

Der hauptsächliche Grund, warum das Spiel des Geistes –

ein totenernstes Spiel, wie das von Kindern – aufgehört zu haben scheint, ist das Verschwinden dessen, was man Gesellschaft zu nennen pflegte. Gesellschaft in dem hier beabsichtigten Sinn gab es in Frankreich im 17. bis 19. Jahrhundert, vielleicht auch gleichzeitig oder sogar früher in Oberitalien; in Deutschland waren es die Haupt- und die Universitätsstädte, aber auch Weimar in der Goethezeit; in England waren es die Colleges von Oxford und Cambridge, wie auch der Kreis um Dr. Johnson. Boswells großartige Lebensbeschreibung enthält eine Fülle von weniger funkelnden als brummigen Bonmots und Aphorismen. Reichtum an Geist und Witz ist allerdings nicht, was man England zuerkennen möchte; es bedurfte eines Iren, Oscar Wilde, um etwas Leben in das introvertierte Gemurmel zu bringen.

Ob es nun die Zusammenkünfte der französischen Aristokratie waren, denen die Revolution ein Ende machte, oder die Leute, die sich in den Wiener Kaffeehäusern vor dem Ersten Weltkrieg trafen: immer mußte eine eigenartige Atmosphäre des Wettbewerbes und des aufnahmebereiten Verständnisses bestanden haben, die sich später verflüchtigt hat, obwohl die Patisserien bzw. der schwarze Kaffee in unveränderter Qualität vorhanden waren. Es ist bemerkenswert, daß das nachrevolutionäre Frankreich nur einen bedeutenden Aphoristiker zu bieten hat, Joubert, und auch der hat zu viel vom Gefühlssirup Rousseauischer Fabrikation zu sich genommen.

Jetzt hat sich aber das Publikum verlaufen oder, richtiger gesagt, es ist ausgestorben oder vernichtet worden; und ohne Hörer gibt es keine Sprecher, ohne Leser keine Schreiber. Das letztere wird geleugnet werden, indem man auf Kafka verweist; aber dem war der tägliche Brod des Applauses gegeben. Jedenfalls frage ich mich, ob es heutzutage viele ernst zu nehmende Schriftsteller gibt, deren Briefträger sich über die Last der Leserbriefe zu beschweren haben. Was früher möglicherweise Publikum gewesen wäre, sitzt jetzt stundenlang vor den Verblödungskästen und angesichts – wie gerne hätte ich hier »angehörs« geschrieben! – einer geistreichen Wendung, sagen wir, in einem Shakespeare-Lustspiel oder in einem Lichtenbergschen Aphorismus, würde eher der Apparat sich vor Freude schütteln als der Hörer. Gibt es noch den in vielen Formen – als Witz, Anekdote, Bonmot oder Aphorismus – sich ausdrückenden, scharfen Geist gedanklicher Kurzschlüsse? Was ist aus der deutschen Sprache, was ist aus allen Sprachen geworden seit Karl Kraus? Es herrscht ein tierischer Ernst; ein Attribut, für das ich mich bei manchen humorvollen Hunden meiner Bekanntschaft entschuldigen muß.

IV

Wenn man alt wird, ergibt man sich manchmal dem fragwürdigen Vergnügen der Selbstautopsie. Dieses Wort ist an sich eine witzige Wendung; denn wer kann sich selbst als Leiche sezieren? Um das Komische an dieser *boutade,* einem ohne weitere Überlegung ausgesprochenen lebhaften Scherz, zu erkennen, muß man allerdings zwei verschiedene Bedeutungen des Wortes Autopsie gleichzeitig im Sinn behalten: das griechische *autopsia,* »mit eigenen Augen sehen«, und die gegenwärtige Bezeichnung für eine *post mortem* Untersuchung.

Das Ergebnis einer solchen Selbstautopsie, eintauchend in eine lebendigere Vergangenheit, ist der Versuch einer Unterscheidung zwischen mehreren Begriffen, von denen einige, aber nicht alle, das Komische berühren, obwohl allen ein Element der Überraschung gemeinsam ist. Ich unterscheide demnach, in aufsteigender Reihenfolge des Ranges, zwischen Witz, Anekdote, Bonmot, Aphorismus. Der autobiographische Knoten bezüglich des zu solchen geistigen Tätigkeiten erforderlichen schlechten Charakters wird sich von selbst knüpfen. Vorläufig will ich einige Beispiele aus der Literatur anführen, aber nicht ohne vorher daran zu erinnern, daß die Untersuchungen von Bergson[9], Freud[6] und Kraus[10, 11] unersetzlich geblieben sind. Was Karl Kraus betrifft, gibt es nur wenige Seiten von den tausenden der *Fackel,* die nicht als Beispiele dienen können. Die Proben sind davon, was mir bei der Hand ist, genommen, ganz ohne Anspruch auf besondere Vortrefflichkeit.

1) *Witz* – Aus der in Anm. 7 angeführten Sammlung jüdischer Witze.

Der zornige Rabbiner:

»Man erzählt von Euch, daß Ihr Euch eines Juden unwürdig aufführt. Wo Ihr ein Stück Schweinefleisch seht, da beißt Ihr hinein. Und wo Ihr ein Christenmädel erblickt, küßt Ihr sie ab!«

Angeklagter Jude:

»Rabbi, ich bin nebbich meschugge'«

Darauf der Rabbiner:

»Das könnt Ihr einem andern erzählen. Würdet Ihr das Mädchen beißen und das Schweinefleisch küssen, dann wäret Ihr wirklich meschugge. So aber seid Ihr doch restlos normal!« (S. 82)

Aus derselben Sammlung (S. 415):

»Ihr Fräulein Tochter hat sich aber prächtig herausgemacht. Sie malt so schön, singt wie eine Nachtigall, gewachsen ist sie wie Venus, und so gebildet!«

Der Vater, vor Stolz fast berstend:

»Das ist alles noch gar nichts: Auf dem Rücken sollten Sie sie schwimmen sehen!«

Was Freud [6] einen geradezu diabolisch guten Witz nennt entnimmt er den »Wiener Spaziergängen« von Daniel Spitzer:

Das Ehepaar X lebt auf ziemlich großem Fuße. Nach der Ansicht der einen soll der Mann viel verdient und sich dabei etwas zurückgelegt haben, nach anderen wieder soll sich die Frau etwas zurückgelegt und dabei viel verdient haben.

Die folgende wohlbekannte, auch von Freud besprochene Notiz Lichtenbergs [12] will mir als ein Witz erscheinen, denn sie kann Lachen erregen, was ein Aphorismus nur selten tut.

> Wie geht es, fragte ein Blinder einen Lahmen; wie Sie sehen, war die Antwort. [L 29]

Hier wird also die Alltäglichkeit der Redensarten mit dem besonderen Zustand desjenigen, der sie anwendet, konfrontiert; und wem der Kontrast komisch vorkommt, der wird lachen. Es gibt ein Lachen, vor dem man erschrickt. Es ist das Lachen des Menschenfressers, wenn er ein Knöchlein ausspuckt; eine Art von schadenfrohem Behäbigkeitslachen. Es kommt einem manchmal, wenn man Wilhelm Busch liest oder die Limericks von Edward Lear und seinen Nachfolgern.

In meinem Buch *Bemerkungen*[13] finden sich viele Texte, die sich auf den Witz beziehen, z. B. die folgenden Aphorismen.

> Witz ist der als Vorhut reitende Hinterhalt. [S. 28]
> Ewige Vergänglichkeit ist ein Attribut des Witzes. [S. 57]
> Wenn ich einen sehr witzigen Mann sehe, sage ich mir: »Der Arme, wie sehr er leiden muß!« [S. 98]

Witz ist, was man macht; komisch, was erscheint. Die Urheber von Witzen bleiben aber meistens im dunkeln, ganz wie die Erzeuger der Volkslieder; und so wie diese gesungen werden müssen, müssen jene erzählt werden. Nur leben Lieder ganz anders in den Stimmen ihrer Sänger. Mir sind berufsmäßige Erzähler von Witzen immer sehr lästig vorgekommen; und wenn Pascal das gemeint hat, so hat Lichtenberg ihm zugestimmt.

> Es giebt für mich keine gehässigere Art Menschen, als die welche glauben, daß sie bey jeder Gelegenheit *ex officio* witzig seyn müsten [J 684]

Dabei muß man allerdings im Auge behalten, daß Witze erzählen und witzig sein zwei völlig entgegengesetzte, einander ausschließende Tätigkeiten sind.

Die gedruckten Sammlungen von Witzen finde ich ungenießbar. Daß irgendjemand jemals dem denkwürdigen Augenblick beigewohnt haben kann, als ein solcher den Anthologisten aufhebenswert erscheinender Witz zum ersten Mal gemacht wurde, ist fraglich. Diese Art von Witzen scheint aus einem Miasma von Geld, Geschlecht und Alkohol aufzusteigen. Damit die so entstandene Wolke sich dann blitzähnlich entlädt, bedarf es des von Freud häufig angerufenen Kurzschlusses, des Kontakts zwischen zwei voneinander entfernt geglaubten Ladungen. Es ist aber nur ein Kurzschluß, nach dem man lacht. Der Aphorismus ist hingegen ein Kurzschluß, nach dem es Licht wird.

2) *Anekdote* – Hier ist eine Einschränkung notwendig. Das meiste, was als Anekdote bezeichnet wird – »kurze Geschichte mit überraschender Pointe«, erklärt der Duden – gehört überhaupt nicht in die vom Witz zum Aphorismus aufsteigende Reihe. Es gibt Sammlungen von Anekdoten in vielen Sprachen, z. B. der englischen[14]; leider meistens ohne überraschende Pointe. Was einen eher überraschen wird ist die Abwesenheit jeglichen Salzes. Das ist wahrscheinlich nicht erstaunlich, denn es handelt sich fast immer um Zelebritäten, worunter viele Kunstprodukte aus Pappendeckel. Zwei bedeutende Schriftsteller, deren Werke auf der Verwendung von Anekdoten beruhen, sind allerdings in die Literatur ihrer Sprachen eingegangen: Gédéon Tallement des Réaux[15] und John Aubrey[16]. Auch Brantôme gehört zur französischen Literatur.[17] Was diese ausgezeichneten Autoren gemeinsam haben ist, daß es schwer ist, ihre Bücher in einem durchzulesen.

Das trifft gewiß nicht zu auf Chamfort[18], dessen großes Aphorismenwerk sich in zwei Teilen präsentiert: *Maximes et Pensées* und *Caractères et Anecdotes*. Man wird beim Lesen oft unschlüssig sein, zu welcher Kategorie ein gegebenes Stück gehört. Die als Anekdoten bezeichneten beruhen oft auf einem Bonmot, das der Autor vielleicht selbst gemacht hat, und das mag auch auf viele seiner Aphorismen zutreffen. Eigentliche Witze finden sich kaum. Der folgende Text handelt von einem der Erfinder des Fallschirms, dem berühmten Ballonfahrer Blanchard.

> Jemand, der einen sehr dummen Brief über Luftballons, den Hr. Blanchard im *Journal de Paris* veröffentlicht hatte, zu Gesicht bekam, sagte: »Mit dieser Art von Geist muß Hr. Blanchard sich schön langweilen in der Luft.« [2. Bd., S. 93]

Zwei weitere Beispiele aus der Sammlung:

> Ein sehr armer Mann, der ein Buch gegen die Regierung geschrieben hatte, sagte: »Zum Teufel! Die Bastille kommt noch immer nicht, und hier bin ich und muß in diesem Augenblick meine Miete zahlen.« [2Bd., S. 117]
> Der König von Preußen fragte einen seiner Soldaten, dessen Gesicht voller Schmisse war, »In welcher Schenke hat man Dich so zugerichtet?« – »In einer Schenke, wo Sie die Zeche gezahlt haben, in Kolin«, sagte der Soldat. Der König, der bei Kolin geschlagen worden war, fand trotzdem die Antwort vortrefflich. [2. Bd., S. 188]

Die folgende Anekdote könnte bei veränderter Staffage einen jüdischen Witz abgeben.

> Ein irischer Soldat machte in einer Schlacht Anstalten, einen Kriegsgefangenen festzuhalten. »Er will mir nicht folgen«, rief er einem Kameraden zu. »Nun«, sagte dieser, »laß ihn los, wenn Du ihn nicht abführen kannst.« »Aber«, erwiderte der andere, »er will mich nicht loslassen.« [2. Bd., S. 223]

(3) *Bonmot* – Gibt es überhaupt noch diesen Begriff? Hätte Adornos berühmter Ausspruch, nach Auschwitz könne man keine Gedichte mehr machen, sich auf Bonmots statt auf Gedichte bezogen, so wäre er berechtigter gewesen. Zu einem Bonmot gehört ein Gespräch, so daß mindestens zwei Leute nötig sind: der eine, der jenes gesagt hat, und der andere, der es richtig zu bewerten vermag. Damit ein Außenstehender es schätzen kann, muß er die Umstände, unter denen es ausgesprochen wurde, kennen. Das bringt manche Bonmots in die Nähe der Anekdote; andere führen vielleicht zu einem Apho-

rismus, einem vom Urheber oder manchmal vom Zuhörer aufgeschriebenen kurzen Text. Mein Lieblingsbonmot – und auf dieses eine will ich mich beschränken – ergäbe allerdings einen recht banalen Aphorismus oder das wenig aufregende Sprichwort »Aller Anfang ist schwer«. Im Zusammenhang genommen erscheint es mir aber als das geistreichste mir bekannte Bonmot. Es stammt von der Marquise du Deffand (1697 bis 1780), Inhaberin eines berühmten Pariser Salons und Freundin und Feindin vieler großen Leute. In einem Gespräch mit dem Kardinal de Polignac kam dieser auf die Wunder zu sprechen, die der heilige Denis bewirkt habe und wie wunderbar es sei, daß der Heilige, nachdem man ihm den Kopf abgehauen hatte, mit dem Kopf in der Hand die ganze Distanz von zwei Meilen, vom Montmartre bis zur Abtei Saint-Denis, marschiert sei. »Monseigneur«, erwiderte die Marquise, »il n'y a que le premier pas qui coûte«.[19] Auf ihre Entdeckung, daß es in so einem Fall nur auf den ersten Schritt ankommt, war die Marquise mit Recht stolz und sie zitierte ihr Bonmot häufig in ihren Briefen, z. B. in ihrer Korrespondenz mit d'Alembert und Horace Walpole.

Im Deutschen fehlen beifällige Bezeichnungen für eine witzige oder schlagfertige Antwort in einem Gespräch, wie die französischen oder englischen Wörter *repartie* und *repartee* es sind. Wenn man in Dornseiffs Wortschatz[20] den Komplex »Witz« durchsieht, findet man fast nur abfällige Bezeichnungen, so zwischen »Zungenfertigkeit« und »Ulk«, oder abstoßende Ausdrücke wie »Gedankensplitter« oder »Geistesfunke«. Aus Gründen, die ich hier nicht erörtern kann, ist die deutsche Sprache in vielen Bereichen noch unterentwickelt; und wie sie jetzt gesprochen und geschrieben wird, ist wenig Hoffnung, daß sich das bald ändert.

Ich habe gerade vorher eine witzige Französin erwähnt; ein ebenso witziger Franzose darf nicht ungenannt bleiben: Rivarol (1753–1801). Er ging früh in die Emigration, lebte in England und Deutschland und starb in Berlin. Von ihm stammen sehr gute Aphorismen, aber noch besser sind seine von Zuhörern aufgezeichneten Bonmots, die unter dem Titel »Rivaroliana« überlebt haben.[21]

4) *Aphorismus* – Was Rivarol von einem bekannt unsaubern Mann gesagt hat – er beschmutze den Kot – kann man von manchen Witzen und Anekdoten sagen, aber nicht von den Bonmots und gewiß nicht vom Aphorismus. André Jolles hat in seinem schönen Buch dem Witz als »einfacher Form« einen Abschnitt gewidmet[22]. Ob auch der Aphorismus hineingehört oder eher in den dem »Spruch« gewidmeten, möchte ich offenlassen. Tatsächlich ist es beim Aphorismus, wie übrigens auch beim Essay, oft schwer zu entscheiden, ob ein gegebenes Beispiel überhaupt in eine der einfachen Formen gezwängt werden kann. Auch wäre das ein ziemlich sinn- und nutzloses Unterfangen. Die Durchsicht einer Auslese kritischer Meinungen über den Begriff des Aphorismus[23] wird einen von der Aussichtslosigkeit solcher Kategorisierungsversuche überzeugen. Lehrreich und zugleich abschreckend mag hingegen die Lektüre des Namensverzeichnisses im soeben erwähnten Buch sein. Nach der Häufigkeit, mit der sie zitiert sind, finden wir die folgenden Namen an der Spitze: 1. Lichtenberg; 2. Nietzsche; 3. La Rochefoucauld; 4. Goethe; 5. Friedrich Schlegel. Wenn ich meinen eigenen Begriff vom Aphorismus als einer spitzigen Kürze zu Rate ziehe, würde ich sagen, daß nur der erste und der dritte Name aus dieser Liste als wirkliche Aphorismenschreiber in Betracht kommen. Allerdings will auch ich den unglaublich reichhaltigen und scharfsinnigen Lichtenberg an die Spitze setzen. Sonst ist meine Liste ganz anders und enthält, chronologisch geordnet, die folgenden Schriftsteller: La Rochefoucauld, Pascal, Vauvenargues, Chamfort, Lichtenberg, Rivarol, Joubert und Karl Kraus.

Sechs von den acht sind also Franzosen, die beiden anderen deutschsprachig. Nächst dem Gedicht ist der Aphorismus die Form, die nur in innigster Umarmung mit der Sprache existieren kann. Daher ist die Mehrzahl guter Aphorismen so wenig übersetzbar wie es Gedichte sind. Um ein Beispiel zu geben: die geistvollen Fragmente, die F. Schlegel im *Athenaeum* 1798 veröffentlichte, enthalten nur wenige Texte, die ich als wirkliche Aphorismen anerkennen würde. Einer davon ist mit Recht berühmt.

Der Historiker ist ein rückwärts gekehrter Prophet.[24]

Eine in Amerika erschienene Anthologie, größtenteils leider aus Übersetzungen bestehend, denn die englische Sprache ist nicht reich an guten Aphorismen, reproduziert auch diesen Ausspruch: »A historian is a prophet in reverse«[25] – also ein Prophet, der nach hinten fährt!

Ein Aphorismus, der ohne Verlust in andere Sprachen übertragen werden kann, ist in meiner Meinung kein Aphorismus, sondern eine Maxime, ein weises, lehrreiches Wort. Goethes wundervolles Buch verdient demnach den Titel – »Maximen und Reflexionen« –, den die Herausgeber des Nachlasses ihm gaben, aber es ist im wesentlichen keine Sammlung von Aphorismen, obwohl es einige sehr gute enthält. Das gleiche gilt, mit geziemend zurückgeschraubten Erwartungen, für die Sprüche der Ebner-Eschenbach.

Gehört Nietzsche zu den großen Aphoristikern? Ich kann mich nicht entschließen Ja zu sagen, obwohl sich aus seinen Schriften zahlreiche Kraftsätze ausschneiden lassen, die man als Aphorismen ansehen könnte. Ein wirklicher Aphorismus darf nicht als Baustein auftreten: je besser er ist, um so größer die Gefahr, daß er das stilistische Gefüge sprengt. Man liest nicht, wie Kinder Kuchen essen, indem sie zuerst die Rosinen heraussuchen. Manche Sätze hat Nietzsche allerdings so drukken lassen, daß sie als einzelne Aphorismen erscheinen, z. B. aus *Menschliches, Allzumenschliches* I (Nr. 76):

Der Asket – Der Asket macht aus der Tugend eine Noth.

Das ist gewiß ein guter Aphorismus, aber er verstößt gegen eine der ungeschriebenen Regeln für diese Kunstgattung, indem er einen Titel trägt. Ist es nicht, als wenn ein Wolkenbruch mir vorher einen Regenschirm überreichte? Eine andere unangenehme Gewohnheit Nietzsches weist der zitierte Satz nicht auf: die allzu häufige Verwendung eines Gedankenstrichs vor der Pointe. Kraus nannte das mit Recht einen Strich durch den Gedanken.

Ich denke nicht, daß es eine allgemein gültige Definition des Aphorismus geben kann. Die verschiedenen Geplänkel darüber liefern eigentlich nur ein Gespinst aus Sonnenstrahlen. Es ist wie bei Gedichten: jeder Aphorismus erfordert seine eigene Kategorie. »Ein Aphorismus«, sagt Karl Kraus, »braucht nicht wahr zu sein, aber er soll die Wahrheit überflügeln. Er muß mit einem Satz über sie hinauskommen.«

Wenn man aus größeren Texten ein paar geeignete Sätze ausschneidet, erzeugt man Geflügelte Worte, die es nicht sein wollen. Auf diese Weise erhalten die Kompilatoren sehr umfangreiche Sammlungen von sogenannten Aphorismen, die ich häufig als ein wirksames Schlafmittel erprobt habe. Wenn man hingegen Lichtenberg [12] oder Kraus [26] liest, wacht man auf.

V

Der Umweg, den ich hier gemacht habe, war nicht unnütz, denn er hat mir gestattet, unterdessen mit Pascals Verdammungsurteil fertig zu werden. Pascal hat nicht recht, die meisten schlechen Charaktere machen keine Bonmots; noch weniger wären sie fähig, einen Aphorismus zu erzeugen, der nicht bei Berührung sofort zerfällt. Die meisten haben auch nicht einmal diese Ambition; besten- d. h. schlimmstenfalls lassen sie sich von einem bezahlten Schreiber ihre Selbstbiographie zusammenstoppeln. Tatsächlich sind Aphoristiker eine seltene Spezies, seltener noch als gute Dichter. Das mag zum Teil soziale und ökonomische Gründe haben: Sammlungen von Aphorismen, die einen einzelnen zum Verfasser haben, werden heutzutage fast nicht gekauft, denn die Gegenwart ist zu scharfem Mit- und Gegendenken wenig geeignet. Voll bewaffnet und gepanzert ist der Aphorismus dem Kopf entsprungen, aber wo ist die Götterwelt, um die kleine, rundliche Pallas Athene freudig zu begrüßen?

Die fast völlige Abwesenheit einer bereiten Leserschaft ist wahrscheinlich nicht nur auf unsere Zeit beschränkt. Von den acht Männern auf der von mir früher aufgestellten Ehrenliste haben nur drei die Veröffentlichung ihrer Texte erlebt: La Rochefoucauld, Vauvenargues und Kraus. Im Falle des Sanftesten unter den Schreibern von Aphorismen, Vauvenargues, besitzen wir sogar die von dem mit ihm befreundeten Voltaire gemachten Einwendungen und Korrekturen [27]: der seltene Fall eines überlegenen, aber nicht ganz einverstandenen Publikums. In den Werkausgaben vieler Autoren finden sich als Aphorismen bezeichnete Abschnitte. Um einige früher nicht erwähnte Namen zu nennen: Halifax, Swift, Heinse, Klinger, Seume, Novalis, S. Butler, A. Bierce, Kafka, und in unsern Tagen z. B. E. Jünger, Canetti und Lec. Schopenhauers ausgezeichnete *Aphorismen zur Lebensweisheit* sind allerdings nicht was man jetzt so bezeichnen würde. Wie die ganze Literatur ist auch der Aphorismus heute auf schlechte Tage gekommen: ein deutsches Wochenblatt veröffentlicht periodisch kurze Kraftsätze unter dem nicht ganz unverdienten Gesamttitel *Nebbich*.

Wollte man zynisch sein, so könnte man sagen, daß im Aphorismus der Geist sich als Exhibitionist betätigt; er scheut sich nicht davor – es macht ihm sogar Vergnügen –, nackt aufzutreten, von keinen Falten prosaischen Anstandes verhüllt. Je abrupter, desto überraschender; die Feder als Dolch. Daher eine meiner vielen Definitionen: »Der Aphorismus ist die als Handkuß verkleidete Ohrfeige.« Was viele Aphorismen, besonders auf deutsch geschriebene, völlig unübersetzbar macht, ist, daß sie häufig vom Wortspiel leben. Nun denke ich, daß die deutsche Sprache viel mehr Wortspielraum läßt als irgendeine andere mir bekannte. Die meisten Sprachen verhalten sich verächtlich dazu: *calembour*, *pun*; wer sich des Wortspiels bedient, ist eben nur ein Wippchen. Auch dort hat es anders ausgesehen, als ein Shakespeare oder ein Rabelais schrieben. In der deutschen Literatur ist jedoch die Wertschätzung des Wortspiels nie ganz verschwunden; sie reicht von der Renaissance (z. B. Fischart), übers Barock zur Romantik (z. B. Brentano). Der größte

Meister dieser nicht ungefährlichen Jonglierkunst war gewiß Karl Kraus, worüber es eine schöne Abhandlung von Wagenbach gibt[28]. Er besaß die seltene Gabe, allen Stimmen der Sprache gleichzeitig lauschen und die Akkorde, die sie miteinander bildeten, aufschreiben zu können. So entstanden Sinnleitern von Assonanzen und Dissonanzen, Geheimnisse der Sprache verratend, welche die meisten niemals gewahr sind. Für das Verständnis des folgenden Aphorismus ist es allerdings notwendig zu wissen, daß »einen Stiefel reden oder schreiben« im Wiener Gebrauch soviel heißt wie »einen Unsinn reden oder schreiben«. (S. 155 in dem in Anm. 26 angeführten Buch.)

Je größer der Stiefel, desto größer der Absatz.

Einen solchen Satz in eine andere Sprache zu übertragen ist nicht nur unmöglich, sondern auch nutzlos. Denn ein geglückter Aphorismus fungiert als ein verkehrtes Prisma: er vereinigt zahlreiche Schattierungen zu einer neuen Farbe. Wem er aufgeht, den erfreut er. Das ist nicht wenig im Jammer dieser Welt.

Anmerkungen

1 B. Pascal, *Pensées et Opuscules* (hrsg. L. Brunschvicg, Paris, o. J.).
2 B. Pascal, *Pensées* (hrsg. L. Lafuma, 3 Bde., Paris, 1951).
3 B. Pascal, *Œuvres complètes* (hrsg. L. Lafuma, Paris, 1963).
4 E. Chargaff, *Abscheu vor der Weltgeschichte* (Stuttgart, 1988) S. 91, Fußnote.
5 P. Léautaud, *Le Théatre de Maurice Boissard*, Abschnitt XXXIV (Paris, 1958), Bd. 1, S. 172.
6 S. Freud, *Der Witz und seine Beziehung zum Unbewußten* (London, 1940).
7 S. Landmann, *Der jüdische Witz* (Olten und Freiburg i. Br., 1960).
8 J. de La Bruyère, *Les Caractères*, Kapitel *De la Cour*, Abschnitt 80 (Paris, Pléiade, 1934) S. 261.
9 H. Bergson, *Le Rire*, in *Œuvres* (Paris, 1959), S. 383.
10 K. Kraus, *Nestroy und die Nachwelt*, in *Die Fackel*, Nr. 349/50 (13. Mai 1912), S. 1.
11 K. Kraus, *Die Sprache* (München, 1954).
12 G. C. Lichtenberg, *Schriften und Briefe* (hrsg. W. Promies, München,

1968) Bd. 1, S. 855. – Die den Zitaten folgenden Nummern beziehen sich auf diese Ausgabe, nur wurde die ursprüngliche Orthographie beibehalten.

13 E. Chargaff, *Bemerkungen* (Stuttgart, 1981).

14 D. George, *A Book of Anecdotes* (New York, 1958).

15 Tallement des Réaux, *Historiettes*, 2 Bde. (hrsg. A. Adam, Pléiade, Paris, 1960, 1961).

16 J. Aubrey, *Brief Lives* (hrsg. O. L. Dick, London, 1949).

17 Brantôme, *Vie des Dames galantes – Vie des Dames illustres* (Paris, o. J.).

18 Chamfort, *Produits de la Civilisation perfectionnée* 2 Bde. (hrsg. P. Grosclaude, Paris, 1953).

19 O. Guerlac, *Les Citations Françaises* (Paris, 1961), S. 215.

20 F. Dornseiff, *Der deutsche Wortschatz nach Sachgruppen* (Berlin, 1954), S. 312 f.

21 Rivarol, *Les plus belles pages* (hrsg. J. Dutourd, Paris, 1963), S. 267 ff. – Vgl. auch E. Jünger, *Rivarol* (Stuttgart, 1989).

22 A. Jolles. *Einfache Formen* (Tübingen, 1965).

23 *Der Aphorismus* (hrsg. G. Neumann, Darmstadt, 1976).

24 F. Schlegel, *Fragmente* (Athenaeum, Bd. 1, 2. Stück. – Nachdruck, Cotta, Stuttgart, 1960), S. 196.

25 *The Viking Book of Aphorisms* (hrsg. W. H. Auden u. L. Kronenberger, Penguin Books, 1981), S. 238.

26 K. Kraus, *Beim Wort genommen* (München, 1955).

27 Vauvenargues, *Œuvres complètes* (hrsg. H. Bonnier, 2 Bde., Paris, 1968).

28 C. J. Wagenbach, *Das Wortspiel bei Karl Kraus* (Göttingen, 1965).

IV

Geben Sie mir eine andere Zukunft!

Ein kleines Buch wieder besucht – Was hat mir vorgeschwebt, als ich vor ein paar Jahren ein kleines Buch, *Kritik der Zukunft*, schrieb? Natürlich die Gegenwart, obwohl es die eigentlich nur gibt als Hinterteil der Vergangenheit oder als Vorderteil der Zukunft. Wäre die Zeit, dieser geheimnisvolle Begriff, wäre sie Materie oder Energie, so müßte man, an die entsprechenden Erhaltungssätze der Physik denkend, sagen, daß, je länger die Vergangenheit werde, desto kürzer die Zukunft. Glücklicherweise gibt es aber bereits eine Wissenschaft, die Futurologie – ich habe sie vor kurzem als Kristallballistik beschrieben –; und die Wissenschaften sind die beste Garantie für den Fortbestand des von ihnen jeweils benötigten Materials. Die Krebsforschung garantiert das Fortleben von Krebserkrankungen. Was wären die Viren ohne die Virologie? Und so wird es also auch eine Zukunft geben, solange es Futurologen gibt. Habe ich hiemit einen neuen Konservierungssatz aufgestellt? Hoffentlich nicht, denn ich will keine Satire schreiben auf die Wissenschaften. Diese würden zu den edelsten Betätigungen gehören, wären sie nicht auf Menschen angewiesen. Und der Mensch ist nur soso, wie schon Pascal in eleganterer Form gesagt hat.

Der Laie ist bekanntlich kraß, und als solcher besitze ich nicht die geringste Lizenz, über die Zukunft nachzudenken. Mit den heutigen Wissenschaften geht es mir so wie seinerzeit dem Groucho Marx mit den Klubs. Er sagte bekanntlich, daß er einem Klub, der ihn als Mitglied aufzunehmen bereit sei, gar nicht angehören wolle. Wenn ich in dem vorher erwähnten Büchlein in laienhafter Weise von der Zukunft sprach, so war diese die direkte Fortsetzung der damaligen Gegenwart, also 1982. Das ist noch immer der sicherste Standpunkt: der niedrige Hügel, auf dem man steht, gestattet keine ferne Perspektive; aber wenn man hinunterfällt, ist auch nicht viel passiert. Die alten Wunderrabbis hatten einen weiteren Blick, aber auch der reichte nicht nach Auschwitz.

Zukunft, unendlich brüchig, unendlich dehnbar – In meiner Schreibtischlade habe ich Gummibänder verschiedenen Alters. Nehme ich ein frisches, so kann ich es sehr weit dehnen; es wird immer dünner, aber es bricht nicht. Ein altes Band reißt hingegen fast sofort, wenn ich an ihm ziehe. Dabei sehen die beiden Bänder gar nicht verschieden aus. So können ein sehr junger und ein sehr alter Mensch in gleicher Weise von der Zukunft sprechen, aber die Spannkraft ihrer Begriffswelten ist sehr verschieden.

Es bedarf keiner Parabel um auszudrücken, daß für einen Achtziger das Jahr 2000 in kaum erreichbarer Zukunft liegt, nicht aber für einen Dreißiger. Jener spricht als zögernder Utopist, dieser wird höchstens zwei Automobile verbraucht haben. Denkt man aber an das Jahr 2500 oder 3000 – und warum nicht das Jahr 30 125? – so haben sich alle Unterschiede geglättet, und alt und jung sind gleich fähig, kompletten Unsinn zu reden. Autoren von Science-fiction sind bestenfalls Zukunftsarchäologen: sie graben in der Luft; aber die von ihnen auf den Aldebaran verpflanzten Trottel sind immer noch Trottel des 20. Jahrhunderts. Ich denke nicht, daß wir uns in irgendeine zukünftige Zeit hineinfühlen können, wenn sie nicht fast so aussieht wie unsere Gegenwart. Die gleiche Einschränkung gilt, glaube ich, auch für die Vergangenheit. Zwar sagt man mir, daß unsere Epoche, im Gegensatz zu früheren, sich in alles Vergangene hineinversetzen könne; wir seien edel klassisch mit der Antike, tiefgläubig romanisch und gotisch mit dem Mittelalter; wir hätten eine neue Lust zu leben mit der Renaissance, usw. Also ganz anders wie in frühern Zeiten. »Denn die reichen Jüden/Bau'n mit Caryatiden« schrieb der bekannt feinfühlige Jacob Burckhardt, und wollte damit auf baslerisch-urwüchsige Art gegen das Protzentum der Gründerzeit protestieren. Tatsächlich ist es auch mit unserem Rückversetzungsvermögen nicht weit her. Man kann aus seiner Zeit nicht hinaus. Ob es die Cherusker in Krems sind aus den »Letzten Tagen der Menschheit« oder, sagen wir, Ronald Reagan als Sardanapal, immer wird es eine Groteske.

In Wirklichkeit können wir die Vergangenheit genau so wenig erkennen wie die Zukunft. Wir können den Pomp und das Elend der Kriege, der Hungersnöte, der Seuchen heraufbeschwören; wir können lesen, was in den Zeiten geschrieben und behauptet worden ist; wir können die Künste und die Schriften der Vergangenheit als Dokumentation ansehen, wahrscheinlich zu Unrecht; aber was in den Seelen der einzelnen vorgegangen ist, wie das Brot und der Wein geschmeckt haben, wie sich das Leben der Menschen in die Falten der Alltäglichkeit gelegt hat, wie sie geweint, wie sie gelacht, wie sie gebetet haben, das können wir nicht zurückrufen. Wir bleiben im Panzer unserer eigenen Gefühlswelt; der erbarmungslose Anachronismus der Barockzeit war ehrlicher. Wenn wir über die Vergangenheit oder die Zukunft sprechen wollen, tasten wir unsern schmalen Weg zwischen zwei riesenhaften schwarzen Löchern.

Ich muß es gestehn, ich weigere mich an das Jahr 30 125 zu denken. So ein schwindelerregendes Datum wird mich erst interessieren, wenn die Mediziner endlich den Tod abgeschafft haben. Sie sind auf dem besten Wege dahin, würgen aber vorläufig noch ein bißchen an dem Stachel. Sobald das menschliche Genom völlig analysiert ist, werden die Genetiker ihre Finger auf eine Stelle der riesenhaften Sequenz – ein Buch von anderthalb Millionen Seiten – legen; und die Frage »Tod, wo ist dein Stachel?« wird endlich beantwortet sein. Dort ist der Stachel, 15 000 Nukleotide lang. Wenn wir die aus dem Embryo herausschneiden können, wird der Tod endlich tot sein. Anfangs werden nur sehr reiche Eltern der unsterblichen Säuglinge es sich leisten können. Aber en gros wird es bald billiger werden, wie alle Scheußlichkeiten dieser Welt. Ob derartige Ewiggeburten patentierbar sind, wird sich erst zeigen müssen. Wahrscheinlich werden sie es sein, um so mehr als die ersten die letzten sein dürften.

Vorläufig will ich aber annehmen, daß alle Leser dieser Zeilen um 2100 tot sein werden, und beschränke mich auf diesen Zeitraum.

Hundert Jahre – In Robert Musils Schriften gibt es aus dem Jahre 1928 eine Notiz, die er mehrmals abgewandelt hat. Sie lautet: »Es ist leichter vorauszusagen, wie die Welt in hundert Jahren aussehen wird, als wie sie in hundert Jahren schreiben wird.« (Da ich aus Frisés höchst unfrisierter ersten Ausgabe [1957] zitiere, mag der Wortlaut nicht ganz richtig sein.) Da der Schuster immer von seinem eigenen Leisten träumt, interessierte sich Musil hauptsächlich für das Schreiben. Machen wir eine kleine Probe: 1728–1828–1928, große Unterschiede in Stil und Vokabeln, besonders im ersten Centennium; 1788–1888–1988, selbst im letzten Jahrhundert keine besonders großen Unterschiede. Es kommt also darauf an, wo man den Raster ansetzt. Das ist ein Spiel, das man mit der Vergangenheit als Reflex der Zukunft immer treiben kann. Je nach dem gewählten Datum lassen sich Glück und Unglück in der Weltgeschichte – die Frage, die Burckhardt so anziehend fand – ganz verschieden verteilen. Tatsächlich hat in den von mir gewählten Zeiträumen die Welt sich mehr verändert als das Schreiben.

Musils Frage, wie die Welt in hundert Jahren schreiben werde, wage ich jedoch kühn zu beantworten: sie wird überhaupt nicht mehr schreiben. Wie viele Generationen von Schreibautomaten im Jahre 2028, nicht zu reden von 2088, bereits verrostet auf Computerfriedhöfen liegen werden, kann ich gar nicht berechnen. »Die Welt« – jeder Aphoristiker, nicht nur Musil, wiederholt den Fehler, von »der Welt« zu sprechen, wenn er sich meint – die Welt hat schon jetzt fast verlernt zu schreiben. Oft ist man zwar noch tastender Tastendrücker, aber schon die Vierjährigen lernen, mit Knöpfchen umzugehn; und wenn Hänschen Hans wird, wird er wissen, daß der dritte Knopf von rechts in der zweiten Reihe ihm die Weisheit der Welt auf den Schirm bringt. Daß diese in der Bildsprache der Comics zu ihm redet, wird er gar nicht mehr bemerken. »Condensations of Plato designed for easy reading« wird es auch schon nicht mehr geben.

Wer alt genug ist, sich an Buchhandlungen oder Bibliotheken zu erinnern, wie sie vor sechzig oder siebzig Jahren ausgesehen haben, und sie damit zu vergleichen, was sie jetzt sind, wird gerne in den viel- und nichtssagenden Jubelruf einstimmen: »Die Zukunft hat schon begonnen.« Genauer genommen begann sie mit Gutenberg und Columbus, oder sie hat eigentlich nie aufgehört zu beginnen. Allerdings muß es in der *aurea aetas* besonders viele und berechtigte Pessimisten gegeben haben, denn der Fortschritt war noch nicht erfunden.

Da ich ein Mann der Wissenschaft, also der Zukunft bin, sind mein Latein und Griechisch nicht, was sie sein sollten. Da man ferner nirgendswo so vereinsamt sein kann wie in der Riesenstadt New York, fehlt mir die Gelegenheit, mich bei Gelehrteren zu erkundigen. Ich habe nämlich den Eindruck, daß der Begriff »Zukunft« im Griechischen nicht sehr präsent ist und selbst im Lateinischen erst in der Spätzeit. (So viel habe ich aus meinem Liddell-Scott und Lewis-Short herauszulesen geglaubt.) Und so wage ich die Frage: ist die Zukunft erst mit der Verbreitung des Christentums als lebendes, zitterndes Wort aufgewacht? Das ist aber eine Frage, die ich nur stelle, ohne sie hier weiterzuverfolgen.

Schwund eines anatomisch unverbürgten Organs – Ich denke hier an das von mir, wahrscheinlich ohne Berechtigung, formulierte Organ, das ich Persönlichkeitszentrum genannt habe. Es ist ein Organ, das sich einschaltet, wenn irgendetwas sich den Grenzen nähert, die die Aufschrift tragen »Ich bin ich«. Dieses Ich kommt also in so vielen voneinander verschiedenen Exemplaren vor, wie es Menschen gibt auf der Erde. Kein Anatom hat dieses Organ jemals gesehn; dennoch behaupte ich, daß seine Verkümmerung und sein vielfaches Verschwinden erst zu meinen Lebzeiten und geradezu vor meinen Augen eingesetzt haben. Die Kräfte, die diese verhängnisvolle Amputation bewirken, sind unter den Namen Reklame, Propaganda, Publicity usw. längst bekannt gewesen, zumindest seit den dreißiger Jahren des vorigen Jahrhunderts, aber lange Zeit fehlte es ihnen an Intensität. Diese erlangten sie erst, und in einem sich immer weiter steigernden Maß, seit dem wirklichen Beginn unserer Gegenwart, also seit 1914. Es ist kein Zufall, daß das auch die Epoche ist, in der man von der Amerikanisierung der Welt und von dem Aufblühen der Naturwissenschaften zu sprechen anfing.

Extrapolationen – Einer der wenigen Vorteile, die ein alter Mensch besitzt, ist, daß er Vergleiche mit Hilfe seiner eigenen Vergangenheit anstellen kann. Ich kann also z. B. die Jahre 1928–1958–1988 miteinander vergleichen und daraus die kommenden sechzig Jahre Zukunft extrapolieren. Das ist natürlich ein gewagtes Unternehmen, denn der Strom des Heraklit fließt nicht mit konstanter Geschwindigkeit. Versuche ich es dennoch, so komme ich zu dem Schluß, daß in hundert Jahren die Menschen fast ausschließlich als Konsumenten auftreten werden, obwohl ich hoffe, daß sie auch dann zumindest die Exkremente noch selbst hinzutun werden. Man muß annehmen, das alte Gesetz werde auch künftig gelten, nämlich daß das Schlechte das Bessere verdrängt; allerdings mit dem Zusatz, daß dann, in der Zukunft, das Schlechte wieder das Bessere geworden sein wird. Und so weiter, bis zum Jüngsten Gericht.

Ich sehe eine noch weiter fortgeschrittene Versklavung der Menschen durch die Massenmedien. Mehr als vierundzwanzig Stunden im Tag kann auch in der Zukunft das Fernsehgerät nicht eingeschaltet sein; jetzt sind es im durchschnittlichen amerikanischen Haushalt bereits sieben Stunden. Einigen wir uns also darauf, daß es in hundert Jahren etwa fünfzehn Stunden sein werden. Die über den Schirm huschende Jauche wird nicht duftender geworden sein. Der Bürger wird einen noch größeren Teil seines Lebens als stumpfer Zuschauer verbringen. Wenn die Welt endgültig verkabelt ist, wie es die Zukunftsfreudigen erhoffen, wird er seine Wohnung noch seltener zu verlassen brauchen, als es jetzt der Fall ist. Die Post und die Apokalypse kommen direkt ins Haus.

Ich denke, man kann sagen, daß die Menschen immer autistischer werden, nach innen gestülpt, aber innen ist nichts. Diese Kontaktlosigkeit, sogar mit sich selbst, wird sie immer mehr in die Drogen treiben, aber auch in die Verbrechen. Schon in unserer Zeit – seit dem Zweiten Weltkrieg – scheint die größte Kraft im Herzen des Menschen, das Gewissen, fast verschwunden zu sein. Damit man mich nicht der Übertreibung beschuldige, will ich gern zugeben, daß das Gewissen sicherlich noch in vielen Herzen lebt, aber als öffentlich wirksame Kraft ist es nicht mehr fühlbar. Wenn ich lese, daß der Ministerpräsident von Israel die unglücklichen Palästiner als Heuschrecken bezeichnet, die die Macht seines jungen Landes einfach zerquetschen werde, frage ich mich, ob soviel Phantasie- und Erinnerungslosigkeit auch noch im vorigen Jahrhundert denkbar gewesen wäre.

Nichts ist gefährlicher als die Phantasie der Phantasielosen, denn sie wird die Wirklichkeit. Diese Wirklichkeit kann man in New York in einer blutigen Fülle auskosten, wie sie früheren Zeiten unverständlich gewesen wäre: Martern aller Arten; etwa zehn Morde im Tag; Verbrechen, die in ihrer Buntheit sogar das im Fernsehen vorhandene Vergnügungsangebot übertreffen; in heißem Wasser gekochte Säuglinge; gefolterte Kinder: ein Gehenna der Stumpfheit. Und dazu die Drogensucht, der Drogenkrieg und die über AIDS plappernden Gelehrten! Kann es noch schrecklicher werden? fragt man sich. Es kann, es wird.

Wenn das die Zukunft der Menschheit ist, möchte man in den Ruf ausbrechen, den ich als Titel über diese Zeilen gesetzt habe. Aber ich fürchte, dieser Herzensschrei wird ebenso wirkungslos verhallen wie die Bitte des Kunden im Reisebüro um einen andern Globus. Es gibt nur eine Weltkugel, es gibt nur eine Zukunft. Aber ist das wahr? Dem mißmutigen Reiselustigen konnte der Inhaber des Reisebüros versichern, ein angenehmerer Globus sei undenkbar. Er konnte das tun, weil er sich von der amerikanischen Raumbehörde NASA wenig Gutes für den Touristenverkehr versprach. Hätte er das auch bezüglich der Zukunft sagen können? Vieles ist denkbar, wenig wahrscheinlich.

Imponderabilien – Hinter jeder Kassandra, die weiß, was

kommen wird, aber man glaubt ihr nicht, verbirgt sich ein Präsident oder Bundeskanzler, der nicht weiß, was kommen wird, aber man glaubt ihm. Da auch Esel von der Statistik profitieren, können sie manchmal recht haben. Ich denke aber nicht, daß ein Politiker – und sie machen sich überall breit, auch in den Wissenschaften, Künsten, dem Geschäftsleben usw. – jemals darüber hinausgehen kann, den unwünschenswerten Status quo mit allen fiktiven Ornamenten zu behängen, um ihn fälschlich als wünschenswert erscheinen zu machen. So werden wir immer mit Mätzchen darüber hinweggetäuscht, daß unsere Welt zu kompliziert geworden ist für die Menschen. Nur die, denen die Gnade früher Stumpfheit zuteilgeworden ist, glauben noch, daß sie in einer regierbaren Welt leben. In Wirklichkeit kann man nur auf ein Wunder hoffen. (Ich sage hier »man kann«, nicht »ich kann«, denn die »Elpis« hat sich geweigert, mir eine Versicherungspolizze auszustellen.)

Einmal, im Jahre 1968, habe sogar ich auf ein Wunder gehofft. Die sogenannte Entwickelte Welt – ob rechts, links oder in der Mitte – erschien mir überall derartig abstoßend, ja verbrecherisch, daß die damals anhebende Revolte der Jugend in mir übertriebene Hoffnungen auslöste. Immer wieder belegen wir die kommende Generation mit Erwartungen, die wir selbst gegenüber unsern Eltern auch nicht erfüllt haben. Ich hatte immer geglaubt, daß nur ein Generalerbrechen, gleichsam ein Luddismus der Seelen, dem Elend der Menschen ein Ende bereiten könne. Millionen von Händen in die Hüften gestemmt: »wir machen nicht mit!«. Das war eine kindische Hoffnung, aber vielleicht die einzige seit meinem dreißigsten Jahr.

Man kann sich aber auch andere Wunder vorstellen, und die haben wenig mit Hoffnung zu tun. Und dazu kommt noch das Unvorstellbare. Wenn ich die Annahme vertrete, daß die Welt in einhundert Jahren nicht viel anders aussehen werde als jetzt, nur noch schäbiger, schmutziger, gefährlicher, ziel- und hoffnungsloser, noch mehr kujoniert von Naturforschung und Technik, lasse ich aus, was ich mir nicht vorstellen kann: Katastrophen, Kriege, Aufstände, aber auch eine derartig weltumfassende Lethargie, Apathie, Erschlaffung, daß alle Räder stillestehn, auch die in Ostasien. Irgendwie muß ja die Natur Sicherheitsvorkehrungen getroffen haben, damit eine die Erde schwer belästigende Spezies verschwinde. »Alles Verderben wird zuletzt von den Naturwissenschaften kommen« (Kierkegaard). »Ich denke fast, daß es die Bestimmung der Naturwissenschaften ist, die menschliche Rasse auszurotten« (Peacock). Sie waren nicht die einzigen im 19. Jahrhundert, die etwas kommen sahen, was unterdessen eingetroffen ist. Da es jedoch im Wesen eines Fluches liegt, daß man ihn erst erkennt, wenn es zu spät ist – sonst wäre es kein Fluch –, geht man sicherlich nicht fehl mit der Annahme, daß nichts dagegen unternommen werden kann. Ein Messias in Form einer Nuklearkatastrophe wird kein schöner Messias sein, aber, Gott, wird er strahlen!

Eine Welt, die nicht mehr an den Teufel glaubt, muß von ihm geholt werden. Daher kommt es häufig vor, daß der Fluch, als Segen transvestiert, sich in Herz und Knochen schleicht. Die Gewissenlosigkeit, mit der man uns von dem Segen der Naturforschung und der friedlichen Nutzung der Kernenergie vorgedudelt hat, wird sich noch bezahlt machen. Selbst wenn der strahlende Messias die Welt verschont, die dauernde allmähliche Verseuchung mit ionisierender Strahlung oder andern tödlichen Giften bleibt ihr nicht erspart. Aus allen Kernkraftwerken, aus allen Brütern, ja aus allen chemischen Fabriken trieft es Tag und Nacht in »harmlosen« Spurenmengen: »Nicht genug, um die Volksgesundheit zu bedrohen«, sagen die Communiqués. Aber nichts ist harmlos, wenn es sich summiert. Wenn jetzt schon fast überall auf der Welt Wasser und Boden und Luft vergiftet sind, wie wird es erst in hundert Jahren damit aussehen? Bei aller Bewunderung für die Bestrebungen, die Umwelt zu retten, habe ich wenig Hoffnung, daß sie gegen die Dummheit und die Habgier viel ausrichten können. Vorläufig fungiert der Umweltschutz als Kanarienvogel im Käfig in der Fleischerei, ein Gewissensschmuck für die Feiertage.

Da nun kommt in meinen Überlegungen wieder das Unvorstellbare zur Geltung. In jedem dicken Pessimisten sitzt ein kleiner hagerer Optimist, der hinaus möchte. Sollte dieser am Ende recht behalten? Ich grüße ihn gerne aus großer Ferne, diesen Optimisten, wie er im Jahre 2100 eine wieder spartanisch gewordene Welt betrachtet, eine magere, dünn besiedelte Welt, die sich des meisten Komforts begeben hat, die mit den Giften und Morden auch die Überheblichkeit losgeworden ist zu glauben, daß es dem Menschen möglich sei, sich durch technische Tricks und Kniffe über sein Schicksal zu erheben.

Voraussichtliche Rücknahme eines Fluches

I

Die Vertreibung des Adam und der Eva aus dem Paradies war, als ich mich zum letzten Mal danach erkundigte, noch nicht völlig zurückgenommen worden. Auch der fürchterliche Fluch, welcher der Austreibung vorherging, schien noch mehr oder weniger zu gelten (1. Buch Mosis, Kap. 3): »Und zu Adam sprach er / Dieweil du hast gehorchet der Stimme deines Weibes / Und gessen von dem Bawm da von ich dir gebot / und sprach / Du solt nicht da von essen / Verflucht sey der Acker umb deinen willen / mit kummer soltu dich drauff neeren dein Leben lang / Dorn und Disteln sol er dir tragen / und solt das Kraut auff dem felde essen. Im schweis deines Angesichts soltu dein Brot essen / Bis das du wider zu Erden werdest / da von du genomen bist / Denn du bist Erden / und solt zu Erden werden.«

Dennoch sind im Laufe der Jahrtausende gewisse Erleichterungen fühlbar geworden. Das Kraut auf dem Felde wuchs reichlicher dank den Errungenschaften der Agrikulturchemie, Dorn und Disteln überließ man eher der Dritten Welt. Der Schweiß des Angesichts wurde abkäuflich mit Geld, aber die endgültige Staubwerdung des Menschen war noch nicht aufgehoben, obwohl die Spanne bis zu ihrem Eintreffen für die wohlhabenderen Völker beträchtlich verlängert war. Andere Millionen von Menschen hingegen starben einen frühen Hungertod. Die Landplage, die man in weniger aufgeklärten Zeiten Vorsehung nannte, war noch nicht abgeschafft, aber die Pestizidindustrie arbeitete daran, und nicht ohne Erfolg. Denn auf dem Banner der Hoffnung, das den riesenhaften Kolonnen der Naturforschung vorausgetragen wurde, stand geschrieben »Noch nicht«. »Das Unmögliche, das wir noch nicht überwältigt haben, damit werden wir heute abend oder spätestens morgen fertig.«

Noch nicht wurde also für die Forschung ein Synonym von *bald*, und die Pressekonferenzen, die man vorsorglich einberufen hatte, malten eine Zukunft, die man bereits in der Tasche hatte. Ob das Erhoffte auch hoffenswert war, darum kümmerte man sich wenig.

Das ist natürlich ein zu schneller Blick, zu schnell selbst für das Zeitrafferauge des Propheten. Aber es unterliegt keinem Zweifel, daß Technik und Naturforschung seit ihrem Beginn ihre Aufgabe darin gesehen haben, den uralten Fluch, soweit es in ihren Kräften war, rückgängig zu machen. Noch auch kann ich leugnen, daß ihre Kräfte, anstatt sich zu erschöpfen, immer größer werden.

Warum der Verbesserungsdrang und die Erfindungskraft des menschlichen Verstandes sich erst so spät in der Geschichte bemerkbar machten, ist mir oft erklärt worden, aber verstanden habe ich es nicht. Eigentlich hätten schon die alten Griechen die Dampfmaschine erfinden können.* Unter den verschiedenen Erklärungen, warum das nicht geschehen ist, entsinne ich mich nicht, der einfachsten begegnet zu sein: daß sie kein Interesse daran hatten, sei es, weil Sklavenarbeit noch billiger war, sei es aus höheren, verwickelteren Gründen. Es hat Zivilisationen gegeben, die unter der Devise »Hier bin ich, hier bleib' ich!« sich wohlzufühlen schienen in ihrer Haut, in ihrer tragischen Haut, während andere rastlose sich in ewiger hastiger Übersiedlung erschöpften. Daß jene auch nicht bleiben konnten, wo sie waren, und diese sich schließlich anschicken mußten, in den Weltraum auszuwandern, ist eine andere Sache. Wenn ich zwischen Antigone und Faust entscheiden soll, fällt mir die Wahl leicht, aber das zeigt nur meinen altmodischen Geschmack.

Ist es ein Zufall, daß die ersten, höchst schüchternen Versuche

---

* Aus der Materialsammlung, die unter dem Namen des Heron von Alexandria (wahrscheinlich erstes Jahrhundert n. Chr.) auf uns gekommen ist, ergeben sich viele Anhaltspunkte [1,2]. Ähnlich war es bei den alten Chinesen [3]. Es hat eben immer Zivilisationen gegeben, die mehr konnten als sie wollten. Unsere hingegen muß immer mehr wollen als sie kann.

zur Kolonisierung der Natur ungefähr zu demselben Zeitpunkt einsetzten, als nach der Entdeckung Amerikas nicht mehr viel auf Erden zu entdecken übrig blieb?

Die ersten Versuche waren so zaghaft, daß es sehr vieler Jahre bedurfte, bevor die Ausübenden selbst gewahr wurden, wonach sie strebten. Aber etwa seit dem Zeitalter, das man historisch als das des Imperialismus bezeichnen kann, begannen auch die Naturwissenschaften einen kolonialistischen Angriff auf die Natur. Genauso wie die Eingeborenen als verbesserungsbedürftig ausgegeben wurden – die Unterjochung fing an mit dem Gott, den man ihnen predigte, und den Hosen, die man ihnen anzog –, ebenso erwies sich plötzlich die Natur als durchaus defektiv. Die Menschen, die so lange auf der Erde gelebt hatten, lebten jetzt gegen die Erde. Mit einem Mal waren sie aus den Falten der Natur, die sie zugleich beschützt und gehemmt hatten, aufgestiegen in einen Wirbel ewigen Kampfes.

II

Hilfsaktionen waren oft ein Mäntelchen für schwarze Absichten, aber jetzt ist selbst der Drang nach Wissen suspekt. Man nähert sich dem Käfer, um ihn zu studieren, und wenn man alles über ihn weiß, ernennt man ihn zum Schädling. Auch der Weg vom Kraut zum Unkraut ist gepflastert mit den scheußlichsten Giften, die die Chemie ersinnen kann. Über die Mangelhaftigkeit der menschlichen Natur, über die Hinfälligkeit des menschlichen Körpers konnte man durch Jahrhunderte nur bitter scherzen oder klagen, aber jetzt weht eine grimmigere Luft.

Lichtenbergs scharfer Geist konnte die Morgenluft – die Luft eines finstern Morgens – bereits riechen:

> ... Ein Glück ist es, daß der Himmel uns nicht die Macht gegeben hat so vieles an unserm Körper zu ändern, als wir wollen und als unsere Theorie für nothwendig angeben würde. Der eine würde sich mit Augen, der andere mit

> Geburts Gliedern, ein dritter mit Ohren besetzen – wo wir ändern können ist es blos die Oberfläche, die uns der Himmel frey gegeben hat um damit zu spielen, für was er uns halten muß können wir schon daraus sehen, daß er uns vom Wesentlichen nicht einer Stecknadel groß anvertraut hat.[4]

Bekäme Lichtenberg heute eine der Biotechnologie gewidmete Zeitschrift in die Hand – er könnte sie natürlich nicht lesen, denn sie ist auf Genesisch geschrieben –, was würde er sagen? Keine Göttingische Mettwurst könnte ihn dazu bewegen, die darin beschriebenen Experimente als eine menschliche, eine menschenwürdige Tätigkeit anzuerkennen. Würde er schließen, daß der Himmel jetzt mehr von den Menschen hält, weil er ihnen vom Wesentlichen viel mehr als »einer Stecknadel groß« anvertraut hat? Jedenfalls würde ihn das Grauen packen vor diesen aus Fleisch gemeißelten Bioskulpturen; vor diesem Jonglieren mit Organen – halb Fledderei, halb Hehlerei, und der Rest Philanthropie –; vor diesen in die Welt posaunten, quälenden Vivisektionen mit ihren hübschen photogenen Chirurgen.*

Zwischen Lichtenberg und uns ist also etwas ganz Wesentliches vor sich gegangen. Zum ersten Mal in der Geschichte hat der Mensch sein Schicksal in die Hand genommen; oder, besser, er hat es in die Hände eines dazu zwar nicht berufenen, aber bestellten Fachmanns gelegt. Das macht in unserer Zeit die Naturforschung und die von ihr angetriebene Technik wahrscheinlich einzigartig. Nur besteht die Gefahr, daß es sich herausstellen wird – eigentlich ist das schon geschehen –, daß diese beiden, Forschung und Anwendung, zu stark sind für die Natur und deren Zöglinge, Pflanze, Tier und Mensch.

---

* Noch ist es nicht so weit, aber es besteht kein Grund, warum man nicht bald Tele-Vivisektionen erwarten kann: Operationen auf dem Fernsehschirm; in welchem Falle die Vorführung vermutlich mit dem feierlichen Begräbnis endet: trauernde Hinterbliebene mit Verlagskontrakten, Chopin-Trauermarsch, nur gedämpfte Reklameaktivität.

III

Die Renaissance, jene herrliche Zeit – eigentlich war sie nur eine Rose in den Augenhöhlen eines Totenkopfs. Vielleicht ist es so, daß die unzähligen wundervollen Schöpfungen auf allen Gebieten der Literatur und Kunst die Nachwelt weniger geprägt haben als die namenlosen Reeder und Bankiers, die waghalsigen Abenteurer und Spekulanten, die armseligen Astrologen und Alchimisten. Denn nicht Michelangelo, Palladio oder Shakespeare haben uns auf die Geleise gestoßen, auf denen wir verharren müssen, sondern es war der Kapitalismus und sein Zögling, die Naturwissenschaft. Habgier war die treibende Kraft, ob sie sich nun auf Besitz oder auf Wissen bezog, ob man wucherte mit Geld oder Raubbau trieb an der Natur.

Daher glaube ich auch nicht, daß es die Aufklärung war, die die Naturforschung in ihre gegenwärtige Richtung gelenkt hat. Ich bin Behauptungen dieser Art manchmal begegnet, denke jedoch, daß es eher umgekehrt war, und daß es die ersten großen Erfolge der Naturwissenschaften waren, die an der Entstehung des *siècle des lumières* einen entscheidenden Anteil hatten. Was immer man über die Aufklärung denken mag – und meine Bewunderung für mein Lieblingsjahrhundert hat nicht nachgelassen –, es war alles in allem eine anständige, maßvolle Zeit; die einzige Epoche, die den Geist des einzelnen Menschen nicht völlig unterjochte. Selbst die Deutschen waren damals höflicher zueinander als je zuvor oder nachher.

Allerdings mag es die Aufklärung gewesen sein, die mit ihrer Betonung der Unabhängigkeit, der Selbständigkeit des Menschen dazu beitrug, daß die Forschung sich dazu aufgefordert sah, Schicksal zu spielen. Trotzdem benötigte sie zweihundert Jahre, bevor es so weit war.

Obwohl Siebenjährige Kriege erst erklärt werden können, wenn sie zu Ende sind, scheinen die Menschen der Aufklärung sofort erkannt zu haben, daß es hell geworden war. Als Immanuel Kant im Jahre 1784 einen kurzen Aufsatz mit dem Titel

»Beantwortung der Frage: *Was ist Aufklärung?*« veröffentlichte[5], begann er ihn wie folgt:

> *Aufklärung ist der Ausgang des Menschen aus seiner selbst verschuldeten Unmündigkeit. Unmündigkeit* ist das Unvermögen, sich seines Verstandes ohne Leitung eines anderen zu bedienen. *Selbstverschuldet* ist diese Unmündigkeit, wenn die Ursache derselben nicht am Mangel des Verstandes, sondern der Entschließung und des Muthes liegt, sich seiner ohne Leitung eines andern zu bedienen. *Sapere aude!* Habe Muth dich deines eigenen Verstandes zu bedienen! ist also der Wahlspruch der Aufklärung.

»Wage zu wissen!« – eine stolze Aufforderung, der die Menschheit in den folgenden zweihundert Jahren nur allzu gehorsam nachgekommen ist. Aber die Antwort kam schneller als man hätte erwarten können, denn schon im selben Dezembermonat, in dem Kants Aufsatz erschienen war, am 18. Dezember 1784, schrieb Johann Georg Hamann an Christian Jacob Kraus[6]:

> Zum *Sapere aude*! gehört auch aus eben derselben Quelle das *Noli admirari*! ... Daher laß ich es mir gern gefallen die Aufklärung mehr ästhetisch als dialectisch, durch das Gleichnis der Unmündigkeit u Vormundschaft, zwar nicht erklärt doch wenigstens erläutert und erweitert zu sehen. Nur liegt mir das *proton Pseudos* ... in dem vermaledeyten adiecto oder Beywort *selbst verschuldet*. Unvermögen ist eigentlich keine Schuld ...; und wird nur zur Schuld durch den *Willen* und desselben Mängel an *Entschließung* und *Muth* – oder als *Folge* vorgemachter Schulden. Wer ist aber der unbestimmte *andere*, der zweymal anonymisch vorkommt. Sehen Sie hier, ... wie ungern die Metaphysiker ihre Personen bey ihrem rechten Namen nennen, und wie die Katzen um den heißen Brey herumgehen; doch ich sehe die Aufklärung unsers Jahrhunderts mit keinen Katzen- sondern reinen u gesunden Menschenaugen ... Ich frage daher auch noch zum zweitenmal mit katecheti-

scher Freyheit: wer ist der *andere*, von dem der kosmopolitische Chiliast weissagt? ... Antwort: der leidige Vormund, der als das correlatum der Unmündigkeit implicite verstanden werden muß. Dies ist der Mann des Todes. Die selbstverschuldete Vormundschaft und nicht Unmündigkeit –

Das Wesentliche war demnach bereits gesagt: keine Unmündigkeit ohne Vormund. Nur bezüglich der Selbstverschuldung meldet sich noch immer ein kleiner Zweifel. Wir, die Bewohner eines der abscheulichsten Jahrhunderte, die die Weltgeschichte kennt, haben zuviel gesehen, um mit dem Begriff der Schuld leichtfertig zu verfahren. Die metaphysische Verankerung der Schuld mag von der Aufklärung erschüttert worden sein, aber zunichte geworden ist sie nicht.

Trotz bestem Willen, die Luft der Freiheit in vollen Zügen zu atmen, drängt sich mir die Frage auf: kann der Mensch ohne Vormund leben? Und gar die Menschheit? Mit der Freiheit ist es so wie mit der Wärme oder dem Glück: es gibt nur komparativische Stufen, aber die Absoluta sind Konstruktionen, Approximationen, Denkbehelfe. Wenn wir sie verwenden, verfahren wir nach dem, was ich das Fahrenheit-Prinzip nennen möchte: es kann nicht kälter werden als damals im Keller in Danzig; so nennen wir das null Grad.

IV

Wenn ich über diesen Wortwechsel zwischen Kant und Hamann nachdenke, muß ich mich fragen: ist es nicht wahrscheinlicher, daß was in der Aufklärung geschehen ist bloß der Umtausch von Vormündern war und nicht deren endgültige Abschüttelung? Diese Art von Vormund ist ja meistens anonym; aber dieses Mal hat Kant ihn genannt. Im Aufruf *»Sapere aude!«*, »Wage zu wissen!«, stellt sich mir der neue Vormund vor. Was zu wissen man wagen soll, wird nicht spezifiziert, aber das ist auch nicht notwendig, denn die Aufforderung, sich seines eigenen Verstandes zu bedienen, reicht aus.

Nach meiner Meinung heißt also der neue Vormund WISSEN und seit der Aufklärung haben die Menschen nicht aufgehört, ihre Nasen in alles hineinzustecken. Die Beauftragte des Vormunds ist die Wissenschaft, die Verwalterin des Wissens, und der Wissenschafter ist ein Wissensmakler und heutzutage, wie die meisten Makler, höchst spezialisiert. Meistens nimmt er es bloß von links und legt es nach rechts, manchmal fügt er auch etwas hinzu. Da mir von autoritativer Seite versichert wird – obwohl ich es nicht glaube –, daß die Wissenschaft wertfrei ist, darf man nicht zwischen wertvollem und wertlosem Wissen unterscheiden. Das Wissen trägt also das Siegel seiner Berechtigung in seinem Namen.

Es bedarf keiner großen geistigen Anstrengung um zu erkennen, daß das nicht richtig sein kann. Das hat man schon im Altertum gewußt, wie aus dem ausgezeichneten Zitat aus Lukian hervorgeht, mit dem mein Buch *Warnungstafeln* anfängt[7]. Im 18. Jahrhundert mag noch zu manchem Wissen – oder zur Suche nach ihm – Mut gehört haben. Jetzt ist das aber selten der Fall, außer aus Anlässen politischer Beschimpfung, wie etwa die Interjektion »Marxist« in USA. Das meiste Wissen ist jetzt blaß und anämisch, besprenkelt mit dem Mehltau akademischer Fußnötelei. Dazu gehört auch, daß die meisten wissenschaftlichen Arbeiten heute überhaupt nicht gelesen werden, außer vielleicht von ihren Verfassern. Sie werden nur geschrieben um dazusein. Das ist möglicherweise der Gipfel der Wertfreiheit.

Wer wie ich als behördlich approbierter Laie am Strome des Wissens sitzt, völlig unbenetzt, muß sich darüber wundern, wie wenige Schwimmer, ja auch nur Fischer, er dort antrifft. Der Strom strömt, immer breiter und majestätischer, aber das scheint auch das einzige zu sein, was er tut. Es ist für mich ein ergreifender Anblick, denn ich habe den Eindruck, daß es Zeiten gegeben hat, als dieser Strom, klein wie er damals war, Felder und Gärten berieselte, und alles blühte und gedieh. Warum ist alles jetzt so tot? Die gegenwärtig herrschende Grabesstille hat gewiß viele Ursachen; eine davon ist das Verschwinden des Gelehrten und seine Ersetzung durch den Fachmann. Darüber habe ich schon früher an verschiedenen Orten geschrieben (vgl. [8, 9]).

Es gibt aber Nebenflüsse, an denen eine eher makabre Betriebsamkeit herrscht. Dabei denke ich nicht an die zahlreichen seichten Bächlein, an denen sich verschiedene Industrien niedergelassen haben, die alles, was gewesen ist und was besteht, zur Herstellung einer Dauerwurst von sehr kurzer Lebensdauer ausschlachten, sondern an recht imposante Gewässer, wo die Erkenntnisse der Naturforschung zu einer ganz andern Art von Industrie Gelegenheit geben. Darüber will ich im folgenden ein paar Worte sagen.

V

Wer heutzutage eine statistische Aufstellung oder ein Budget durchsieht – sei es das Staatsbudget eines so mächtigen Landes wie die Vereinigten Staaten, sei es der Voranschlag einer Stiftung oder Behörde zur Unterstützung der Naturforschung oder die Wunschliste einer erhaben schnorrenden Universität –, kann nicht umhin, auf einen sehr beträchtlichen Posten zu stoßen, der »R&D« betitelt ist: *Research and Development*, Forschung und Verwertung. Zwischen den Dioskuren wird gewöhnlich nicht unterschieden: was wäre Max ohne Moritz?

Wenn es die Aufgabe des Staates ist, die Suche nach neuem Wissen zu fördern; wenn es die Aufgabe der Forschung ist, den Wissensbestand zu vergrößern, so wird mit dieser Formel des R&D offensichtlich vorausgesetzt, daß dieses Wissen fast unmittelbar verwertbar ist, daß es den Reichtum erhöht. Wessen Reichtum? Nur ein Kind kann so fragen; natürlich den Reichtum des Kindes.

Die Betrachter dieser Rolle der Forschung werden sich in zwei Gruppen teilen. Die einen, die Glücklichen, werden sagen, daß es immer so gewesen ist und immer so sein wird, infolge der unveränderlichen Natur der Menschen und der von ihnen gebildeten Gesellschaften; darauf folgt, fast automatisch, ein Lobgesang auf die »offene Gesellschaft«. Die anderen, gewiß eine Minorität, werden sagen, daß sich etwas einmaliges in der Weltgeschichte zugetragen hat, so zwischen der Französischen Revolution und uns, aber eher näher zu unserer Zeit. Dabei werden sie vielleicht daran denken, was ich früher erwähnt habe, daß die Menschen zum ersten Mal in der Geschichte, unter der Führung der Naturwissenschaften, ihr Geschick in ihre eigenen Hände genommen haben. Außerdem wird es noch einige frei schwebende Geister geben, Zyniker, Skeptiker – exemplifiziert durch den interessanten Bernard Mandeville mit seiner *Fable of the Bees* –, und die werden sagen, daß alles gut ist, weil es schlecht ist. Sie werden vielleicht darauf hinweisen, daß die Anzahl von Krebsfällen zwar im Ansteigen ist, aber verhältnismäßig weniger schnell als die von Krebsforschern, so daß Mandevilles Motto *Private Vices, Public Benefits* durchaus gerechtfertigt erscheint.

Veränderungen im Gesellschafts- oder Gemütsleben der Menschen unterscheiden sich dadurch von historischen Umstürzen, daß man sie nicht genau datieren kann: es gibt keinen 14. Juli 1789. Erst nachdem langsam eine kritische Masse erreicht ist, erfolgt ein oft plötzlicher Umschlag. In dem Falle, den ich hier bespreche, würde ich den Zeitraum zwischen dem Zweiten Weltkrieg und dem ersten Sputnik als den Punkt des Umkippens ansetzen. Ich bin jedoch gewiß, daß es viele früheren Beispiele gibt, so wie auch jetzt der eine oder andere seltene Forscher noch ein handwerkliches Leben der Heimarbeit führt, vergessen von der Welt, die Welt vergessend.

Wenn im letzten Jahrhundert der eine Gelehrte die Chronologie der Homerischen Epen untersuchte, ein anderer die Entwicklung der indogermanischen Sprachen, wieder ein anderer sich mit der Theorie der Wärmelehre befaßte und ein vierter die osmotischen Eigenschaften von Membranen studierte, so lebten sie alle unter der sublimen Kuppel reiner Forschung. Sie gehörten alle ein und derselben Gemeinde an und besaßen – es ist schwer zu glauben – noch eine gemeinsame Sprache. Hätte man den Botaniker aufgefordert, seine Membranen patentieren zu lassen, er wäre nicht weniger erstaunt gewesen als F. A. Wolf über den Vorschlag, aus den *Prolegomena ad Homerum* ein Fernseh-Musical zu machen. Es waren – ein jeder wird zustimmen – eben andere Zeiten. Wenn ich aber dann einen blöden Ausruf höre, wie »Elitismus!«, verurteile ich den Rufer zu einem Jahr schwerer Subway in New York.

Wäre die Forschung unter den unamerikanischen Zuständen und im Biedermeiertempo des 19. Jahrhunderts weitergegangen, so wäre natürlich gegen die Anwendung mancher ihrer Ergebnisse wenig einzuwenden gewesen. Die Menschen hätten Zeit gehabt, sich an die Segnungen zu gewöhnen, oder, wenn sie zweifelhaft waren, sich ihnen anzupassen, ja sogar sie abzulehnen. Narkose und Desinfektion, Schutzimpfung und Aspirin, selbst der Röntgenapparat, erschienen eher als Geschenke vom Himmel denn als Ergebnisse zielender Forschung. Ähnlich ging es übrigens auch beim Penicillin zu, vielleicht dem letzten Beispiel einer wichtigen Forschung von der alten Observanz: das erste Antibiotikum fiel dem Entdecker gleichsam wie ein Stein auf den Kopf, und er hatte die Intelligenz, den Stein aufzuheben und anzuschauen.*

Vielleicht wird man bemerkt haben, daß alle von mir soeben angeführten Beispiele medizinischer Art waren. Bei andern großen Neuerungen des vorigen Jahrhunderts – Eisenbahn, Gasbeleuchtung, Elektrizität, Hygiene – ist die geistige Genealogie viel schwerer festzustellen. Was immer wir aber aus jener Zeit betrachten und wie bramarbasierend manche Äußerungen der Nutznießer, nicht der Entdecker, auch geklungen haben mögen, in keinem Falle entsinne ich mich solcher Beispiele schamloser Hybris, wie sie jetzt in jeder Pressekonferenz über die kleinste Entdeckung laut werden. Selbst die Science-

* Als ich Anfang 1934 in London auf Stellungsuche war, lernte ich auch Alexander Fleming kennen und sprach mit ihm. Er wirkte leicht geistesabwesend und flatterte durch sein Laboratorium in St. Mary's Medical School wie ein freundliches, gütiges Gespenst.

fiction der damaligen Zeit, z. B. Jules Verne, ist liebenswert und unaufdringlich, wenn man sie gegen das hält, was uns jetzt geboten wird.

VI

Vergleiche zwischen der Vergangenheit und der Gegenwart, die meistens zugunsten jener ausfallen, sind eine Spezialität alter Leute. Man ist geneigt, solche Urteile zu mißachten, und vielleicht mit Recht, denn es ist ja immer so gewesen, wahrscheinlich seit dem Beginn des Goldenen Zeitalters. Hätten die Alten recht gehabt, wie könnten wir jetzt dort sein, wo wir sind? Es ist jedoch auch möglich, daß, ganz abgesehen von den unaufhörlichen altersbedingten Nörgeleien, die Menschheit in ihrer langen Geschichte tatsächlich mehrere Male an einen Kreuzweg gelangt ist und sich für die falsche Richtung entschieden hat. Ich habe den Eindruck, daß die Szientifizierung der westlichen Welt eine solche Fehlentscheidung war, wobei das Wort Entscheidung nur dafür stehen kann, daß man die wenigen hörbar gewordenen warnenden Stimmen nicht beachtete. Jetzt sind wir in einem gordischen Knoten gefangen, der schließlich gespalten werden wird von den Riesenmassen, die an den Segnungen des technischen Zeitalters nicht teilhaben. Nicht immer wird Spartacus rechtzeitig von Crassus erschlagen werden.

Die jetzige Lage der medizinischen Wissenschaften bietet ein gutes Beispiel dafür, was ich im Sinne habe. Wann aus ihrem Heilungsauftrag ein Heilsauftrag geworden ist, kann ich nicht sagen. Ich denke, daß das erst in meiner Zeit geschehen ist, besonders wenn man solche biologischen Wissenschaften wie die Genetik, die Immunologie usw. dazuzählt. Alles in allem wurde aus dem Arzt eine Art von hochbezahltem Messias gemacht, aus dem seinerzeitigen Feldscher oder Barbier ein Heilbringer. Daß der Molekularmagier immer viel mehr verspricht als er zu halten vermag, ist nicht seiner niedrigen Moral zuzuschreiben, sondern gehört zu der von schreienden Farben umspielten massenmedialen Landschaft unserer Zeit.

Noch in meiner Jugend, als medizinische Grundlagenforschung verhältnismäßig wenig entwickelt war, bestand die Hauptaufgabe des Arztes darin, kleine Leiden etwas rascher zu beheben, als es ohne sein Zutun geschehen wäre, und am Bette des schwer Erkrankten diskret die Hände zu ringen. In solchen Fällen war der Arzt von größerem Nutzen für die Hinterbliebenen, die fühlen mußten, es sei alles Menschenmögliche geschehen, als für den Kranken. Mit den großen Fortschritten der Chirurgie erweiterte sich der Bereich des Behebbaren; aber der erste große Sprung nach vorn, seit den bedeutenden Erfolgen der Hygiene im letzten Jahrhundert, kam mit den Antibiotika, also vor etwa vierzig Jahren. Das, glaube ich, war auch der Zeitpunkt, als dem Arzt eine neue Rolle aufgedrungen oder von ihm beansprucht worden war. Die Landnahme wurde dadurch erleichtert, daß die zur gleichen Zeit auf der Szene erscheinende neue Klasse der Wissensproduzenten zum ersten Mal ihre Ansprüche auf dauernde öffentliche Unterstützung der Forschung geltend machte. Von da an war kein Halten mehr: die immer mehr und mehr mechanisierte Suche nach neuem Wissen wurde eine wichtige Aufgabe aller Länder und mußte von Staats wegen gefördert werden.

Daß die Ärzte sich dieser Klasse anschlossen war selbstverständlich, denn nur auf diese Weise konnten sie sich verwissenschaftlichen: am Anfang wurde Geld nur für reine Forschung hergegeben. Das änderte sich bald, vielleicht zuerst in der Kernphysik, da die Bürger, die wußten, daß die Forschung aus ihren Taschen bezahlt wurde, hören wollten, mit ihrem Geld geschehe etwas Nützliches. Mit dem Ruf »Atome für den Frieden!« kamen die Ungetüme der Kernkraftwerke auf die Welt, Vorrichtungen zur eventuellen Strahlenvergiftung der ganzen Erde. Bald nachher begann die Errichtung riesenhafter Krebsforschungsinstitute.

Immer wieder war es der Druck der sonst unbeschäftigt bleibenden Wissensproduzenten, der die Eröffnung neuer Arbeitsgebiete erzwang. Das war sicherlich nicht was Hegel gemeint hat, als er in seinen Vorlesungen über die Philosophie der Geschichte[10] sagte: »Das Technische findet sich ein, wenn das Bedürfnis vorhanden ist.« Viel eher dachte er an das Bedürfnis der Völker, nicht der Techniker. Er hatte aber unrecht: »das Technische« kommt zuerst und erzeugt dann das Bedürfnis. Unsere Zeit ist aber mit einem kurzen Gedächtnis ausgestattet, und nach einigen Jahren können die Menschen es überhaupt nicht verstehen, wie sie ohne das bewußte Technische hatten leben können. Und doch wissen wir alle, daß sie es konnten.

VII

Vom großen britischen Physiker Lord Kelvin wird berichtet, daß er nur solche Systeme für erforschenswert und verstehbar hielt, für die er ein mechanisches Modell konstruieren konnte. Mit einer derartigen Beschränkung kann man vielleicht bis zu Automaten gehen, aber nicht weiter. Selbst eine Bakterienzelle ist viel mehr als ein Automat, obwohl der geborene Automatiker sie dafür halten mag. Der der modernen Naturforschung innewohnende Reduktionismus bedingt es jedoch, daß jedes System, das den Gesetzen der Physik und der Chemie *zum Teil* gehorcht, als *völlig* erforschbar betrachtet wird. Das ist wahrscheinlich eine der Erbsünden unsrer Wissenschaften. Was nicht in der Lage ist, auch nur durch Piepsen zu protestieren, wird rein statistisch behandelt; und wenn es piepst, wird es zuerst umgebracht und dann erst studiert. Dabei ist es durchaus legitim, eine Bakterienkultur oder, wenn man will, eine Maus oder einen Menschen als ein Gemisch von zahlreichen chemischen Molekülen anzusehen; nur muß man wissen, daß man auf diese Weise dem Problem des Lebendigen nicht näherkommt.

Ein tollgewordener Reduktionismus wird jedoch darüber hinwegschreiten; er wird alles, womit man Versuche anstellen kann, als der Wissenschaft völlig zugänglich betrachten; und sobald er eine ihm genügend erscheinende Anzahl von Resultaten beisammenhat, wird er das System *erklären.* Auf diese Weise sind unsere Wissenschaften Erklärungswissenschaften geworden. Das hat zu ihrer Popularität beigetragen, hat sie aber oft platter gemacht, als sie hätten sein müssen. Jedenfalls habe ich den Eindruck, daß man, zumindest auf allen Feldern der Biologie, nie gewiß sein kann, daß man über alle Prämissen verfügt, die für einen Schluß auf die Wahrheit unerläßlich sind. Daß in den Naturwissenschaften Erklären und Verstehen nicht dasselbe sind, darauf habe ich schon bei früheren Gelegenheiten hingewiesen.

Jetzt muß ich aber etwas sagen, was auf vielfachen Widerstand stoßen wird. Ich habe nämlich das Gefühl, daß mit jeder Erklärung eines Geheimnisses, sei sie nun halbwegs richtig oder voreilig, die Menschheit verarmt. Es ist, als wäre immer wieder ein Eckchen der menschlichen Einbildungskraft abgebrochen und durch ein Stück plastischer Software ersetzt worden. Wir leben in einer Zeit andauernder Automatisierung, Mechanisierung des Unbegreiflichen, des Schauervollen. So ist es kein Wunder, daß Dichtung und Kunst noch vor den Menschen verkümmern. Häufig macht man die Massenmedien, besonders das Fernsehen, für die allgemeine Abstumpfung der menschlichen Gemüter verantwortlich. Aber mußte nicht zuerst etwas mit den Menschen geschehen, bevor sie sich bereit fanden, einen großen Teil ihres Lebens vor den dummen Flimmerkästchen zu verbringen?

VIII

Zwei große Mißgeschicke hat die Naturforschung den Menschen beschert: die Spaltung des Atoms und die Möglichkeit zu Eingriffen in den Vererbungsmechanismus, also das, was gewöhnlich als Biotechnik bezeichnet wird. Die Folgen dieser zweiten Forschungsrichtung werden möglicherweise noch verheerender sein als die der zuerst genannten. Die enorme Brutalisierung der wissenschaftlichen Phantasie, die dank der Herumpantscherei mit genetischen Elementen erfolgt ist, habe ich schon früher besprochen (z. B. in [11]). Diese allgemeine Brutalisierung mag auch der Grund sein, warum fast keine Proteste laut geworden sind gegen viele Dinge, die in früheren Zeiten nicht geduldet worden wären, z. B. gegen so manche verrückte und herzlose * Organtransplantationen. Der den Operateuren gespendete Weihrauch muß besonders rasch abgebrannt werden, denn im Herzumdrehen sind die Patienten tot. Das macht aber nichts; wieder einmal konnte die Wissenschaft einen großen Fortschritt verzeichnen. Es ist ihr gelungen, sich als Zuschauersport zu etablieren, der mit dem Foot- und Baseball konkurrieren kann.

Als La Mettrie im Jahre 1747 – also noch vor Goethes oder Mozarts Geburt – sein berühmtes Buch veröffentlichte, *L'Homme machine* (»Der Mensch eine Maschine«), hatte er eigentlich noch wenig Berechtigung dazu: es gab noch keine Automobil-Reparaturwerkstätten. Da aber die Aufklärung gerade dabei war, den Begriff der Vorsehung abzuschaffen oder lächerlich zu machen – seltsamerweise erschütterte das Erdbeben von Lissabon den Glauben mehr als, sagen wir, Newtons große Entdeckungen –, unter diesen Umständen also erwies sich dieses Buch als sehr zeitgemäß, denn es trug dazu bei, die Idee vom Menschen auf das Mechanische zu reduzieren. Das war aber erst der Anfang: die Wundärzte hantierten noch nicht mit Schraubenziehern. Es war, denke ich, unserer Zeit vorbehalten, den Reduktionismus zu vervollkommnen und gleichzeitig die Abwendbarkeit des Menschenschicksals zu proklamieren.

Die Argumentation ist einfach und anscheinend unwiderstehlich. Es ist zwar höchst unwahrscheinlich, daß unser Schicksal und unser Charakter in der chemisch definierbaren Erbmasse, also in der DNS der Chromosomen, enthalten sind. Dieser biologische »Text« schließt bestenfalls die Instruktionen ein

* »Herzlos« ist kaum ein *mot juste*, denn manchmal handelt es sich um Affenherzen oder »Herzen« aus plastischem Material. Ein gebrochenes Herz bedeutet jetzt einen Sprung in der Polymermasse.

für alle oder zumindest für die meisten unsrer physiologischen Fähigkeiten und Erfordernisse. Wenn jemand krank ist, weil ihm ein Enzym oder ein andrer Faktor fehlt, so kann das natürlich einen Einfluß auf seine Zukunft haben. Hier ist also die Hintertür, durch die Dr. med. und rer.nat. Messias hineinschlüpft. Wer kann Nein sagen, wenn befragt, ob man diesem armen, geistig zurückgebliebenen Kind nicht helfen sollte, oder dieser armen, kinderlos gebliebenen Frau? Selbst Holofernes hätte Tränen in den Augen. Meistens wird allerdings diesen armen Leuten gar nicht geholfen, sondern sie dienen nur als Vorwände zur Ausstattung neuer prächtigen Laboratorien oder zur Schaffung neuer Stellungen.

Mit diesen Worten ist bereits auf die Ansprüche der genetischen Bastelsucht angespielt worden, aber auch auf etwas anderes, das in den letzten Jahren die Geschreimaschinen der Medien in lebhafter Tätigkeit erhalten hat. Die Fernsehserie könnte heißen »Der Vater als Spender, die Mutter als Brutschrank«. Ich war zuerst geneigt zu sagen, daß die verschiedenen Formen der Embryounterschiebung, von denen wir lesen, der Höhepunkt – oder wenigstens der vorläufig erreichte Gipfel – wissenschaftlicher Brutalität sind. Dann ist mir aber eingefallen, daß schon in biblischen Zeiten die Zeugungsunfähigkeit des Mannes, die Konzeptionsunfähigkeit der Frau den Anlaß zu vielen schönen Legenden geboten haben. Natürlich herrschte damals der wundervoll mythische Zustand der Unterbevölkerung und das Kriegen auserwählter Kinder war, neben appetitlich riechenden Brandopfern, die hauptsächliche Aufgabe der auserwählten Erwachsenen. Ich zitiere nur eine Stelle aus dem 1. Buch Mosis, Kap. 30, dieses Mal in der vermutlich wortgetreueren Übersetzung von Buber und Rosenzweig[12]:

> Rachel sah, daß sie dem Jaakob nicht gebar, / Rachel neidete ihre Schwester. / Sie sprach zu Jaakob: / Her mir Kinder! / wo nicht, sterbe ich. / Jaakobs Zorn entflammte wider Rachel, / er sprach: / Bin ich denn an Gottes Statt, / der dir Frucht des Leibes vorenthalten hat? / Sie sprach: / Da

ist meine Sklavin Bilha, / komm zu ihr, / daß sie auf meinen Knien gebäre und auch ich aus ihr bekindet werde.

»Daß sie auf meinen Knien gebäre«, wie schön das klingt! Sonst sind die Knie dazu da, daß man auf ihnen bittet oder betet; aber hier sind sie die Knie einer viel verstehenden, gottesfürchtigen Wehmutter. Weit weg ist die Sklavin Bilha von der gemieteten Gebärmutter; keine Nährlösungen, keine Puffer, keine Messer, keine Spritzen, kein sterilisiertes Geschirr, kein Laboratoriumsgeruch, kein gespeichertes Sperma, kein tiefgefrorener Embryo, keine Übertragung vom Uterus mit Kontrakt zum Uterus mit Geld.

Und da Gott es gutgeheißen hatte, wurde es der Sohn Dan, der Urteiler. Viele andere kamen nachher und, wie das Schicksal es will, einige waren gut und andere waren es nicht. Der eine starb jung, der andere lebte lang. Aber von keinem hätte man sagen können, er sei ein Bastard aus Molekularbiologie und Mikromanipulation. Wir leben eben in aufgeklärten Zeiten und haben vor kurzem die Natur bezwungen.

Trotzdem möchte ich mir eine Frage erlauben. Was geschieht, wenn es sich nach Jahren herausstellt, daß das eine oder andere aus gefrorenen Embryos, aus manipulierten Eiern, aus gepökelten Samen zusammengeleimte Kind Schäden entwickelt, die auf seine *maculata conceptio* zurückzuführen sind? Wir wissen ja, die Nukleinsäuren sind besonders empfindliche, leicht geschädigte Substanzen. Daher lautet die zweite Frage: wer klagt wen auf wieviel? Dabei muß man bedenken, daß in Amerika die Jahresprämie einer Versicherung gegen Verurteilung in den sehr häufigen *malpractice suits* (Prozessen wegen angeblicher Behandlungsfehler) schon jetzt etwa $ 60 600,– bis 100 000,– kostet. Die Advokaten sind nämlich noch schlauer als die Ärzte. Reverse der »Eltern«, die den Arzt der Verantwortung entheben, wären kaum ausreichend, denn das geschädigte Kind wäre der Kläger, und das hat nichts unterschrieben, nicht einmal das Gesuch geboren zu werden.

IX

Es ist der Fluch des Fortschritts, daß er nichts andres tun kann als fortzuschreiten. Er kann nicht stehenbleiben, er kann nicht einen Schritt zurücktun. Auch seine Richtung kann er nur verändern, wenn sich ihm eine Auswahl von Wegen anbietet, was selten geschieht. Als die großen Propheten zu den Juden sprachen, war noch vieles möglich: man lebte unter dem Fluch der Genesis, aber auch unter ihrer Verheißung (1. Mose 22, 17). »Das ich deinen Samen segenen und mehren wil / wie die Stern am Himel / und wie den Sand am ufer des Meers ...« Vielleicht sind in diesem Versprechen schon die Antibiotika enthalten und alles andere, was die Naturwissenschaften, Werkzeug zugleich des Fluches und der Verheißung, uns gebracht haben. Erst jetzt hat es sich allerdings herausgestellt, daß die Verheißung vielleicht keine teilweise Aufhebung, sondern eine Erweiterung des Fluches ist, denn keine entsprechende Vermehrung des Lebensraums und der Nahrung wurde in Aussicht gestellt.

Da springt nun der Fortschritt in Form der Naturforschung ein: er öffnet den Weltraum. Ob für mehr als für Unsinn und Krieg, kann ich nicht sagen. Die Raumkolonien stelle ich mir höchst unwünschenswert vor: eine Art von rotierendem Miami. Wahrscheinlich wird es anfangs so zugehen, daß der eine dem andern Geld geben wird, damit er einen dritten überrede, in das Weltall auszuwandern. Da ich nicht über die Phantasie unserer Staatsmänner verfüge, besonders wenn sie von kriegshetzerischen Kernphysikern angeheizt wird, kann ich mir nicht einmal die Sternkriege der nahen Zukunft ausmalen. Selbst dem Johannes auf Patmos würde da wahrscheinlich Hören und Sehen vergehn.

Zweifellos haben in den letzten Jahrhunderten, und noch viel mehr in unsrer Zeit, die Naturwissenschaft der westlichen Welt und die von ihr angeheizte Industrie ihre Aufgabe darin gesehen – oder darin zu sehen vorgegeben –, das durch den Fluch bestimmte Los der Menschen zu erleichtern. Ob sie darin Erfolg hatten, darüber mögen die Meinungen auseinandergehn. Mancher mag sich sogar fragen, ob scheinbare Milderungen sich schließlich nicht als Verschärfungen erweisen werden; ob der Zustand des Menschen nicht einer Halsfessel gleiche, die ihn umso mehr würgt, je mehr er gegen sie ankämpft.

Was immer die Naturwissenschaft gegen den großen Fluch unternommen haben möge, das Wichtigste ist ihr nicht geglückt – soll ich sagen, noch nicht? –: *quia pulvis es, et in pulverem reverteris.*

Kann man dennoch behaupten, daß die biologischen Wissenschaften in vielen ihrer Bestrebungen auf die Abschaffung des Todes abzielen? Ich fürchte, man kann es. Unserer Zeit – und am meisten, glaube ich, in Amerika – ist die »Kunst zu sterben«, *ars moriendi,* fremder geworden als je einer früheren.* Umso näher liegt ihr die Vorstellung, daß Maschinen beliebig oft repariert und arbeitsfähig erhalten werden können, wenn man die Kosten nicht scheut. Obwohl diese Betrachtungsweise zu einer immer unerträglicher werdenden Verteuerung aller Gesundheitssysteme geführt hat, ist man sich dennoch klar geworden, daß Fleisch nicht Stahl ist und Blut nicht Dampf oder Elektrizität. Daß die Natur den Menschen die Gabe verliehen hat zu sagen, wie sie leiden, hat sich überhaupt als eine Erschwerung der medizinischen Praxis herausgestellt. Die computerisierte Medizin wird dem abhelfen, indem der Uneingeweihte der Maschine nur erzählen kann, was sie hören will.

Der beklagenswerte Zustand des Menschen, *la condition humaine,* erfordert jedoch eine wissenschaftlichere Bearbeitung, als von der klinischen Medizin erwartet werden kann. Da muß schon die Molekulargenetik zugezogen werden. Ich will aber dem Leser keine *Sonata quasi una fantasia* vorspielen und

* In diesem Zusammenhang sei auf das umfassende Buch von Ariès [13] hingewiesen, und noch mehr auf die ergreifende Beschreibung der letzten Tage des großen Philosophen David Hume, wie sie James Boswell in seinem Tagebuch gibt [14]. Als Kontrast sei nachher die Lektüre des Romans *The Loved One* von Evelyn Waugh empfohlen.

möchte mich daher auf die folgende Behauptung beschränken. Sobald es gelingt, einzelne menschliche Gene zu hemmen oder zu ersetzen – und das ist wahrscheinlich nur eine Zeitfrage –, wird ein Angriff auf den Mechanismus des Altwerdens denkbar sein. Wenn es einmal gelingt, das in den Erbapparat eingebaute, altersbedingte Erschlaffen aller Stoffwechselvorgänge zu kontrollieren, von da an hat die Phantasie eine freiere Bahn. Selbstverständlich würden solche Bestrebungen nur die Hinausschiebung, nicht die Abschaffung des natürlichen Todes zur Folge haben. Vorläufig interessiert sich die Medizin – und wahrscheinlich mit Recht – mehr für junge Kranke als für alte Gesunde. Ja man könnte fast sagen, daß der Tod für die Wissenschaft ein lästiges Verkehrshindernis ist, ein Betriebsunfall, den man gerne ignoriert.

X

Die Naturwissenschaft scheut den Tod, denn sie kann nichts Meßbares über ihn aussagen. Sie überläßt ihn dem Leichenbeschauer und dem Totengräber; oder, was für sie das gleiche ist, sie überläßt ihn dem Metaphysiker. Vor dem Tod fällt ihr nichts Gescheites ein, so wenig wie vor der Geburt. Kein medizinisches Attest kann uns sagen, wann der Embryo zum Menschen geworden ist, worin die Menschwerdung besteht oder was der Embryo war, bevor er ein Mensch wurde. Alles was wir tun können ist, die Zellen zu zählen und diejenigen Faktoren, die wir in den verschiedenen Stadien der Entwicklung isolieren können, zu untersuchen. Wäre das Lebewesen eine Flasche voller Chemikalien, so wäre das genug. Aber in der geheimnisvollen Übereinkunft zwischen Samen und Ei ist mehr geschehen als bloß ein Austausch von Neuigkeiten; und dieses Mehr können wir so wenig verstehen wie das Weniger des Todes.

Wir stoßen also mit dem Kopf gegen eine Wand, gegen eine Grenze: Grenze der Geburt, Grenze des Todes. Ist das so, weil der Lebende das Leben nicht erforschen kann, so wie der fliegende Pfeil seine eigene Geschwindigkeit nicht messen kann? Denn täte er es, so wäre es eine andere Geschwindigkeit, und wenn er es zu oft versuchte, fiele er zu Boden.

Trotzdem ist die Wissenschaft unermüdlich, sie krempelt sich die Ärmel auf und stellt unverzagt sogenannte Todesursachen fest: Krankheiten, die zum Tode geführt haben. Aber der Tod selbst ist ja keine Krankheit; so wenig, wie dein gebrochenes Bein die Stufe ist, über die du gestolpert bist. Den Sprachen, also dem menschlichen Geist, fehlen die Worte für jenes Andere – ob es nun die paar Weltminuten sind, die dem Urknall vorhergingen, oder die paar Herzsekunden, die zwischen dem physischen Versagen und dem Tod liegen. Es gibt Tore, die geschlossen bleiben, während sie sich öffnen.

Die Medizin ist aber berufen, Krankheiten zu heilen; und so muß schließlich auch der Tod für sie eine Krankheit sein. Nur sagt sie es vorläufig nicht laut. Bin ich wirklich der einzige Naturwissenschafter, der ein Beben unter dem Boden spürt? Ich habe den Eindruck, daß die biologischen Wissenschaften – vielleicht ohne sich selbst Rechenschaft darüber zu geben – an der Abschaffung des Todes arbeiten. Wenn das physiologische Schicksal eines Lebewesens wirklich in seinen Chromosomen verschlossen ist, so wird die Wissenschaft nicht umhinkönnen, auf die Gene oder Genkombinationen zu stoßen, die den Organismus für seine Auslöschung »programmieren«. (Ich möchte jedoch betonen, daß der vorhergehende Satz ein Konditionalsatz ist, mit dessen Konjunktion »wenn« ich nicht ohne weiteres einverstanden bin.) Alles übrige wäre dann eine Art von höherer Molekularroutine.

In seinen *Thoughts on Religion* schreibt Jonathan Swift [15]:

> It is impossible that any thing so natural, so necessary, and so universal as death, should ever have been designed by providence as an evil to mankind.

Aber das war in Zeiten geschrieben, als das Wort Vorsehung noch kein Lächeln erweckte und das Natürliche, das Notwendige und das Allgemeine noch nicht als etwas von den Naturwissenschaften Bezwingbares angesehen wurden. Was die Bezwingung der Natur angeht, ist allerdings die böse Absicht oft größer als der Erfolg. Sie glauben, das eine zu tun, und es geschieht das andere. Aber selbst wenn es gelänge, eine ahasverische Welt zu stiften, die Zyanide wären noch immer nicht entgiftet.

Anmerkungen

1 H. Diels, Antike Technik, 3. Aufl. (Teubner, Leipzig, 1924), S. 57 ff.
2 C. Singer, E. J. Holmyard, A. R. Hall und T. I. Williams, A History of Technology (Oxford Univ. Press, 1956), 2. Bd.
3 J. Needham, Science and Civilization in China (Cambridge Univ. Press, 1965), Bd. IV/2.
4 Lichtenberg, Gedankenbücher (Hrsg. F. H. Mautner, Fischerbücherei, Frankfurt/Main, 1963), S. 63. – In der Leitzmann-Zählung der Aphorismen ist dieser Nr. D-194.
5 Kant, Werke, Akademie-Textausgabe (de Gruyter, Berlin, 1968), Bd. 8, S. 35.
6 Hamann, Briefwechsel (Hrsg. A. Henkel, Insel-Verlag, Frankfurt/Main, 1965), Bd. 5, S. 289.
7 E. Chargaff, Warnungstafeln (Klett-Cotta, Stuttgart, 1982), S. 7.
8 E. Chargaff, Ein kurzer Besuch bei Bouvard und Pécuchet oder Der Laie als Fachmann, Scheidewege, 8 (1978) 460. – Jetzt auch in *Unbegreifliches Geheimnis* (Klett-Cotta, Stuttgart, 1980), S. 97.
9 E. Chargaff, Knowledge without Wisdom, Harper's, Mai 1980, S. 41. – Übersetzung in Herderbücherei *Initiative*, Bd. 58 (1984), S. 60.
10 Hegel, Werke in zwanzig Bänden (Suhrkamp, Frankfurt/Main, 1970), Bd. 12, S. 491.
11 Unbegreifliches Geheimnis (wie in Anm. 8), S. 144.
12 Die fünf Bücher der Weisung (verdeutscht von M. Buber und Franz Rosenzweig, Hegner, Köln und Olten, 1954), S. 84.
13 Ph. Ariès, L'Homme devant la mort (Seuil, Paris, 1977).
14 James Boswell, Yale Edition of Private Papers: Boswell in Extremes, 1776–1778 (ed. Weis and Pottle, Heinemann, London, 1971), S. 11 ff.
15 J. Swift, The Prose Writings (ed. H. Davis, Blackwell, Oxford, 1963), Bd. 9, S. 263.

Zu müssen, was man nicht soll

I

Eines der neudeutschen Wörter, das ich mit besonderer Abneigung betrachte, ist das Wort »Sachzwang«. Es kann nicht lange her sein, daß es aufgekommen ist. Die 17. Auflage des Duden aus dem Jahre 1973 enthält es noch nicht, wohl aber die 1980 erschienene 18. Auflage. In den mir zugänglichen neueren Wörterbüchern großen Formats finde ich es im 5. Band von Dudens Großem Wörterbuch der deutschen Sprache (1980), aber nicht in dem drei Jahre früher in der DDR erschienenen Wörterbuch der deutschen Gegenwartssprache.

Wörter erscheinen, wenn neue Vorstellungen, ungewohnte Bedingungen, manchmal jedoch auch modische Trotteleien sie erfordern. Aber Sachen hat es wohl immer gegeben, seit der Urmensch über einen Kiesel stolperte und seine Mitprimitiven mit einem schlechtgemeinten »Hopsa!« ihrer Befriedigung Ausdruck gaben. Woher kommt es also, daß das unangenehme Wort erst in den späten siebziger Jahren das lexikalische Licht erblickte? Gäbe es wirklich so etwas wie einen durch Sachen ausgeübten Zwang, so hätte die Sprache es lange vor unserer Zeit ausgedrückt. Ich schließe – ganz gegen meine Gewohnheit, nämlich ausnahmsweise als Reduktionist –, daß das Wort nichts ist als eine faule Ausrede, ein naives Denksurrogat für Politiker und ähnliche Leute, die oft Gelegenheit haben, einen weiten Bogen um ihr eigenes Gewissen zu machen.Das Wort »Sachzwang« ist eine Lähmungserscheinung, Ausdruck eines vergeblichen Voodoo-ähnlichen Versuchs, einen Hahn zu schlachten, wo das Gewissen und die Entschlußkraft sprechen sollten. Man könnte sagen, daß unsere ganze Welt von einer Diktatur der Sachzwänge regiert werde.

Wir leben in einer Zeit, in der das, was früher Wirklichkeit hieß, durch ein aus unzähligen Scheinwirklichkeiten bestehendes Schichtwerk ersetzt worden ist. Was diesen diabolischen Sandwichbau, der nicht stärker ist als seine schwächste Schicht, zusammenhält, das sind eben die Sachzwänge. So leben wir alle aus der kraftlosen Hand in den lügenhaften Mund. Was man früher Gesellschaft nannte, ist eine Gesellschaft mit unbeschränkter Nichthaftung geworden. Es gibt niemanden, der verantwortlich gemacht werden kann: die Sklaven treiben einander und wissen nicht wohin. Mir ist das nie so klar geworden wie in den letzten Jahren in Amerika. Es zeigte sich, daß man sich durch die Weltgeschichte durchschlafen kann, ohne daß das Land entzweigeht; die vielen einander widerstrebenden Sachzwänge erzeugen eine Pseudostabilität. Daß der Kehraus kommen wird ist gewiß. Wer schert sich schon um die kommenden Generationen!

Wem braucht man zu sagen, daß wir schon selbst unter den Exkrementen unseres Wohllebens leiden? Das Ozonloch; der Treibhauseffekt; die wachsende ionisierende Bestrahlung; der Atommüll; die Vergiftung des Bodens, des Wassers, der Luft; das Waldsterben; die fraglos zunehmende genetische Verstümmelung der kommenden Geschlechter; aber auch die verheerende Überbevölkerung der Erde: über allem halten hochspezialisierte Sachzwänge ihre mächtige Hand. Nur dem Leben selbst ist es noch nicht gelungen, eine unschlagbare Lobby hervorzubringen.

An den meisten dieser Übel ist die Technik schuld, und diese redet sich wieder auf die Naturforschung aus. Die Forschung hinwiederum hat das beste Alibi: hat nicht die Vorsehung dem Menschen den Wissensdrang eingepflanzt? Der skeptische Beobachter kann nur sagen: »Eins führt zum andern, und am Ende fallen wir alle in ein tiefes Loch«. Da alles auf der Welt von drei Seiten angesehen werden kann – der einen Seite, der Gegenseite und der dritten unsichtbaren –, will ich, allerdings als wüster Laie, mir das Ganze etwas genauer ansehen.

II

Hätte der arglose, scharfsichtige Hurone, den Voltaire als *L'Ingénu* seinen Lesern vorstellte, Gelegenheit, unsre gegenwärtige technomanische Welt zu betrachten, so würde er wahrscheinlich zu dem Schlusse kommen, daß die Naturwissenschaften, soweit sie sich in Praxis übersetzen ließen, viel mehr Übel geschaffen haben als Gutes. Läse er aber unsere Zeitungen und Journale, hörte er das propagandistische Gewäsch, das unsern Geist überschwemmt, so würde er zu seinem Erstaunen vernehmen, daß nur die Forschung selbst in der Lage sei, die von ihr bewirkten Schäden wiedergutzumachen, und zwar nicht, indem sie ihre Tätigkeit mäßige oder einstelle, sondern im Gegenteil durch deren enorme Intensivierung. »Bei uns Huronen«, hätte er vielleicht gesagt, »sind die Hebammen weder mit der Zeugung noch mit der Abtreibung der Kinder betraut.«

Jedenfalls sehe ich in unsern gegenwärtigen Naturwissenschaften ein gutes Beispiel für das Walten vielfacher Sachzwänge. Allerdings sollte ich vorausschicken, daß meine Eindrücke hauptsächlich aus den Vereinigten Staaten und deren Satelliten stammen. Es ist möglich, daß es in den Ländern, die man unverschämterweise als die dritte Welt bezeichnet, ganz anders aussieht.

Die gute alte Zeit, an die ich mich noch lebhaft erinnere, obwohl sie in Wirklichkeit eine elendige Zeit war, eine bestialische, die alte Zeit also, hatte einen durch Jahrhunderte gefestigten Begriff davon, was sie unter Wissenschaften verstand. Diese waren die Summe des Wissens, das sich sowohl erweitern als weitergeben ließ. Die erste Funktion war im wesentlichen privat, die zweite wurde vom Staat gefördert. Was diese angeht, trifft man bereits im 17. Jahrhundert den Gelehrten als Lehrer, manchmal an den Gymnasien, meistens als Professor an den Universitäten. Da die Gesellschaft es anscheinend nicht als ihre besondere Aufgabe ansah, das Wachstum des Wissens voranzutreiben, ging dieses ganz ohne Hektik vor sich, in einem Tempo, das ich menschlich nennen möchte. Noch im

18. Jahrhundert waren die großen Historiker nicht Geschichtsprofessoren, und die ersten großen Erforscher der Chemie, einer damals erst beginnenden Wissenschaft, waren kaum Chemieprofessoren. Professoren der Physik und der Mathematik gab es bereits, aber – nach Göttingen zu schließen – zogen sie es vor, Satiren, Aphorismen oder Epigramme zu verfassen.

Mehr oder weniger setzte sich dieser Zustand noch ins 19. Jahrhundert fort; allerdings mit einer wichtigen Ausnahme, nämlich daß die Erweiterung des Wissens – was wir Forschung nennen – nun hauptsächlich, besonders in Deutschland, Aufgabe der Universitäten und der allmählich aufblühenden Forschungsinstitute wurde. So ging es nicht viel anders weiter bis in den Zweiten Weltkrieg.

Die soziale, wirtschaftliche, politische, psychologische Entwicklung hatte jedoch bereits in dieser Periode eine wichtige Veränderung herbeigeführt. Die wissenschaftlichen Disziplinen, und insbesondere die der Naturwissenschaften, fielen immer mehr auseinander und verloren ihre gemeinsame Sprache: es entstand der Begriff des Fachmanns. In dem noch von Jacob Grimm selbst verfaßten dritten Band seines Wörterbuchs, der 1862 erschien, tritt zum ersten Mal der Plural »Fachmänner« auf, durch keine Zitate belegt und ohne den dazugehörigen Singular. Dieser ließ aber nicht lange auf sich warten. In andern Sprachen geschah dasselbe: *expert, spécialiste* usw. sind eine Neuheit der viktorianischen Epoche. Allerdings, wie es mir jetzt erscheint, ist der heutige Fachmann weniger dadurch definiert, daß er über eine einzige Sache sehr viel weiß, als viel eher durch die Gewißheit, daß er von allen andern Dingen nichts versteht. In meiner früheren wissenschaftlichen Tätigkeit ist es mir nur sehr selten gelungen, den gesuchten Fachmann zu finden. Meistens hieß es: »Das ist eigentlich nicht meine Spezialität«. Fast immer behaupteten sie, nicht den erwünschten, sondern einen andern Fuß des Tausendfüßlers zu maniküren.

III

Was die kritische Masse ist, die vorhanden sein muß, damit ein neuer Stand oder eine neue Klasse anerkannt werde, kann ich nicht sagen. Ich glaube, daß im Falle der Naturwissenschaften die Konstituierung des Standes, den ich die Wissensproduzenten genannt habe, im Laufe des Zweiten Weltkriegs erfolgte. Damals hörte ich zum ersten Male solche Wendungen wie »He's doing research«, ohne daß auch nur hinzugefügt zu werden brauchte, worüber dieser Mensch forschte. Naturforschung war ein Stand geworden. Das sehr umfangreiche *Manhattan Project,* das zur Entwicklung der Atombombe führte, war denn auch, wie ich schon früher gesagt habe, das erste wissenschaftliche Konzentrationslager: ein überzeugender Beweis für die Sonderstellung der Naturforschung.

Wo es einen Stand gibt, gibt es einen Ehrenkodex, gegen den man sich vergehen kann. Man kann sogar sagen, daß in vielen Fällen die Existenz eines solchen ausdrücklichen oder immanenten Regelbuches mehr durch Übertretung als durch Befolgung deutlich gemacht wird. Eine der ältesten halbwissenschaftlichen Professionen, die Ärzteschaft, ist durch den berühmten Hippokratischen Eid nicht davor bewahrt worden, daß ihr neben sehr vielen anständigen Leuten auch manche Schurken, Lügner, Scharlatane angehören. Das zeigt nur, daß die Medizin eine durchaus menschliche Beschäftigung ist. Gerade jetzt sind Bestrebungen im Gange, einen ähnlichen Eid auch für die Naturwissenschafter einzuführen. Ich verspreche mir nicht viel davon. Die Ethik ist ein gebrechliches Zierpflänzchen, und nach vielen tausenden Jahren haben wir noch immer nicht gelernt, wie man es bewässern soll.

Nun könnte man fragen: gibt es so etwas wie eine Ethik der Naturforscher? Oder ist der Wunsch nach einer Spezialethik nur das Anzeichen eines schweren moralischen Defekts? Wenn ich hörte, daß man an einer Ethik für Börsianer arbeite, wäre nicht meine einzige Reaktion, meine Taschen doppelt sicher zu verschließen? Wäre die Naturforschung eine ausschließlich intellektuelle Tätigkeit geblieben, so sollten die Zehn Gebote, die Goldene Regel (Tobias, 4,16) usw. ausreichen. Gibt es eine Ethik des Geigenspiels, des Komponierens, der Malerei, der Dichtung? »Du sollst keine schlechten Gedichte machen« steht ebensowenig im Dekalog wie etwa »Du sollst keine wackeligen Sessel erzeugen«. Solange es auch in den Wissenschaften so etwas gab wie eine Handwerksehre, waren derartige Gebote und Verbote unnötig.

Wenn im Tempel der Wissenschaften – was für eine kitschige Vorstellung! – das Verbot plakatiert wäre: »Du sollst keine schlechten Arbeiten publizieren«, so würde das kaum eine Massenflucht der Akolythen auslösen. Sie würden beschließen, einfach auf den nächsten Paradigmenwechsel zu warten; dann werde sich der Geschmack radikal ändern und aus Schwarz Weiß werden. Die das sagten hätten aber unrecht. In den Wissenschaften, und besonders in den Naturwissenschaften, gibt es, im Gegensatz zu den Künsten, keine Wiederkehr. So wie der Mime muß sich auch der Forscher seine Kränze selber flechten. Ich kenne manche, die mit nichts anderem befaßt sind.

IV

Die Aufschrift, die ich über dem Tor des nur selten aufgeräumten Wissenschaftstempels lesen kann, sagt jedoch: »Du sollst nicht lügen«; ein weiser und zugleich gefährlicher Rat, der seltsamerweise in den Zehn Geboten nicht enthalten ist. Auf den langen Wanderungen durch die Wüste erzählte man sich gerne Märchen; und Märchen, das wissen wir alle, bestehen aus Lügen, die niemandem schaden. Das gilt aber nicht für wissenschaftliche Arbeiten, die, wenn sie erlogen sind, viel Schaden stiften können. In den biologischen Wissenschaften ist der Schwindel nie so groß gewesen wie in den letzten Jahren. Ob das mit dem Masseneinstrom von Medizinern in die Forschung zusammenhängt, wie manche sagen, sei offengelassen.

Aber hätte es einen Sinn, einen ethischen Kodex für Naturforscher zu konstruieren, dessen Hauptbestandteil das Verbot des Lügens wäre? Was sonst noch müßte so ein Komment enthalten? Zum Beispiel bezweifle ich, daß man heutzutage viele an Universitäten und Instituten wirkenden erstklassigen Molekulargenetiker und Virologen finden wird, die nicht im Sold der Industrie stehen. Wie kann das verhindert werden? Forscher, das weiß man, schauen immer aufs Höchste und niemals dorthin, wo das Geld von Hand zu Hand fließt. Was aber, wenn die Forscher gleichzeitig Börsenspekulanten sind, und das auf ihrem eigenen Forschungsgebiet? Ich kenne nicht wenige solche Fälle. Im Gegensatz zu anderen geistigen Berufen und auch zur Naturwissenschaft der Vergangenheit schmutzt die gegenwärtige Naturforschung besonders leicht. Irgendwie kann ich mir sogar den Verlaine nicht als Bordellbesitzer vorstellen.

Solche Vorschriften wie »Du sollst nicht lügen« oder »Du sollst mit deinem Geist nicht huren gehn« reichen jedoch nicht aus, um als Richtschnur für Naturforscher zu dienen. Derartige Regeln hätten vor fünfzig Jahren vielleicht noch genügt, als die Forschung klein war und die meisten Forscher einander mit Namen und vielfach sogar persönlich kannten. Der fast monastische Charakter der Forschung alter Observanz kann nicht genug betont werden: wer nicht daran teilgenommen hat, wird wahrscheinlich gar nicht verstehen, wovon ich spreche.

Es ist nämlich eine meiner hauptsächlichen Thesen, daß die Naturwissenschaften, und daher auch die Naturforschung, trotz Beibehaltung ihrer Namen in den letzten fünfzig Jahren etwas ganz anderes geworden sind als was früher so hieß. (Natürlich gilt das nicht für alle Disziplinen, insbesondere nicht für die, in denen man nicht reich und berühmt werden kann.) Meine Behauptung mag gewagt erscheinen, denn wir wissen alle, daß in der Weltgeschichte die wahrhaft großen tektonischen Verschiebungen im Leben der Völker meistens erst nach sehr langer Zeit erkannt werden können.

Daß alle von Menschen geschaffenen Institutionen sich mit der Zeit verändern müssen, wissen wir. Was vielen vielleicht nicht klar geworden ist, ist die heimtückische Tatsache, daß unsere Sprachen den langsamen riesenhaften Umwälzungen meistens sehr spät nachkommen, so daß wir alte Bezeichnungen anwenden, obwohl sie den Umständen nicht mehr entsprechen. Hätte Tizian den Warhol als Kollegen anerkannt? Und doch nennen wir beide Maler.

V

Die Umwälzung, von der ich spreche, hat ihren Hauptgrund darin, daß die großen Wissenschaften – Physik, Chemie, Biologie usw. – ihre eigentliche Aufgabe jetzt anders zu betrachten scheinen; ein Umschwung, der ungewöhnlich rasch vor sich ging und an dem der zweite Weltkrieg und der plötzliche Auftritt Amerikas als des Zentrums der Forschung gewiß nicht unbeteiligt waren. Wenn der Auftrag früher lautete »Beschreibe die Natur!«, so lautet er jetzt: »Verbessere die Natur!«.

Beschreibung ist ein wesentlich intellektueller Vorgang, der Fleiß, Vertiefung, Sammlung, Ehrfurcht und oft auch liebevolle Phantasie erfordert. Verbesserung, also Veränderung der Natur, ist eine gewalttätige Technik, ein Kolonialkrieg gegen die Natur. Obwohl beide Verfahren das Wort Natur verwenden, handelt es sich nicht um dieselbe Natur. Wir stehen der gleichen dialektisch-lexikalischen Klemme gegenüber, die ich schon früher erwähnt habe. Die Beschreibung der Natur und ihres Waltens erfordert verhältnismäßig wenige nachdenkliche Leute, die in Liebe und Bedächtigkeit wirken, denn sie wissen, es sei keine Eile, Zeit sei kein Geld. Diese Form der Naturwissenschaften besaß auch ein sehr weites Publikum, während man von der jetzt herrschenden stieren und mechanischen Zerfaserung esoterischer Phänomene vermuten kann, daß die meisten auch den Fachkollegen unverständlichen Ergebnisse vielleicht zehn oder zwanzig Menschen auf der Welt interessieren. Bevor der Computerblödsinn losbrach, war schnelles Denken eine Varietékunst; »tief«: oder »gründlich« erschienen als passendere Adjektive. Ich muß hinzufügen, daß ich unter Beschreibung der Natur mehr verstehe als eine Sammlung von Anekdoten.

Wer jedoch jetzt ein biologisches Laboratorium besucht, gewinnt den Eindruck, daß er sich in einer Korrektionsanstalt der Natur befindet. Hast und Feuereifer werden ihn vielleicht beeindrucken, aber noch mehr der Umstand, daß eigentlich wenig geschieht: was immer der Gegenstand der Forschung, ähnliche Menschen sitzen vor ähnlichen schwarzen Kästen und drücken auf Tasten. Das Experiment im alten Sinne, als Frage an die Natur, hat fast aufgehört. Es ist minimalistisch geworden, die Gegenstände submikroskopisch, die Resultate indirekt wie in einem Schattenspiel. Die meisten Versuche sind so ausgeklügelt kompliziert, daß sie kaum je wiederholt werden. Und da das Geflunker mit der Unsichtbarkeit wächst, nehme ich an, daß die wissenschaftliche Literatur mit immer mehr erschwindeltem Gut belastet wird, bis endlich ein Computer erfunden wird, der weh schreit, wenn ihm etwas eingegeben wird, das ihm nicht gefällt. Ein solcher Digitalinquisitor würde die den Mist enthaltenden Kassetten ohne weiteres in einem elektronischen Autodafé vertilgen.

Während früher ein junger Mensch, der sich, sagen wir, der Biochemie oder der Genetik widmen wollte, annehmen konnte, daß er in wenigen Jahren ein freier Denker auf einem würdigen Gebiet werden könne, muß er jetzt, mit Ausnahme von wenigen glücklichen Zufällen, annehmen, daß er sich zu einem dauernden unsicheren Helotentum verdammt. Ich weiß nicht, wie viele es einsehen, daß, wenn sie so weitergeht, die Forschung immer mehr Forschungssklaven benötigen wird. Man wird dem Handlanger zeit seines Lebens vorschreiben, worüber er arbeiten darf, und der Wert seiner Resultate wird nicht nach ihrer intellektuellen Wichtigkeit, sondern nach ihrer Gangbarbeit, ihrer Verkäuflichkeit beurteilt werden.

Wenn ich die zu meinen Lebzeiten erfolgte plötzliche Zieländerung der Naturwissenschaften überdenke, fällt mir eine Analogie auf, die vielleicht noch nicht hervorgehoben worden ist. In den *Thesen über Feuerbach* des jungen Karl Marx lautet die letzte, die elfte These: »Die Philosophen haben die Welt nur verschieden *interpretiert;* es kömmt darauf an, sie zu *verändern«.* Wenn man statt »Philosophen« Naturforscher setzt und statt »Welt« Natur, so ist das geradezu eine treffende Beschreibung der neuen Art von Naturforschung. Die Ähnlichkeit ist nicht zufällig; in beiden Fällen will man *panta* zwingen, um viele Male schneller zu fließen als die Neigung gestattet. Heraklit, der bekannte Spezialist für Veränderungen, hätte vielleicht gesagt: »Es ist immer die alte Krätze auf einer neuen Haut«.

Die ethische Krise unsrer Naturwissenschaften ist ein Teil einer allgemeineren, die ganze Welt umfassenden. Der Mensch, der einzelne Mensch, ist von der Technik überholt worden. Je mehr diese verfeinert wird, desto mehr vergröbert sich sein Geist. Das Wissen ist eine Konsumware geworden, aber im Kopf und im Herzen wird es immer leerer.

VI

Wo es Krisen gibt, gibt es Fachleute zu ihrer Verschärfung. Selbst ein unbeteiligter Beobachter, der von Wissenschaft und Forschung wenig Kenntnis nahm, mußte eines Tages merken, daß da etwas in großer Unordnung war: allenthalben sprossen plötzlich Leute auf, die sich Bioethiker nannten, ein neuer und, denke ich, unerwünschter Beruf. Nichts was »ethisch« verdammt wird, darf »bioethisch« gestattet sein. Das Leben als Entschuldigung für Gemeinheiten zu benützen, das würde unserer reizenden Welt passen, aber schön ist es nicht.

Ethiker hat es natürlich schon lange gegeben; das waren Fachphilosophen, die sich hauptsächlich mit Fragen der Moral und des Gewissens beschäftigten. In meiner Jugend war Moores *Principia Ethica* ein viel gelesenes und bewundertes Buch; aber als ich kürzlich wieder hineinschaute, fand ich zu meiner Schande, daß nicht viel davon darin steht, was ich brauchen kann.

Noch bevor die »bioethicists« mit Unterstützung der einschlägigen biotechnischen Industrie sich in Amerika breitmachten, stieß man hie und da auf sogenannte »ethicists« oder »ethicians« und sogar auf Institute, die mehrere solche Leute enthielten. Das waren keine wirklichen Philosophen oder auch nur Vulgärphilosophen, sondern eine Art von Gewissenskosmetikern oder moralischen Haarfärbekünstlern, welche unsere scheußliche Welt betrachteten und, siehe, alles war gut. Unter Verwendung eines alten Scherzes könnte man sagen, daß diese Art von Bioethik sich zur wahren Ethik so verhält wie die Militärmusik zur Musik.

Dem Ausersehenen hilft das Schicksal. So trifft es sich, daß gerade, während ich diese Seiten schreibe, mein Auge auf das Heft der Zeitschrift SCIENCE vom 10. Juni 1988 fällt. Das Heft ist den »Grenzen der Biotechnik« gewidmet, also einem Gebiet, dessen Grenzen nicht moralisch, höchstens finanziell sein können. *Physicus supra Caesares:* Kriminalgesetzbuch und Heiliger Text sind außer Kraft gesetzt. In jenem Heft finde ich auf S. 1483 den mich besonders anregenden Titel eines Aufsatzes: »Der Mensch als Experimentalsystem in der Molekulargenetik«. Die Zusammenfassung beginnt mit dem folgenden Satz: »Es gibt zwingende Gründe für den Entschluß, den Menschen als das überragende Experimentalsystem in der Genetik zu entwickeln.« Ich zögere nicht, dieser Arbeit den von mir gestifteten Nürnberg-Preis zu verleihen, obwohl dasselbe Heft der Zeitschrift auf S. 1468 einen zweiten Anwärter aufzuweisen hat. »Transgenic Animals« heißt der Aufsatz, dessen Inhaltsangabe wie folgt anfängt: »Die Möglichkeit, fremde Gene in das Genom einzuführen und der erfolgreiche Ausdruck des eingegliederten Gens im Organismus haben die genetische Manipulierung von Tieren in noch nie dagewesenem Ausmaß gestattet.« Wer hat es gestattet: Gott, der Fortschritt, der Bioethiker, die das Geld hergebende Gesellschaft? Oder war es der Teufel im gutgeschnittenen Armani-Kostüm, den wir unter dem Pseudonym Sachzwang liebengelernt haben? Ich denke, daß junge Menschen, die sich dieser Art von Forschung widmen wollen, die an sie gerichtete Frage »Bist du deines Bruders Vivisektor?« freudig bejahen können. Diejenigen, die der Frage ferner sind, werden jedenfalls zustimmen, daß das eine entzückende Welt ist, die sie erwartet.

VII

An einer frühern Stelle dieses Aufsatzes habe ich mich gefragt, was ich mir unter der Ethik des Geigenspiels vorstellen kann; die Art der Frage enthielt die Antwort: Nichts. Auch die Naturforscher benehmen sich noch immer so, als spielten sie nichts als himmlische Melodien auf den Instrumenten des Universums. Da es allein in den Vereinigten Staaten etwa 2 1/4 Millionen Menschen geben soll, die sich mit Naturforschung befassen, so haben wir es mit einem recht imposanten Orchester zu tun. Selbst wenn das Volk, das für alles bezahlt, beschlösse, es hätte mit einem Kammerorchester genug, wie könnte dieser armselige Souverän seinem Willen Ausdruck geben? Tausende von Sachzwängen halten seine Glieder und leider auch seine Vernunft umschnürt. Er hat sich von tausenden klebrigen Netzen umfilzen lassen, aus denen niemand einen Ausweg sieht. Wenn ein Land es dazu hat kommen lassen, daß es Millionen von Naturforschern enthält, und wenn deren Zahl sich rascher vermehrt als das Tempo ihrer Abberufung in Gefilde, wo man nicht mehr forscht, kann so ein Land etwas anderes tun als sich mit vorgetäuschten, nie endenden Grenzen zu umgeben, die es fortwährend verletzen und überschreiten muß? Warnte einst der berühmte Spruch »Von nichts zu viel!«, so heißt es jetzt in allen »entwickelten« Ländern »Von allem mehr!«. Daher wird jetzt die Anzahl der Obdachlosen in USA bereits auf zwischen 3 und 5 Millionen geschätzt und mehr als 30 Millionen Menschen leben unter der offiziellen Armutsgrenze.

Da haben wir also zwei Sachzwänge, die einander konfrontieren: die Weisen werden immer weiser, die Armen werden immer ärmer. Wenn die einen jetzt bald drei Milliarden Dollar empfangen, um das gesamte menschliche Genom zu dekodieren, wie viele Kindersärge müssen die andern erhalten? Aber Särge – und man braucht noch viel anderes – kosten Geld, und die Raumfähren mahnen. Die Politiker aller Länder haben es schon herausgefunden, daß es am billigsten kommt, wenn man die Stummen überschreit und den Blinden die Stöcke verteuert. Daß Sterbende und Verzweifelte nur selten wählen gehen, ist ihnen auch bekannt.

Wir alle werden also fortwährend gezwungen, Dinge zu tun, von denen wir wissen, daß sie nicht getan werden dürfen. Nur spielt sich gewöhnlich das Müssen auf einer ganz andern Ebene ab als das Nichtsollen, welches, bescheiden und zurückhaltend wie das menschliche Gewissen überhaupt, sich gewöhnlich in einen tiefen Keller zurückzieht, wenn das Müssen pomphaft einherklirrend die Oberfläche der Welt übernimmt.

Früher hätte man gesagt, daß es keinen Fünfjahresplan für das Wissenwollen geben kann. Man beobachtet, man denkt, man experimentiert: es kommt, wie es kommt. Keine Uhr am Himmel des Forschers hat ihm je verkündet, es sei eine Minute vor zwölf. Dennoch muß ich sagen, das war einmal. Die gegenwärtige Naturwissenschaft tut, als wäre sie die letzte in der Weltgeschichte. Vielleicht ist sie es auch. Von tausend Sachzwängen gehetzt, die sie sich selbst um den Hals gehängt hat, hastet die westliche Welt einem Ziel zu, das nur deshalb so heißen kann, weil es unerreichbar ist.

Wenn ein Land behauptet, es besitze, sagen wir, zwei Millionen Naturforscher, so darf man annehmen, daß vielleicht zweitausend davon wirklich forschen. Die anderen sitzen herum, teils als notwendige Hilfe, teils als störendes Hindernis. Nehmen wir weiter an, daß ein Forscherkontingent dieser Größe in zehn Jahren soundso viele »Wissenseinheiten« produziert. Würde das heißen, daß, wenn das Land sich entschlösse, seinen Forschungsstab zu dezimieren, die gleiche Anzahl von Einheiten erst in hundert oder gar hundertfünfzig Jahren zustandekäme? Nicht ohne weiteres: ein Newton wiegt mehr als tausend Mitglieder der Akademie. Man vergißt oft, daß sogar unsere heutige Forschung nicht ganz ohne Beteiligung des Intellekts möglich ist. Zwar gibt es mannigfaltige Bestrebungen, den Menschen unnötig zu machen – z. B. die komische Suche nach »künstlicher Intelligenz« –; aber wenn ich sehe, daß der Computer noch immer mit einem Kabel an einem Steckkontakt hängt, denke ich mir, diesen hat noch immer kein Computer angebracht, dazu bedarf es eines Elektrikers, vom Strom selbst gar nicht zu reden.

Aber ob das in zehn Jahren gelingt oder erst in hundert, macht das etwas aus? Warum die Eile, warum die Wut darüber, daß die Früchte der Zukunft – ich schaudere bei diesen Worten – uns nicht schon vorgestern zuteil wurden? Seit vierzig Jahren herrscht in den Wissenschaften eine Ausverkaufsstimmung, eine Angst, daß so etwas Schönes wie die Atombombe oder der genetische Code nicht so bald wird erfunden werden können. Genau gesehen, untersuchen die meisten jetzt die Verfahren, mit denen sie die Natur studieren wollen, und nicht die Natur selbst. Es herrscht ein Leerlauf der Methodologie.

VIII

Ich hoffe, daß der vorhergehende Abschnitt den seltsamen Titel dieses Aufsatzes erklärt. Es wäre mir schwergefallen, diese Überschrift in einer andern mir geläufigen Sprache wiederzugeben. Zum Beispiel »To be forced to do what one shouldn't« wäre kaum ein Äquivalent. Das Deutsche zeichnet sich dadurch aus, daß es die vollständigen Verben »müssen, sollen, dürfen« enthält. Dem englischen »I must« entspricht kein Infinitiv, und selbst das so herrlich klare und präzise Lateinische versagt hier.

Oder das ekelhafte Wort »Sachzwang« – *necessitas rerum* oder *vis rerum?* Die Vergilischen Dinge hatten Tränen – *lacrimae rerum* –; aber der von den Sachen angeblich ausgeübte Zwang mußte auf unsere Generation warten. Wären wir gezwungen, durch Ersticken gezwungen, den Kraftwagenverkehr einzuschränken oder sogar einzustellen, so würde das uns gleichzeitig zwingen, Hunderttausende, ja Millionen arbeitslos zu machen. Das Gleiche würde geschehen, wenn man die von den Völkern finanzierte sogenannte Naturforschung einschränkte. In der wissenschaftlich gesteuerten Industrie ist es fast immer so, daß was den Eulen nützt, die Nachtigallen heiser macht. Das Ungeziefer, das die Pestizide ausrotten sollen, ist in seiner Körperlichkeit dem menschlichen Organismus ähnlicher als gemeinhin eingestanden wird. Die Flut der Gifte und Strahlen, die über uns ausgegossen wird, wird noch in ferner Zukunft Wellen schlagen. Daß die tödliche Brandung erst spätere, noch ungeborene Generationen treffen wird, ist keine Entschuldigung für die unglaublichen Schandtaten unserer Zeit.

In der Weltgeschichte hat immer der dümmste Kerl die größte Bombe. Was tut man aber, wenn es zwei, drei oder nur dümmste Kerle gibt? Das ist unser Fall, denke ich, zumindest seit dem Zweiten Weltkrieg, der ja nie mehr zu Ende zu gehen scheint. Das war auch die Zeit, als mir bewußt wurde, daß unsere Welt ein verfilzter Knäuel unzähliger Querbeziehungen ist, so daß ich den naiven Glauben verlor, es werde mir gestattet sein, als stiller Candide meinen Garten zu kultivieren. Später, als ich aus Präsident Reagans Mund vernahm, die Luftverschmutzung komme von den Bäumen – ich beschloß, daß er mit Recht die größte Bombe besitzt –, verging auch meine Liebe zu Gärten. Dafür erwachte mein Interesse an Labyrinthen, denn ich erkannte sie als das wahre Sinnbild unserer Erde. Blind biegen wir um alle Ecken und sehen nie das Licht der Freiheit.

Auch die Wissenschaften, insbesondere die Naturwissenschaften, sind nur verständlich als Labyrinth, dessen zahlreiche Bewohner davon leben, daß sie niemals den Ausgang finden werden, wenn es ihn überhaupt gibt. Wenn man von so etwas wie einer Spezialethik für Naturforscher sprechen kann, so kann es nur die Ethik eines Dschungels sein, in dem es lange nicht geregnet hat. In der vertrockneten Sumpflandschaft blüht auch nicht die Moral.

»Zu müssen was man nicht soll.« Wer dekretiert also das Müssen? Natürlich der Sachzwang. Der junge Biologe, der unzählige Tiere zu Tode quält, wußte natürlich, bevor er sein Spezialwissen erwarb, daß solche Quälerei einem Menschen schlecht anstehe, daß man so etwas nicht tun solle. Wer dekretierte das Sollen? Früher hätte man geantwortet, das jedem Menschen innewohnende Gewissen. Das homerische Gelächter, das dem Geständnis des Forschers, er besitze ein Gewissen, entgegnen würde, ist gar nicht auszudenken. Mit dem Spezialwissen hat er ein Spezialgewissen erworben, das durch die Bioethik mit ihrem »einerseits-andrerseits« und ihrem »wenn und aber« immer neu gekräftigt wird. Dieses Fachgewissen spricht zu ihm in geschwätzigem Diskant und beweist ihm, daß er soll was er muß. Da es nichts Räsonableres gibt als den Teufel, breiten sich die Wissenschaften aus, wie man es früher nur bei Epidemien gekannt hatte. Ich glaube wirklich, daß ein Wissenschaftshistoriker jetzt eine Kenntnis der Epidemiologie gut gebrauchen kann.

Zu müssen was man nicht soll, ist das nicht das Schicksal eines jeden, dem es nicht gelungen ist auszutreten, nicht mehr mitzumachen, sich die Ohren zu verstopfen, wie Odysseus es einst vermochte? Noch immer ist die Natur ein Wunder, noch immer ist die Erde wunderschön. Wenn man nur weghören könnte von dem Heulen der Sirenen!

V

Zwei Zitate

Betrachtungen über den Begriff der Schuld

I

Ich entsinne mich, es war ein und derselbe Tag, als ich mir aus zwei sehr verschiedenen Aufsätzen, die ich hintereinander las, ein paar Sätze herausschrieb. Ein Aufsatz in der ZEIT vom 16. November 1990 (Seite 17 der in USA erhältlichen Ausgabe) zitierte einen gewissen Strauß. Ich nehme an, daß es sich um Franz Josef Strauß handelt, denn wen sonst, außer Johann den Jüngeren oder Richard, die beide hier nicht in Betracht kommen, würde man so vornamenlos hinschreiben? Der Strauß zugeschriebene bemerkenswerte Ausspruch lautet:

> Ein Volk, das diese wirtschaftlichen Leistungen erbracht hat, hat ein Recht darauf, von Auschwitz nicht mehr hören zu wollen.

Wenn ich ein Murmler wäre, hätte man mich murmeln hören: »Ein genialer Koofmich kann auch ein ganz schöner Massenmörder sein«.

Das zweite längere Zitat stammt aus einer Buchbesprechung, geschrieben von John C. Marshall aus Oxford (NATURE vom 17. Mai 1990, Seite 215 f.). Ich übersetze hier zwei Absätze dieses Textes.

> Daß sechs Millionen getötet wurden aus keinem andern Grund als daß sie »Juden« (was immer das bedeutet) waren, bleibt das zentrale Ereignis der europäischen Geschichte dieses Jahrhunderts. Revisionistische Historiker weisen mit Recht darauf hin, daß die Nazis kein Monopol für Massenmord in dieser (oder jeder andern) Epoche besaßen und daß Juden niemals die einzigen Opfer rassi-

schen, religiösen oder ideologischen Terrors gewesen sind. Aber alle diese Versuche, die Anzahl der Toten zu relativieren, sind nur eine obszöne Ausrede, um eine Auseinandersetzung zu vermeiden darüber, was in einem Land geschehen ist, dessen Leistungen auf den Gebieten der Erziehung und der Kultur beispiellose Höhen erreicht hatten.

Alle Arten von »Erklärungen« – ökonomisch, psychologisch, theologisch – sind versucht worden, und noch immer verstehen wir nichts. Reich und arm, Bauer und Professor, Atheist und Christ, alle hielten gleichermaßen die Gaskammern im Gang ... ebenso wie einige Mitglieder jeder vorstellbaren Gruppe für das Leben anderer eintraten, oft zum Schaden ihres eigenen. Wenn es die Aufgabe einer aufgeklärten Philosophie ist, die Vergangenheit zu verstehen, um eine humanere Zukunft zu ermöglichen, so leben wir noch im finstern Mittelalter.

Meine beiden Zitate, das kurze und das lange, betrachten einander mit völligem Unverständnis. Sie scheinen aus ganz verschiedenen Welten zu kommen, und ich will das eine und das andere dort lassen, wo sie hingehören. Wie sie dastehen, scheinen sie aneinander vorbeizureden. Ob die Fähigkeit, Giftgasfabriken an, sagen wir, die Iraker mit sehr gutem Profit zu verkaufen, den Fabrikanten davor schützt, von Auschwitz hören zu müssen, weiß ich nicht. Ich hätte gesagt, niemand, aber auch niemand auf der Welt hat dieses Recht. Es ist gut für den Menschen zu wissen, wessen seine Spezies fähig ist. *Oculis apertis,* »mit offenen Augen«, ist noch immer eine gute Lebensregel, besonders für die, welche sich mit einem lateinischen Motto schmücken wollen.

II

Was Herr Strauß vermutlich im Sinne hatte war, gegen die Schuldgefühle, die das Wort Auschwitz bei einigen untypischen Menschen zu erregen geeignet ist, zu protestieren. Wenn sich sein Protest auf den Mißbrauch eines zum Slogan gewordenen Wortes bezieht, mag er sogar Recht haben, nur hat er sich nicht besonders gescheit ausgedrückt. Was er sicherlich übersehen hat ist, daß es fast immer Slogans sind, die uns umbringen wollen. Fast jede Parole wird zu einem Totschlagwort. Das ist nämlich das Abscheuliche an unserer Gegenwart, daß alles, was früher die Sache des einzelnen Kopfes und Herzens war, jetzt professionalisiert worden ist. Es gibt die seltsamsten Berufe, z. B. was sich jetzt in Amerika *ethicist* nennt, also sozusagen Hühneraugenoperateure der Moral, die uns sagen, welche Schandtaten unter dem Blickwinkel eines speziellen Berufs nicht nur gestattet sind, sondern dem Täter sogar den baldigen Eintritt ins Paradies gewährleisten. Es gibt jetzt so viele Ethiken wie es Berufe gibt. Ist es nicht klar, daß es eine Ethik für Heilige und eine Ethik für Henker geben muß? – beides Traktate, die eine bessere Vergangenheit zu schreiben unterließ. Und so begegnen wir auch Holokaustspezialisten; über diese habe ich schon an einer andern Stelle einiges gesagt.[1] Daß der Gelbe Stern zu einem eingetragenen Warenzeichen erniedrigt werden würde, hätte man nicht vorhergesehen. Immer wieder stehen in meinem Geist die Toten des Warschauer Ghettos auf und ballen zerfallene Fäuste.

Ich habe im vorigen Absatz das Wort Schuldgefühle verwendet. Im Deutschen ist *Schuld* ein gedankenreiches Wort: es ist zugleich ein Wort der Jurisprudenz, des Kreditverkehrs, aber auch der Metaphysik. Schon im Englischen spaltet es sich in zwei verschiedene Wörter: *guilt* und *debt*. Auf diesen zweiten Sinn will ich überhaupt nicht eingehen. Aber schon im Klang, wenn auch nicht nur in ihm, tragen die Wörter Schuld und guilt ein verschiedenes Gewicht: das eine dumpf und drohend, das andere schrill und rechthaberisch. In »der Übel größtes aber ist die Schuld« müßte man Schuld wahrscheinlich mit guilt übersetzen, aber ich täte es mit nicht ganz gutem Gewissen, obgleich mir nichts besseres einfallen würde.

Seltsam ist die Lage im Französischen, denn da ist das eigentliche lateinische und romanische Wort für »Schuld« gleichsam verlorengegangen. Die lateinische Sprache besitzt das schöne und gewichtige Wort *culpa,* der deutschen Bezeichnung durchaus ebenbürtig. *Mea culpa, mea culpa, mea maxima culpa!,* dieses Schuldbekenntnis des *Confiteor* ist ein Ausruf tiefer Reue. Wenn *culpa* den Zustand desjenigen beschreibt, der eine Sünde oder ein schweres Verbrechen begangen hat, so ist *paenitentia* (später *contritio*), Reue, der einzige Weg, sich davon reinzuwaschen. Ins Spanische ist das lateinische Wort unverändert eingegangen, das Italienische hat es als *colpa.* So Dante im »Paradiso« (VI, 109–110):

> Molte fiate già pianser li figli
> per la colpa del padre ...

(»Viele Male haben schon die Söhne geweint / wegen der Schuld des Vaters ...«) Auch das Altfranzösische hat *colpe,* woraus später *coulpe* wurde, ein fast völlig verschwundenes Wort. Wer jetzt »Schuld« nachschaut, findet *culpabilité,* eine Neubildung der Revolutionszeit (1791). Das häßliche Wort klingt wie ein Fachausdruck der moralischen Buchhaltung. Als dreimal wiederholtes Reuebekenntnis kann man es sich nur schwer vorstellen.

Als ich als Bub mich noch zu Übersetzungen herabließ, habe ich natürlich Dostojewskis *Schuld und Sühne* mit größter Spannung gelesen, wozu der mir überirdisch vorkommende Titel beitrug. »Sühne« hat so etwas Parsifaliges. Später aber hieß es *Crime and Punishment,* also völlig polizeilich-juridisch; und das, so stellte es sich heraus, war die korrekte Übersetzung des ursprünglichen Titels, also »Verbrechen und Bestrafung«, ganz ohne Ober- und Untertöne. Will ich aber vollends »Daran war er schuld« ins Englische übersetzen, so darf ich nicht sagen »He was guilty of that« – das wäre in den meisten Fällen zu wuchtig –, sondern es heißt »That was his fault«: man verwendet also das Wort, das hauptsächlich »Fehler« bedeutet. Man sagt zwar, es gebe keine kollektive Schuld – aber die *perfidi Iudaei* haben 2000 Jahre daran getragen –, einen kollektiven Fehler kann es gewiß nicht geben: jeder ist sein eigener Esel.

III

In beiden Zitaten geht es, unausgesprochen, um die Schuld – nicht um die, welche mit Geld abgezahlt werden kann –, sondern um die Schuld, die auf einen fällt; die wuchtige Schuld, die man sich nicht selbst wissentlich aufgeladen hat; die Schuld, die zum Himmel schreit, und es kommt keine Antwort. Judas, der Gottes Sohn verraten hat – aber ohne den Verrat gäbe es kein Christentum –: kann man sagen, daß Judas selbst die Schuld sich aufgeladen hat? Ich nenne das die metaphysische Schuld, die Mutter eines unheilbar schlechten Gewissens, mit dem es sich dennoch leicht leben läßt, leicht für unsereinen, aber nicht für Judas. Trotzdem leide ich, wie alle anderen, noch immer unter den Folgen der Erbsünde, obgleich die Schuld der Eva, verglichen mit dem, was nachher gekommen ist, vielen gar nicht so ungeheuer erschienen sein mag: halt ein kleiner Apfel!

Aber war Eva, unsere Urmutter, nicht auch die Quelle von allem, was den Menschen seit ihrer Entstehung widerfahren ist? Ist nicht sie im Grunde verantwortlich für alle Greueltaten, Erfindungen, Entdeckungen, für alles Glück und Leid, die die Geschichte der Menschheit erfüllen? *Eritis sicut dei** ... So muß ich am Ende auch ihr die Schuld geben an der Kernspaltung, der Atombombe. Da die Phantasie bekanntlich grenzenlos ist, will ich mir vorstellen, daß der Garten Eden in einer

* Da die Schlange gewiß ein »equal opportunity employer« war, nehme ich an, daß die berühmte Formel ursprünglich gelautet hat: *Eritis sicut dei et deae* ...

Zwischenwelt noch immer blüht, und an seiner Pforte hängt eine kleine Tafel, auf der geschrieben steht:

> Eine Frau, die seit siebentausend Jahren diese grundlegenden Leistungen erbracht hat, hat das Recht darauf, von Hiroshima nicht mehr hören zu wollen.

Ich darf aber nicht zulassen, daß Adam sich ins Fäustchen lacht, und so will ich sagen, daß die Schuld in gleichem Ausmaß auf beiden Teilen des Fundamentalehepaars lastet. Nun ist das jedoch wahrhaftig eine Kollektivschuld geworden, die sich durch alle Generationen vererbt hat. Proteste gegen den Sündenfall können nicht entgegengenommen werden. Von Eva haben wir alle nicht nur die Frohnatur und Lust zu fabulieren übernommen, sondern auch die verheerende Neugier und den zerstörerischen Erneuerungsdrang, die uns ins Verderben führen.

IV

Sünde ruft nach Sühne, Schuld ruft nach Strafe: beide Wortpaare im Deutschen nicht nur alliterativ wahlverwandt. Über beiden schwebt aber die aus dem Herzen kommende Vermittlerin: die Reue. Die Sünde kann vielleicht durch Reue getilgt werden, aber nicht die Schuld. Die meisten Menschen haben wahrscheinlich in ihrem ganzen Leben nie Reue empfunden, denn sie haben kein Herz, aus dem etwas kommen kann. Mit einem »Pardon!« oder »Es tut mir leid« ist es nicht getan. Auch glaube ich, daß die Reue nur gilt, wenn der Schuldige selbst sie empfindet, aber nicht aus zweitem oder drittem Herzen. Natürlich ist es ein edlerer Anblick, wenn ein alter Staatsmann am Ort des Verbrechens niederkniet und um Vergebung bittet für Vergehen, an denen er sicherlich unschuldig ist, als wenn ein jüngerer Politiker auf seine zarte Jugend verweist, die, wenn nichts anderes, ihn verhindert hat, sich an den Verbrechen zu beteiligen. Von einem höheren Stockwerk betrachtet sind beides

Gesten, wenn auch von sehr verschiedenem ethischen Gewicht.

Die meisten werden, fürchte ich, behaupten, Reue sei delegierbar, während eine solche Geste mir als eine noble Maskerade erscheinen würde. Ich gehöre nämlich zu denen, die der Menschheit kein besseres Gewissen wünschen, als sie ohnedies schon hat. Ein schlechtes Gewissen ist immer noch die beste Okkasion, die sich den Nachkommenden bietet, und sogar das will Herr Franz Josef Strauß ihnen nehmen. Warum eigentlich sollen sie nichts von Auschwitz hören? Mag der Mund, aus dem das Wort Auschwitz kommt, noch so unehrlich sein, agierend auf einer Bühne, auf der gewöhnlich nicht die tiefstgehenden Stücke aufgeführt werden, so stellt das Wort selbst eine schwere Frage, die noch am ehesten außerweltliche Dinge berührt, mit denen die meisten jetzt lebenden Menschen sonst nicht in Berührung kommen. Ungeduld ist da nicht am Platz. Ein jeder grabe vor seiner Tür, und er wird auf ein tiefes verwesendes Grab stoßen.

Wo finde ich Vertreter tätiger Reue? Es sind meistens Selbstmörder, die unsere psychiatrisierte Welt jetzt gerne als wahnsinnig erklärt: Judas, der die Silberlinge hinwarf und sich selbst richtete; Otto Weininger, der vielleicht aus Gram, daß er als Jude geboren war, sich das Leben nahm. Sind sie gerichtetgerettet und eröffnet sich ihnen ein kitschiger Himmel, wie in Gounods »Faust«? Wer stirbt wird sehn.

V

Obwohl Ahasver, der Ewige Jude, jetzt der Likud-Partei beigetreten ist, muß er noch immer wandern, und manchmal kommt er in seltsame Orte. Gerade vor kurzem (Januar 1991) las ich den rührenden Ausspruch eines nach Berlin übersiedelten Sowjetrussen »In Deutschland kann ich richtig Jude sein«. So dreht sich ewig der irrsinnige Kreisel – je länger, je schneller –, und er spritzt Gold und Blut. Wahrhaftig, wir leben in aufgewühlten Zeiten, und das Schmatzen des Wohlstands übertönt nicht das Klagen hungriger verwirrten Kinder. Meine beiden Zitate fügen sich trefflich in unsere schöne Zeit.

Immer aber steht mir vor Augen das Wort Schuld. Was war die Schuld meiner Mutter? Wurde sie wirklich bestraft wegen der Kreuzigung Christi? Für ihre schmalen Schultern war die Wucht einer zweitausend Jahre alten Schuld gewiß zu schwer. Selbst die Schultern der ungezählten Millionen, die im Laufe der abscheulichen Weltgeschichte »daran glauben mußten« – dabei waren es sehr verschiedene Glauben –, selbst sie waren zu schwach; und so wächst durch die Jahrtausende die Schuld einer falsch gesühnten Schuld.

»Denn alle Schuld rächt sich auf Erden« – mag sein, aber ich war nicht dabei, und es gibt keinen Kalender der Ewigkeit, in dem man nachschauen kann. Wir sind allzu bereit, aus einer Rache auf eine Schuld zu schließen. Außerdem sind oft die Opfer der größten Verbrechen blutend in der Erde vergraben worden, und kein Hund des Himmels hat sie je entdeckt. Was der menschlichen Justiz immer gefehlt hat, ist der Blitzstrahl von oben, der den Schuldigen vor aller Augen zu Boden wirft.

Die kollektive Schuld, von der ich gesprochen habe, läuft jedoch jeder menschlichen Gerechtigkeit zuwider. Sie ist, irdisch zu sprechen, eine Geiselnahme übelster Art und entspricht daher leider der bösen Natur des Menschen. Ich lehne sie ab, ohne viel Hoffnung auf Erfolg, denn ich erinnere mich, daß mir vor einigen Jahren ein Schweizer aus dem Kanton Zürich erklärt hat, die Appenzeller hätten einen schlechten Charakter. (Möglicherweise hat er jedoch mich für so dumm gehalten wie ich ihn.) Die *sancta simplicitas* hat mehr Unheil angerichtet als manch ein Diktator.

VI

Ich habe im dritten Abschnitt dieses Textes die metaphysische Schuld erwähnt, die Schuld, die unwissentlich auf einen gefallen ist. Ich finde es nicht leicht sie zu definieren, aber ich denke, daß es nicht wenige Leute gibt, die etwas Derartiges empfinden, eine Art von grundlos schlechtem Gewissen. Oft nennt man sie Hysteriker, aber zu Unrecht. Das Gewissen ist das einzige, was den Menschen noch von der Menschwerdung übriggeblieben ist – oder sagen wir, wenn wir kindlich sein wollen, seit dem Paradies. Es ist eine geheimnisvolle Eigenschaft, die leider immer schwächer zu werden scheint. Sie hat, glaube ich, viel Gutes geleistet, weshalb ich gegen den Straußischen Protest, der anscheinend das schlechte Gewissen beschützen oder verhindern will, protestiere. Zu viele ersten Steine sind in den letzten Jahren geworfen worden, und sie haben sicherlich nie jemanden getroffen, der schuldiger war als der Werfer selbst.

Ich kenne einen berühmten, und für mich gültigen, Versuch, die Schuld abzuwälzen. Karl Kraus war immer voll demütiger Bewunderung, wenn er das »Kriegslied« von Matthias Claudius vorlas[2]. Es beginnt mit den Versen:

> 's ist Krieg! 's ist Krieg! O Gottes Engel wehre,
> Und rede du darein!
> 's ist leider Krieg – und ich begehre
> Nicht schuld daran zu sein!

Wie eine bebende Hand schwebt das Wort »leider«, das Kraus als einen Komparativ von »leid« ansah, über dem emphatischen Begehren, keine Schuld am Krieg zu tragen. Um welchen Krieg es sich da handelte, weiß ich nicht; vielleicht war es der Bayerische Erbfolgekrieg, denn das Gedicht war zuerst 1779 gedruckt worden. Klagen über das durch Kriege herbeigeführte Unglück sind nicht selten in der Literatur; am eindrucksvollsten in der deutschen Barocklyrik, die fast ganz im blutigen Schatten des Dreißigjährigen Kriegs geschaffen wurde. Was ich an dem Gedicht des Claudius jedoch so bemerkenswert finde ist das Bewußstein einer Schuld, die man trägt, aber nicht tragen sollte. Die Tränen des friedlichen Mannes werden zu einem Aufbegehren gegen, zu einem Durchbruch durch eine seit Menschengedenken auf allen lastende Schuld.

Was für eine zivilisierte Zeit das 18. Jahrhundert doch war verglichen mit unserem! Besonders im damaligen Deutschland war die Spaltung in viele Kleinstaaten eine Garantie für ein relativ anständiges Benehmen.

VII

Als Hitlers Stimme Volkes Stimme war, ging es anders zu. Nur wäre es vielleicht schöner gewesen, hätte man nach Kriegsende, als eine Art von Hyänenjammer ausbrach, nicht nur Unwissenheit geltend gemacht, sondern Angst, zu der, weiß Gott, genug Grund war. »Reich und arm, Bauer und Professor, Atheist und Christ«, haben nicht alle Furcht gehabt vor den Volkskammern? Hätte ein Volk, das in seiner langen Geschichte nie eine politische Revolution vollbracht hat, jetzt plötzlich eine unternehmen können?

Wie bereits früher gesagt, bin ich kein Verehrer des frommen Schwachsinns, der noch schnell ein bißchen Reisig zum Scheiterhaufen des Jan Hus beiträgt, und ich halte die Verdammung eines Volkes für eine Gemeinheit. Schuld ist ebensowenig delegierbar wie Reue. Natürlich denke ich weder an die juridische Schuld noch an die rituelle Reue, sondern immer nur an den einzelnen, den unaustauschbar einzelnen. Was auf ihn gefallen ist, daran trägt er keine Verantwortung, wohl aber für seine Handlungen und, noch wichtiger, für die Schlüsse, die er aus den Handlungen derjenigen zieht, die für sein Volk handeln. Mag er auch noch so sehr begehren, nicht schuld daran zu sein, so muß er sich fragen, wie er diesem Begehren Ausdruck geben kann. Im Badezimmer die Zähne zu fletschen oder die Fäuste zu ballen genügt nicht. Nicht alle Völker sind so obrigkeitstrunken wie die Deutschen und möglicherweise auch die Amerikaner. Zum Beispiel hat es sich im letzten Weltkrieg gezeigt, daß die Italiener und die Dänen es weit weniger waren. So will ich denn jeden jungen Menschen, den meine Stimme erreicht, bitten, sich zu überlegen, in welcher Weise er sich anders benehmen würde als seine Väter oder Großväter es taten in der Stunde schwerer Entscheidungen.

Bei dieser Gelegenheit könnte der von mir angesprochene junge Mensch, den es wahrscheinlich nie geben wird, sich auch fragen, was er von den beiden Zitaten hält, mit denen ich diesen Aufsatz begonnen habe. Hält auch er den Ausspruch des Herrn Strauß für albern, oder ist er der Meinung, daß die Erfindung des Verbrennungsmotors die Ausrottung der Zigeuner rechtfertigt und die Entdeckung der Uraniumspaltung die Vernichtung der Juden? Kommt er mir am Ende mit dem schäbigsten aller Einwände, daß es nicht sechs Millionen waren, sondern fünf, vier, drei? (Ich weiß nicht, bei welcher Zahl das historische Gackern verblieben ist.) Je mehr diese Historiker graben, desto weniger Opfer finden sie. Am Ende wird meine Mutter das einzige gewesen sein.

VIII

Ich glaube, daß es viele Menschen gibt, die ihr ganzes Leben hindurch ein Gefühl der Verantwortung mit sich tragen, einer Verantwortung, der sie nicht entsprochen haben. Es ist ein dumpfes Gefühl einer geheimnisvollen Schuld, denn sie wissen, daß sie den Gaben, die ihnen ins Leben gelegt worden sind, nicht entsprochen haben. Wenn sie gläubig sind, so fühlen sie, daß sie das Geschenk ihres Schöpfers mißbraucht und vergeudet haben. Diese Schuld, diese angeborene Schuld: ich glaube nicht, daß sie vererbt ist wie etwa die Körperform; also nicht mit Hilfe der Chromosomen und des wohlbekannten Erbapparats. So wenig wie unser Geist aus der DNA kommt, ist diese der Ursprung unseres Schicksals. Es muß eine Art des Weiterreichens geben – sie ist nicht ein Mechanismus und daher nicht erforschbar –, eines Ineinanderfaltens aller Kreaturen vom Beginn der Schöpfung bis zu ihrem Ende. Soll ich es eine Fessel nennen, eine Schlinge oder eine Klammer? Aber unsere menschbedingte Sprache, die Sprache der Dinglichkeit, ist nicht fähig, davon zu sprechen. So nenne ich – denn ich muß Wörter verwenden –, was uns allen mitgegeben wird, ich nenne es mit den Worten einer der vier grauen Frauen im Zweiten Teil des »Faust«. »Ich bin die Schuld«, sagt die graue Frau.

Allerdings war die Schuld des Doktor Faust nicht ausschließlich metaphysisch. So hat er sich zum Beispiel zu meinem Lieblingsehepaar Philemon und Baucis nicht sehr schön benommen. Aber ungezählte Millionen von Menschen sind bestraft worden, ohne im irdischen Sinne schuldig gewesen zu sein. Und was die Absolution betrifft, die Herr Strauß seiner wirtschaftlich so erfolgreichen Nation erteilt, von Auschwitz nicht mehr hören zu wollen, gilt die auch für Maidanek oder Treblinka? Vor vielen Jahren habe ich einmal versucht, die Ortsnamen der mir bekannten Vernichtungslager in ein ABC der Hölle zu fügen. Ich habe den Zettel verloren, erinnere mich aber, daß, obwohl einige Buchstaben leider fehlten, die Liste viel mehr enthielt als A, M, T.

* * *

Es wird sich schließlich herausstellen, daß jeder einzelne die Schuld der lebendigen Welt trägt. Als sie uns zeugten, haben unsere Eltern den Schuldschein unterschrieben. Diese unschuldige Schuld ist es, die die Geschichte der Menschheit verdüstert. Sie ist das Geheimnis, das ein Versprechen der Befreiung in sich trägt, einer Befreiung, die ich nicht in Worte fassen kann.

Anmerkungen

1 E. Chargaff, Holocaust, in *Serious Questions* – An ABC of Skeptical Reflections, S. 87 (Boston 1986).

2 Matthias Claudius, *Sämtliche Werke* (Hrsg. J. Perfahl), S. 236 (München, 1968).

Der Verlust des Gegenteils

I

Die Altersweisheit beruht hauptsächlich darauf, daß man viel Zeit gehabt hat, viel zu vergessen. Es ist nicht so, daß man sich an das Vergessene wieder erinnerte, es bleibt vergessen; aber alles Entschwundene, Hinabgetauchte, alles Zerlebte hat einen Duft zurückgelassen, ein Aroma, eine Träne der Verlorenheit; und dieser Hauch des Unwiederbringlichen weht einen Mann, der lange gelebt hat, Tag und Nacht an. Er weilt in einem Garten, den es niemals gegeben hat. Längst getrocknete Tränen strömen über Gesichter, die seit Jahren begraben sind. Wären sie dem Alten noch lebendig in ihrem Totsein, er müßte wahnsinnig werden. So schützt ihn der Schleier des Gewußthabens. Gewußtzuhaben ist viel mehr als zu wissen, besonders wenn es das Klapperwissen des geistlosen Alltags ist.

Was mich so bedrückt, ist die wachsende Unfreundlichkeit der Welt. Mit der Gotteskindschaft ist es schon längst vorbei; ob sie jemals zu spüren war, weiß ich nicht; vielleicht im Mittelalter, im Familienkreis, in kleinen Gemeinden. Der Mensch ist wahrscheinlich weder besser noch schlechter als er früher war; aber die Wucht der Welt, die auf ihm lastet, ist unendlich viel größer geworden. Daß mit der Grimmigkeit der Außenwelt die Freundlichkeit der Menschen zueinander rasch abgenommen hat, davon bin ich selbst Zeuge gewesen. Das wunderschöne Wort Barmherzigkeit ist durch ein drohend dumpfes, Unduldsamkeit, abgelöst worden.* Die Menschen werden immer habgieriger und gereizter. Wo ich lebe, schießt man viel eher, als daß man miteinander spricht. Der Handwerker oder

* »A noir, E blanc, I rouge, U vert, O bleu« – ein deutscher Rimbaud würde den Vokalen gewiß ganz andere Farbwerte zuweisen müssen.

der Bauer der Urzeit haben gewiß nicht so schnell nach einem Stein oder einem Knüppel gegriffen wie der New Yorker nach seiner Pistole. Es sieht so aus, als wäre die Hölle aus dem Jenseits in die Welt übersiedelt. Die Hölle hat auch, neben vielen anderen Gastgeschenken, eines mitgebracht, das mir besonders verhängnisvoll erscheint, nämlich die fast jedem einzelnen Menschen eingepflanzte Forderung, daß es ein Gegenteil nicht geben dürfe. Was aber ist das Gegenteil von Herrn X? Höchstens ein fiktiver Un-X oder Anti-X. Daß man sich darunter nichts vorstellen kann, macht nichts. Wenn die Menschen logisch vorgingen, wären sie an des Gedanken Blässe längst verendet. Auch sind vom Teufel eingepflanzte Forderungen nicht dazu da, um erfüllt zu werden. Sie sollen nur dazu beitragen, die Menschen unglücklich zu machen.

II

Der *homo religiosus* lebt in der Welt, wie Gott sie, und nicht nur für ihn, geschaffen hat; der *homo pragmaticus* strebt danach, alles, was nicht ist wie er, auszurotten. Die Natur ist ihm ein Verkehrshindernis, die Buntheit der Welt, die Vielfalt der Menschen machen ihn gereizt. Sein Auto fährt auch ohne Baum. Andererseits ist er edel und bereit, sein Leben zu opfern, wenn der Treibstoff teurer wird.*

Sein Gegenteil, der *religiosus* stirbt aus. Warum das so ist, darüber könnte man endlos nachdenken, aber ich weiß es wohl: viele Erklärungen sind der Wahrheit Tod. Die Fähigkeit zu glauben, der Drang danach sind kaum genetisch bedingt; die

* Die *pragmatici* – in einem weiteren Sinne verwendet als im Lateinischen – denken, weil sie sind. Aber schon Cicero sagt von ihnen in den *Epistolae ad Atticum*, daß sie sich hüten zu glauben. Das sich zu vielen Schandtaten eignende Prinzip der Gerechtigkeit macht den Glauben unmöglich; an die Stelle des Numinosen tritt der »Gerechte«. Man kann nicht zugleich fromm und gerecht sein.

Pestizide werden auch nicht verantwortlich sein. Eher die geistigen Pestizide, die von den Massenmedien – oder besser gesagt, von deren Besitzern – alltäglich in eines jeden Herz und Kopf deponiert werden. Noch wahrscheinlicher sind gewisse Beelzebübereien schuld daran, altehrwürdige menschliche Eigenschaften, wie der Neid und die Habgier, die zwar nie brach gelegen sind, sich aber aus vielen Gründen jetzt besser ausleben können als früher. Auch das völlig mißverstandene Ideal menschlicher Freiheit mag schuld sein am Aussterben der *religiosi.* Unter Gott war die Welt eine Autokratie.

Da wir trotz der anschwellenden Fluten von Publikationen über die *mentalités* der Vergangenheit nicht wissen können, wie ein Kind, eine Frau, ein Mann der alten Zeiten gefühlt und gedacht haben, ist es selbstverständlich sehr gut möglich, daß ich mich völlig irre. Jedenfalls ist es mein Eindruck, daß die Menschen, sagen wir, des Mittelalters von einer viel buntern, unmittelbarern, aber auch rätselhaftern Welt umgeben waren. Straßen und Plätze und Märkte waren Schauspiele; die Ereignisse des Lebens waren Donnerschläge; die kleinste Reise war ein Tor zu einer neuen Welt. Sagen und Märchen, Volkslieder und Volksbücher, nicht zu reden von den Heldensagen und Reisebeschreibungen, waren ein *orbis pictus* des Andersseins. Alles war möglich, und die Leute sahen es mit Kinderaugen an. Dies naiv oder primitiv zu nennen wäre albern. Die Menschen waren wahrscheinlich überhaupt nicht verschieden von uns, aber die Welt war es. Die Erde war groß und das Wissen klein; das Leben war kurz, aber es floß viel langsamer dahin; die Kinder waren früher erwachsen.

Der Weg des Menschen in das Jenseits stand offen; die Konturen des Lebens waren scharf umrissen; Tag und Nacht, Zeit und Raum wurden mit menschlichen Maßen gemessen. Der wundervolle Titel des theologischen Traktats von Pierre Abélard *Sic et Non* (»Ja und Nein«) wäre ein gutes Motto für die alten Zeiten. Die Menschen in all ihrer Unberatenheit waren wahrscheinlich weniger ratlos und verwirrt als sie es jetzt sind.

III

Da die Erde sehr spärlich besiedelt war, hatte der einzelne Mensch, trotz der Gedrängtheit, in der er oft leben mußte, eine Art von Seltenheitswert. So muß »der Andere«, »der Fremde« sich mehr abgehoben haben, als er es jetzt tut, aber ich denke, er wurde mit weniger Haß betrachtet, eher mit Neugier; er war viel mehr eine Kuriosität, denn die Phantasie war noch nicht so völlig abgetötet wie heute. Nur vor der massivsten und ständig andauernden Gattung der »Andern«, vor den Juden, versagte die freundliche Neugier. Vielleicht ist *Gegenteil* nicht die richtige Bezeichnung für diese geschichtsbeladene Form einer tragischen Minorität.

In den Wörtern *Gegenteil* und *Gegenstück* drückt die deutsche Sprache die gleichsam adversative Verwandtschaft der beiden Begriffe viel besser aus als es, sagen wir, die Wortpaare *contraire* und *pendant* oder *opposite* und *counterpart* tun. Die sich durch die ganze Weltgeschichte hinziehende und schon vor der Entstehung des Christentums einsetzende Geschichte der Judenverfolgungen* führt zur Vermutung, daß es sich in vielen Fällen um einen Haß nicht gegen das Gegenteil, sondern gegen das Gegenstück handelt; um so mehr, als der Begriff des Gegenstücks immer auch ein Element des Gegenteiligen enthält.

Das Fremdsein von Minderheiten innerhalb eines von ihnen verschiedenen Volks mit anderer Sprache ist gewiß ein wichtiges, oft behandeltes Problem der historischen, anthropologischen, psychologischen und leider auch der pseudogenetischen Literatur. Solche Einsprengsel gehen bald ihrer Sprache und nach längerer Zeit auch ihrer Rasse verlustig und sind nach einigen Generationen aufgesaugt. Eine Ausnahme bilden die Schwarzen in den Vereinigten Staaten, die wahrhaftig nicht als politische oder Wirtschaftsflüchtlinge nach Amerika gekom-

---

* Pogrome in Ägypten Ende des 5. Jhdts. v. Chr., 88 v. Chr., 38 v. Chr. Ausweisung aus Rom 19 n. Chr.[1]

men sind. Dies zu besprechen, diesen unabschüttelbaren Fluch der Sklaverei, bin ich ebensowenig fähig, wie ich über den Antisemitismus etwas Vernünftiges sagen kann. Auch habe ich in den gegenwärtigen Zeilen etwas anderes im Sinn.

Ich möchte mich nämlich zuerst der Frage nach dem einzelnen »Andern« zuwenden, dem Fremden oder Entfremdeten inmitten eines Haufens von Menschen, die ihm alle als sein Gegenteil erscheinen. Meistens ist das nicht ein Fremder im politischen Sinn, er hat den gleichen Paß wie seine Mitbürger; die Sprache, die im Land gesprochen wird, ist seine Muttersprache, und doch ist sie es nicht; er sollte sich zu Hause fühlen, aber er steht schief zu seiner Umgebung, ein inneres Frösteln ist seine Antwort auf jeden Versuch, sich ihm zu nähern. Die Heimat als Nessushemd, die Sprache als Fallbeil der Gedanken, ein eisiger Wind zwischen ihm und den Nächsten. Obwohl dieser Kordon des Elends oder des Mißbehagens eines der praktikablen Möbelstücke der deutschen und französischen Romantik war, kenne ich keine präzisere Darstellung eines derart Entfremdeten als Dostojewskis »Notizen aus einem Kellerloch«. Das Buch in der Originalsprache lesend wird man gewahr, wie sehr die Sprache selbst in ihrer kontaktlos autistischen Diktion und Syntax den Charakter des Schreibers wiedergibt. Daß ich die Lektüre des Werks immer als quälend empfunden habe, hat nichts mit seiner Qualität zu tun.*

Der Fremde in seiner Heimat hat gleichsam seinen Schatten verloren, und ich lese Chamissos schöne Novelle »Peter Schlemihls wundersame Geschichte« als eine Parabel der Verlorenheit. Diese Verlorenheit, wie sie sich in Dostojewskis eben erwähntem Werk in vielen fein gewählten Einzelheiten ausdrückt, könnte einen Psychiater dazu verleiten, eine Diagnose zu stellen. Das will ich beileibe nicht tun, erinnere mich jedoch, vor kurzem einen ausgezeichneten Aufsatz eines aus einer ursprünglich arabischen Familie stammenden Äthiopiers gelesen

* Es lohnt sich, Nabokows Bemerkungen über dieses Buch zu lesen.[2]

zu haben, der den Titel trug »Childhood of my Schizophrenia«.[3] Der Schriftsteller stammt aus einem Ort, der zu Äthiopien gehört, aber eigentlich somalisch ist. Seine Eltern sprachen Amharisch, die Sprache der Kolonialherren, er selbst sprach als Kind somalisch. Um den Koran zu lesen braucht man Arabisch, und natürlich Englisch, um die weite Welt zu berühren. Der Essay endet mit den Worten:

> It was with this in mind that I began writing – in the hope of enabling the Somali child at least to characterize his otherness – and to point at himself as the unnamed, the divided *other*, a schizophrenic child living in the age of colonial contradiction.

Hier hat also ein »Anderer« seine eigene Diagnose gestellt; ich glaube aber, er hat das aus Übervorsicht getan: ein Geist, der so aufrecht steht in seinem Schreiben, wird nicht leicht zu spalten sein. Außerdem habe ich mir sagen lassen – ob von Eseln, weiß ich nicht –, daß Leiden gut ist für die Qualität der Leistung.

Man verweist mich darauf, daß es genug gefestigte, glückliche Leute, ja sogar Beamten, gegeben hat, die große Werke geschaffen haben. Das mag schon so scheinen. Ich sage jedoch, daß man zwar Schulinspektor in Linz gewesen sein und den »Nachsommer« geschrieben haben kann, aber ein gefestigter, glücklicher Schulinspektor war man darum noch lange nicht. Dabei gibt es gewiß viele großen Menschen, die sich nur aus Nachlässigkeit nicht umgebracht haben.

Den für das Zusammenleben der Menschen notwendigen Fluch des Andersseins habe ich schon bei einer früheren Gelegenheit besprochen.[4]

IV

Wie ich bereits erwähnt habe, bildet das Entfremdetsein des Dichters, ebenso wie der von der Gesellschaft gegen ihn ausgeübte Ostrazismus, ein nicht unwichtiges Element der Literatur der Romantik. Andeutungen finden sich vielleicht schon bei so großen Dichtern wie Hölderlin und Kleist. Aber beginnend mit Leopardi, Platen, Heine, Lenau, Poe, Baudelaire, Rimbaud wird die Heimatlosigkeit inmitten der Heimat zu einer Grundstimmung großer Dichtung. Vorläufer muß es in den vorhergehenden Jahrhunderten gegeben haben, aber mir fallen nicht viele Namen ein, vielleicht François Villon oder Johann Christian Günther.

Enthielt schon der Byronsche Weltschmerz einige Koketterie, so gehörte auch der Heimatschmerz manchmal zur Staffage, aber wahrscheinlich nicht bei Schriftstellern von hohem Rang. Sie spürten alle wirklich den Haß der meisten gegen das Gegenteil. Es war ein aus Verachtung und Neid gespeister Haß, wie ihn die aufkommende Bourgeoisie empfand gegen alles, was keinen Gehrock und Vatermörder trug.

Warum das Bedürfnis, das Gegenteil auszurotten, zur Zeit des Frühkapitalismus erwachte, vermag ich nicht zu sagen. Es ist ein stupides Bedürfnis, denn unsre Welt ist polar gebaut.* Kein Pluszeichen ohne ein Minuszeichen, kein Geborenwerden ohne Tod. Selbst der Traum von einer Welt der Freundlichkeit erfordert den Satan im leicht wahrnehmbaren Hintergrund.

Wenn sich das Paradies auf Erden aufmacht und alle »Anderen« zuerst vertrieben und dann vernichtet worden sind, werden also die »Einen« zurückbleiben. Daß sie dann mit den

---

* Dieses grundlegende Verhältnis hat William Blake in einem seiner von ihm selbst illustrierten Bücher, in *The Marriage of Heaven and Hell*, gut ausgedrückt:

> Without Contraries is no progression. Attraction and Repulsion, Reason and Energy, Love and Hate, are necessary to Human existence.
>
> From these contraries spring what the religious call Good & Evil...[5]

Ebenbildern ihrer selbst zufrieden sein und einander lieben werden, ist keineswegs offenkundig. Flugs werden aus den Ebenbildern neue Gegenteile gemacht werden, denn der Mensch in seiner dummen Bosheit braucht Parias, um sich an ihnen wohlig zu wetzen. Als ich Naturwissenschafter war, pflegte ich zu sagen, daß der Naturforscher unter vielen andern Fähigkeiten zwei sehr wichtige besitzen müsse: 1) das Gleiche im Verschiedenen zu erkennen; dies führe zum Begreifen der Naturgesetze –, und 2) das Verschiedene im Gleichen zu erkennen; dies führe zum Begreifen der Spezifitäten. Die nach Ausmerzung des Gegenteils hinterbliebenen Ebenbilder werden demnach bald anfangen, aneinander verschiedene kleine Merkmale zu entdecken, die den einen von dem andern unterscheiden; und so wird es nicht lange dauern, bis die ersten »Anderen« ihre abstoßende Figur wieder zur Schau stellen. Juden oder Zigeuner, Homosexuelle oder Aids-Kranke, Behinderte oder Unberührbare, ja sogar, lächerlicherweise, Nicht-Autofahrer: wie viele Oberflächen aufreizender Gegensätze bieten sich den so Gestimmten!

V

Mit wachsender Befremdung habe ich in den letzten Jahren die Zeitung geöffnet, denn was sehe ich da? Aserbeidschaner und Armenier morden einander; die Kurden werden ausgerottet; Slowenien, Kroatien und die Slowakei, Lettland, Estland und Litauen, Tadschikistan und Usbekistan, nebst den meisten andern Minivölkern im großen Weltatlas erklären ihre Unabhängigkeit und wedeln mit Fahnen: Ein Hexensabbat vielfältiger Pseudofreiheiten ist aufgewacht, Monoglott und Troglodyt bilden einen erzwungenen Reim. Gestern erst haben sie ihr Alphabet erhalten und bereits morgen werden sie ihre Plätze in der UNO einnehmen, die ohnedies von Nichtstuern* birst.

* Ein Nichtstuer ist ein Mensch, der das Nichts *tut*; er ist von morgens bis abends emsig damit beschäftigt.

Der Nationalismus, ein verhängnisvolles Wort: Es übersieht, man könnte sagen, es negiert die Existenz des Gegenteils. Es ist ein sehr junges Wort, im gegenwärtigen Sinn seit 1844 im Englischen verbürgt, seit 1865 im Französischen. Aber selten hat ein Schlagwort, seinem Namen gerecht werdend, so viel politische Sprengkraft bewiesen. Es hat ungezählte Millionen auf den Kopf geschlagen; es hat sie auf die Schlachtbank und in den Feuerofen getrieben. Nur der völlig Entfremdete, der Vaterlandslose kann die Scheußlichkeit des Begriffs ganz erfassen: Es hat die Erziehung des Menschengeschlechts, von der Lessing träumte, ein für allemal unmöglich gemacht.

Dabei ist eine der Kräfte, die den Nationalismus vorantreiben, durchaus anzuerkennen. Die Liebe zur Muttersprache ist eines der wenigen edlen menschlichen Gefühle. Es sollte ein unveräußerliches, nie verlorengehendes Gefühl sein, ist es aber anscheinend in vielen Fällen nicht. Als ich meinen Wohnsitz in Amerika nahm, merkte ich, daß viele Einwanderer ihre Muttersprache sehr bald einbüßten, ohne eine Stiefmuttersprache zu erwerben. Eine zweite Muttersprache gibt es selbstverständlich nicht. Es scheint so zu sein, daß das neugeborene Kind mit der Fähigkeit, eine Sprache zu sprechen, auf die Welt kommt; aber welche Sprache es sein soll, das wird nicht durch das Blut der Mutter bestimmt, sondern durch ihre Lippen. Das Geheimnis der Sprachwerdung ist nicht weniger groß als das der Menschwerdung. Was die Wissenschaften dazu beizutragen haben, ist hauptsächlich Geschwätz.

Wenn das Kind aufgewachsen ist und alt genug, um den Knüppel zu ergreifen, geschehen jedoch Dinge, die ich nicht begreife. Aus dem Besitz einer Sprache scheint das Gebot zu erwachsen, die Anderssprechenden zu vertreiben, ihnen ihr Land wegzunehmen oder sie sogar auszurotten. Mag die Muttersprache noch so süß sein, das Vaterland ist ein harscher Gebieter; es drängt zu Endlösungen. Daß Matthias Claudius und Heinrich Himmler die gleiche Sprache gesprochen haben, habe ich immer schwer gefunden zu verstehen. So trägt die Menschheit ewig den Abdruck der Teufelsklaue, und unter diesem Siegel endet ihr Leben in Blut und Fäulnis.

Es wäre gewiß falsch, den Eindruck zu erwecken, daß Sprache der einzige Treibstoff des Nationalismus ist. Ein viel mächtigerer ist der Haß gegen den Andern; ein Haß, der aus jedem andern ein zu verfolgendes, ein zu vernichtendes Gegenteil macht. Das furchtbare Entweder-Oder des Menschen ist eine Schneide, die sicherlich mehr Köpfe abgehauen hat als alle Dschingis-Khans der Weltgeschichte zusammen.

VI

Bis vor wenigen Jahren hätte ich es nicht für möglich gehalten, daß es neben dem Nationalismus noch eine zweite Macht geben könne, die sich an Durchschlagskraft mit ihm messen kann. Jenes *annus mirabilis*, 1989, das Jahr der sanften und der samtigen Revolutionen, die keine waren, hat jedoch gezeigt, daß der Konsument, wenn sein Grimm geweckt ist, weil er nicht alles zum Konsumieren kriegt, was er möchte, eine sehr gefährliche Kraft ist. Da ein professioneller Konsument meistens gerade den Intelligenzgrad besitzen wird, der ihn befähigt, ein Nationalist zu sein, ist seine Durchschlagskraft verdoppelt, und eben das macht ihn so gefährlich, obwohl samtig und sanft, wenn es um Pseudorevolutionen geht. Wenig ist gefährlicher als ein enttäuschter Konsument, der, aufgewiegelt durch die farbigen Verlockungen des Weltfernsehens, immer dort das Glück zu sehen glaubt, wo er nicht ist. Ist er aber einmal im Land des Glücks angelangt oder ist es ihm gelungen, sein eigenes zu einem Hort der *Konsumenzia** zu machen, so merkt er,

* Das vielleicht nicht ganz unnütze Wort *Konsumenzia* für die politisch wirksame Schicht der Verbraucher ist dem nicht weniger komischen russischen Wort *intelligenzia* nachgebildet. Uschakows Wörterbuch (Bd. 1) definiert dieses Wort wie folgt: »Gesellschaftliche Gruppierung der geistigen Arbeiter, der gebildeten Leute«. Demgemäß meine Definition: *Konsumenzia* – Gesellschaftliche Gruppierung der Menschen, die neidisch sind darauf, was Leute in andern Ländern besitzen oder kaufen können.

daß das Wohlleben viel schöner ausschaut in Technicolor als in Wirklichkeit.

Ist es also der Haß gegen das Gegenteil, den Andern; ist es der Neid auf das Gegenstück, den Gleichen? Eine Maxime Goethes (Nr. 247) drückt das Verhältnis sehr treffend aus:

> Der Haß ist ein aktives Mißvergnügen, der Neid ein passives; deshalb darf man sich nicht wundern, wenn der Neid so schnell in Haß übergeht.

Das ist eben das Rätselhafte an den menschlichen Instinkten: nahe gelegene Gefühle können ineinander übergehn, aber auch einander völlig entgegengesetzte; aus Neid wird Haß, aber auch aus Zuneigung, ja sogar aus Liebe. Inwieweit die Erhebungen des Jahres 1989 daraus gespeist waren, ist schwer zu beurteilen; mal war es der Haß gegen das Gegenteil, mal der Neid auf das Gegenstück. Das naive Fibelgeplapper vom »Ende des Kommunismus«, ja sogar vom »Ende der Weltgeschichte« wird uns da nicht helfen. Ich glaube, daß man aus Gogols frühen Werken, den meistens in der Ukraine handelnden Erzählungen, mehr darüber lernen kann als aus den Leitartikeln der Tagespresse.

Nationalistische Umwälzungen, Konsumentenrevolutionen, die daraus erfließende ökonomische Unrast und ideologische Verwirrung haben dem 20. Jahrhundert ein frühes Ende bereitet. Es ist ein kurzes, unangenehmes Jahrhundert gewesen, nur 75 Jahre, von 1914 bis 1989.

VII

Einst war die Erde wüst und leer, jetzt ist sie wüst und voll. Soll dies das Zweite Goldene Zeitalter sein? Kennzeichnet das Verschwinden des Gegenteils wirklich den Höhepunkt einer neuen *aurea aetas?* (In der Rhetorik werden Fragezeichen manchmal zu verdoppelten Ausrufezeichen, und so ist es hier gemeint.) Nehmen wir also an, daß es allen wirklich gelungen ist, ihre Gegenteile loszuwerden. Eine jede Nation sitzt bei sich zu Haus und schmunzelt. Wird sie zufrieden sein und glücklich? Ich glaube nicht, denn es wäre eine sehr langweilige Welt. Die Süd-Osseten, vorläufig noch Bewohner einer Autonomen Region der UdSSR, werden mit sich allein sehr allein sein.

Setzen wir also auf die Chance, daß es kein Gegenteil mehr gibt; die »Andern« sind ausgerottet oder vertrieben. Das ist ein Zustand, der, wie schon früher angedeutet, nicht lange währen wird, bis es zum Beispiel zum ersten Feldzug der Brünetten gegen die Rothaarigen kommt. Die Anderheit ist nämlich in die Welt eingebaut; wo es sie nicht gibt, muß man sie erfinden. Sie ist gleichsam das Öl, in dessen Abwesenheit die Maschinerie stillsteht.

Dann kommt aber Jean Genet, um mich zu verwirren. Denn er sagt »Tout homme est tout autre et moi comme tous les autres.«[6] (»Jeder Mensch ist ein ganz anderer und ich wie alle andern.«) Das ist ein tieferes Wort als es den Anschein hat. Daß »zwei Seelen, ach!« in eines jeden Brust wohnen, hat man schon seit der Antike gewußt; aber, wie ich den Genet verstehe, sagt er mehr, nämlich daß jeder Mensch sein eigenes Gegenteil einschließt. Der Streit wird also in eines jeden Herz verlegt, und dort kann er nie geschlichtet werden.

Der Verlust des Gegenteils wäre demnach der Verlust unserer selbst. Darauf beruht die furchterregende Zentrifugalkraft unserer Zeit.

Anmerkungen

1 S. W. Baron, *A Social and Religious History of the Jews*, Bd. 1, S. 95, 138, 148, 190, 196 f. (New York, 1937).

2 V. Nabokov, *Lectures on Russian Literature*, S. 115 (New York, 1981).

3 Nuruddin Farah, The Times Literary Supplement, Nr. 4573, S. 1264 (1990).

4 E. Chargaff, Sprachmeditationen über das Anderssein, *Zeugenschaft*, S. 91 (Stuttgart, 1985).

5 William Blake, *The Complete Writings* (ed. G. Keynes), S. 149 (London, 1957). – Eine Reproduktion des gestochenen Buches findet sich in *The Illuminated Blake*, annotated by D. V. Erdman (London 1975).

6 Jean Genet, *Ce qui est resté d'un Rembrandt* (Paris, o. J.).

VI

Erforschung der Natur und Denaturierung des Menschen

I

Ich gehe von der Feststellung aus, daß die Funktion der Naturwissenschaften sich in unserem Jahrhundert, und besonders seit dem Zweiten Weltkrieg, enorm verändert hat. Tatsächlich sind die Veränderungen so groß, daß man sich fragen müßte, ob die alten Bezeichnungen überhaupt noch zutreffen, oder ob wir wieder einen Fall haben, wie so oft in der Historie, daß gepanzerte Ritter mit Schild und Speer in eine Schlacht reiten, in der mit Kanonenkugeln auf sie geschossen wird. Es hat Zeiten gegeben, als der einzelne Mensch viel ungeduldiger war als die Gesellschaft, in der er lebte. Jetzt leben wir in einer unglaublich rastlosen und ungeduldigen Gesellschaft, die den einzelnen überbeansprucht. In dieser Beziehung ist also die moderne Naturforschung ein gültiger Ausdruck unserer Gesellschaft. Wobei man sich allerdings fragen kann, wer zuerst da war, die synthetische Henne oder das künstliche Ei.

Ich nehme an, daß es schon in neolithischen Zeiten vorgekommen ist, daß ein Mann, dem ein Stein auf den Kopf fiel, stehengeblieben ist, um sich den Stein genau anzusehen und sich zu fragen, woher der Stein eigentlich kam und warum er ihm so wehtat. Das mag ein seltener Mensch gewesen sein, aber ich bin gewiß, daß er bald danach damit begann, umherzugehen unter seinen Mitneanderthalern und ihnen verschiedenes zu erklären und auszulegen. So war der erste Naturforscher geboren und der erste Fachmann. War es außerordentliche Neugier, die ihn beseelte, war es ungewöhnliche Intelligenz? Wahrscheinlich eine Mischung von beiden und noch vielem anderen.

Viele, viele Jahrtausende mußten jedoch vergehen, bevor es zu dem kommen konnte, was wir auch jetzt als Naturwissenschaft oder gar als Naturforschung erkennen könnten. Solange die Menschen, auch ohne sich diese Frage stellen zu müssen, sich als Teil der Natur betrachteten – nicht nur von ihr umgeben, sondern als zu ihr gehörig –, solange das der Fall war, konnte man vielleicht von einer sehr primitiven Form von Naturwissenschaft sprechen, aber kaum von Naturforschung. Zuerst mußten nämlich die Menschen gleichsam aus der Natur hinausfallen, sich von ihr als etwas Andersgeartetem loslösen, sie als Freundin oder meistens als Feindin konfrontieren. So haben wir zwar in der Antike – und nicht nur bei den Griechen und Römern – bescheidene Anfänge von Naturwissenschaft, hauptsächlich Naturbeschreibung, aber um erkennbare Naturforschung zu finden, dürfen wir nicht mehr als etwa 300 Jahre zurückgehen. Dazu mußte nämlich das geschehen, was ich als den Fall aus der Natur bezeichnet habe, und dieser fand wahrscheinlich in dem auf die Entdeckung Amerikas folgenden Jahrhundert statt. Das 16. Jahrhundert war alles in allem ein großes Jahrhundert der Loslösung, und man könnte sagen, daß die Kräfte, die den Menschen zur Apostasie von der Natur drängten, denen nicht unähnlich waren, die die Reformation herbeiführten. Es war ein vielfach apostatisches Zeitalter. (Freundlichere Leute würden es ein Zeitalter der Befreiung nennen; einer Befreiung, die zu einer neuen und unauflöslicheren Sklaverei führen sollte.)

II

Wenn ich in Ausübung meines Kleingewerbes, der Wissenschaftskritik, die Richtung verurteile, die die experimentellen Naturwissenschaften in den letzten fünfzig Jahren eingeschlagen haben, werde ich oft gefragt, ob es alternative Naturwissenschaften gebe. Meine Antwort pflegt zu sein, daß, wie die großen Wissenschaften jetzt konstituiert sind, ich mir keine Alternativen vorstellen könne. Es gebe keine andere Physik, keine andere Chemie. Eine andere Biologie sei vielleicht eher vorstellbar; und vollends bei den angewandten und industrialisierten Wissenschaften, zu denen ich auch die Medizin rechnen würde, wären Reformen, zum Beispiel eine Änderung ihrer Ziele und Zwecke, durchaus denkbar.

Man muß sich nämlich vergegenwärtigen, daß eine Abkehr von den jetzt üblichen Methoden der Naturforschung einen derartigen Riesensprung erfordern würde, daß er ohne eine vorhergehende soziale, moralische und psychologische Revolution von unvorstellbaren Ausmaßen gar nicht gedacht werden kann. Es wäre, um bei der jetzt eingeführten Nomenklatur zu bleiben, einer der größten Paradigmenwechsel der Weltgeschichte, vergleichbar mit der Entstehung des Buddhismus oder dem Aufstieg des Christentums. Es würde heißen, dem Ade zu sagen, was ich einmal die galoppierende Experimentitis unserer Forschung genannt habe; es würde heißen, zu verzichten auf die hauptsächlichen intellektuellen Werkzeuge unserer Zukunft, auf die Induktion und den Reduktionismus. Vom Kleinen auf das Große zu schließen, vom Teil auf das Ganze, das ist unseren Wissenschaften so eingefleischt, daß eine Umgewöhnung einer Schindung gleichkommen müßte. Ihrer pseudophilosophischen Stützen beraubt, wären sogar die exakten Naturwissenschaften so hilflos, wie der von Apollo seiner Haut beraubte Marsyas, der sicherlich daraufhin dem Flötenspiel entsagen mußte.

Aber machen wir für einen Augenblick den Gedankensprung zu jenen alternativen Wissenschaften, die auf das Ganze der Natur blicken, ohne daran zu denken sie zu zerfasern, die sich darauf beschränken, das Sichtbare, sozusagen die Oberfläche, der Natur zu betrachten und zu beschreiben. Und wohin hat uns dieser Sprung geführt? Seltsamerweise zu den Vorsokratikern, diesen Meistern phantasievoller Deduktion. Wollten wir zu ihnen zurückkehren, so wäre das nur eine komische Maskerade; als erwarteten wir von den Skulptoren der Gegenwart, etwas zu schaffen, das dem Wagenlenker von Delphi gleichkäme. Es gibt kein Zurück auf der Welt, die Reise zum Maximum der Entropie geht nur in eine Richtung.

III

Seit Bacon und Newton, seit Galilei und Galvani, seit Lavoisier und Darwin stand die Richtung der Reise fest, wenn auch Unklarheit herrschte über ihr Ziel. Tatsächlich muß man es vermeiden, irgendeinen der Reisenden nach seinem Ziel zu befragen. Er kriegt trübe Augen und faselt einen Gemeinplatz, denn er hat meistens kein Ziel, außer sich und die Seinen gut zu versorgen. Das ist übrigens ein recht einwandfreies Ziel, und gewiß anständiger, als bekäme man etwas vorgesetzt über die Suche nach Wahrheit oder den Wunsch, der Menschheit zu helfen. Es gibt wenig Abscheulicheres als die Tendenz unserer Zeit, mittels abgegriffener Schablonen ihre Schandtaten zu Wohltaten umzumodeln. Darauf komme ich noch zurück.

Wenn die ethischen Aspekte der Naturforschung diskutiert werden, hört man immer wieder die Unterscheidung zwischen den reinen und den angewandten Wissenschaften, oder es wird unterschieden zwischen Forschung und Technik. Daran knüpft sich gewöhnlich eine Banalität, wie zum Beispiel, daß die reine Forschung wertfrei oder sogar ein Gutes sei, während das Übel nur von der Anwendung oder der praktischen Verwertung der Forschungsresultate komme. Ich halte das für eine faule Ausrede, denn es verkennt einige der weniger edlen Eigenschaften des Menschen, die Neugier, die Habgier, die Rastlosigkeit, die Unbeständigkeit. Wenn jemand jetzt unterscheiden will zwischen der immer edlen Forschung und ihrer oft tadelnswerten Ausnützung, so erinnert mich das an die Geschichte von dem Mann, dem es gerade gelungen war, seinem Pferd das Fressen abzugewöhnen, als es starb. In den mir zugänglichen Disziplinen werden die meisten Forschungen nur zwecks sofortigen Verschleißes ausgeführt. Keine Gentechnologie ohne Impresario, keine Transplantation ohne Barkapital. Ein AIDS-Forscher braucht nur zu krähen, er wolle den Staatsdienst verlassen, weil er in der Privatindustrie viel mehr verdienen könne; und schon erscheint – ganz anders als einst dem Belsazar – die Leuchtschrift auf dem Fernsehschirm, und sie sagt »Man hat dich in einer Waage gewogen und zu leicht gefunden. Daher wird dein Gehalt verdoppelt.«

Am Anfang dieses Aufsatzes habe ich darauf hingewiesen, daß sich in unsrer Zeit die Funktion der Naturwissenschaften weitgehend verändert zu haben scheint. Diese Behauptung hat unter anderem mit der wohlbekannten Erkenntnis zu tun, derzufolge eine Veränderung der Quantität eine neue Qualität bedinge. Die Wissenschaften, ob man nun an die Geistes- oder die Naturwissenschaften denkt, waren immer die Sache verhältnismäßig weniger Menschen gewesen. Dabei teilten diese ihre Tätigkeit zwischen Lehren und Forschen, so daß für die Forschung selbst nur wenig übrigblieb. Mit Ausnahme einiger großen Universitäten und Forschungsinstitute war der Forscherkreis auch in meinen Anfängen noch sehr klein. Das änderte sich erst während des Zweiten Weltkriegs, als die Zahl der Naturwissenschafter zu steigen begann. Ich erinnere mich, daß man, als ich in den sechziger Jahren von solchen Dingen zu sprechen anfing, die Zahl der Naturwissenschafter in den Vereinigten Staaten auf etwa 120 000 schätzte, wobei ich hinzufügte, daß mir diese Zahl als übertrieben groß vorkommt.

Jetzt möchte ich Sie bitten, diese Schätzung von 120 000 mit den Zahlen zu vergleichen, die die National Science Foundation vor kurzem veröffentlicht hat. Für das Jahr 1976 wurde die Zahl der Naturforscher in Amerika auf 960 000 geschätzt, und für 1986 auf 2 200 000, also einer Erhöhung von 130 % in 10 Jahren entsprechend. Als ich von fast 2 1/4 Millionen auf die Natur losgelassenen Amerikanern hörte, rief ich aus: »Aber so viel Natur gibt es ja überhaupt nicht! Was sollen die alle anfangen?« Man gewinnt den Eindruck, daß unsere Politiker und Wissenschafter jetzt auf die Natur schauen, als wäre sie das untergehende Römische Reich. Je mehr Vandalen auf sie gehetzt werden, um so größer die Beute. Ich brauche kaum zu betonen, wie idiotisch mir all das erscheint. Tatsächlich wäre ich erstaunt, wenn die Anzahl wirklicher Naturforscher in USA auch nur einem Tausendstel der hier genannten Ziffer entspräche.

Ich habe nicht das Recht, soziologische Schlußfolgerungen zu ziehen, aber ist es nicht offenkundig, daß wir der Begründung und dem Aufstieg einer neuen Klasse beiwohnen, für die ich den Namen Wissensproduzenten vorgeschlagen habe? Die meisten davon sind eigentlich keine Forscher im früheren Sinne, sondern eine Art von akademischen Möbelpackern, dazu trainiert, unzählige Banalitäten platzsparend zu verstauen. Diese Geschicklichkeit wird auch immer dringender gebraucht, denn ich kann mit einer weiteren Statistik aufwarten. Der New York Times vom 16. 2. 1988 entnehme ich, daß es jetzt etwa 40 000 naturwissenschaftliche Zeitschriften gibt, in denen etwa eine Million Arbeiten per Jahr veröffentlicht werden. Wer schreibt das Zeug, wer liest das Zeug? Ist die Forschung, wie wir sie jetzt betreiben, überhaupt noch als menschliche, als menschenwürdige Tätigkeit zu erkennen?

IV

Die Erwähnung der von mir postulierten neuen Klasse der Wissensproduzenten bringt mich zu der Frage, ob wir unter Wissen eigentlich noch dasselbe verstehen wie frühere Zeiten. Natürlich kann man es sich leicht machen, indem man sagt, Wissen sei das, was der Wissensproduzent erzeugt. Also genauso wie der Schuster Schuhe macht. Selbst auf Ihren Einwand bin ich gefaßt, wenn Sie mir erwidern, kein Schuster mache jetzt mehr Schuhe, sondern der Schuhfabrikant besitze Maschinen, die Schuhe in großer Zahl erzeugen. Tatsächlich habe ich auf diesen Einwand gewartet, um antworten zu können, daß wir jetzt Wissensfabrikanten haben, die Maschinen zur Erzeugung großer Massen von Wissen besitzen. Die Analogie geht sogar weiter: so wie Schuhe sich abnützen und durch neue ersetzt werden müssen, wird auch das semi-industriell erzeugte Wissen bald abgetragen und bedarf immer wieder der Erneuerung. Die Lebensdauer wissenschaftlicher Fakten ist ähnlich der von Schuhen, etwa drei bis fünf Jahre. Ich brauche nicht darauf einzugehen, daß eingebaute Obsoleszenz auch im sozusagen gewerkschaftlichen Interesse der Wissensproduzenten liegt. Das ist übrigens nicht der einzige Punkt, in dem unsere gegenwärtigen Naturwissenschaften an den Kommerz erinnern.

Wissen, das war ursprünglich das alte lateinische Wort *scientia*; es veredelte den einzelnen, es erweiterte seinen Geist, es belehrte ihn, so wurde er manchmal ein Gelehrter. Damit ist es, denke ich, zu Ende. *Sum, ergo cogito,* ist jetzt das Motto. Ich würde sagen, wenn heute in einem einzigen Lande 2 1/4 Millionen Menschen über die Natur nachdenken, kann nichts herauskommen. Oder vielmehr, es kommt viel, aber sehr Übles heraus. Es entsteht eine Art von Bevölkerungsdruck, ein Wettlauf um Themen und Einfälle, ein Überlebenskampf. Es entsteht eine Trivialisierung und Brutalisierung. Je mehr Leute Wissenschaft betreiben, desto weniger gut ist die Wissenschaft; oder, genauer gesagt, der Begriff Wissenschaft wird ein anderer. Es verändert sich das Tempo der Forschung, indem mit einem Mal das schnellere Denken – früher nur eine Zirkuskunst – und das lautere Reden – früher ein Privileg des Politikers – den Preis davontragen. Nur wer längere Zeit den Forschungsbetrieb mitgemacht hat, kann ermessen, wie schädlich die plötzlich eintretende, immense Beschleunigung sich fühlbar gemacht hat.

Am gefährlichsten ist aber die Brutalisierung, die die allgemeine wissenschaftliche Einbildungskraft und noch mehr den einzelnen Forscher ergriffen hat. Was meine ich mit Brutalisierung? Sehen Sie sich die Themen an, die heute in der sogenannten biomedizinischen Forschung bearbeitet werden; oder, noch besser, lauschen Sie den Diskussionen und Wunschträumen der Forscher; lesen Sie die zusammengepfuschten Berichte der Journalisten. Man hat den Eindruck, als wollte ein seniler Prometheus die Erbschaft von Jahrmillionen in einem Tag vergeuden. Wehe den Wissenschaften, wenn den Völkern eines Tages die Idee kommt, man müsse diesen entfesselten Prometheus unter Kuratel stellen! Die Erinnerung, daß die

Götter das schon einmal vergeblich versucht haben, hat unter den gegenwärtigen Umständen rein dekorativen Charakter. Wir wissen nämlich nur von jenen Knebelungsversuchen, die in der Vergangenheit gescheitert sind, von den erfolgreichen wissen wir nichts.

»Das ist aber eine häßliche Bemerkung«, flüstert mir eine meiner zahlreichen inneren Stimmen zu. Aber wieso? »Die Gedanken sind frei!« habe ich zwar seinerzeit in krächzendem Knabenchor mitgesungen. Unterdessen habe ich mich oft gefragt, ob wir wirklich als gute Demokraten verpflichtet sind, alle Gedanken, die Luzifer dem Herostrat eingeblasen hat, freudig mitzudenken. Ich plädiere demnach für eine Abkühlung des Forschungsbetriebes, für eine Kürzung der dafür zur Verfügung gestellten Geldmittel und für eine beträchtliche Verringerung der Zahl derjenigen, die sich diesem Beruf widmen. Es wird nötig sein, daß die Völker sich mit dem Gedanken befreunden, daß nicht alles Wißbare wissenswert ist, und insbesondere, daß die immer zunehmende Beschleunigung der Erzeugung sogenannten neuen Wissens eine große Gefahr für die Menschheit ist. Handelt es sich doch beim naturwissenschaftlichen Wissen um ein Produkt, das der Kontrolle durch Angebot und Nachfrage nicht unterliegt.

V

Ich glaube nicht, daß es eine Übertreibung ist, wenn ich sage, daß wir in einem Zeitalter leben, in dem die Naturwissenschaft es auf sich genommen hat, die Natur zu brutalisieren wie nie zuvor. Es könnte sein, daß sie es schon immer getan hätte, wenn sie die Mittel dazu gehabt hätte, aber ich bezweifle es. Es hat Zeiten gegeben, in denen das Gewissen des einzelnen noch funktionierte und ihn von vielem abhielt, das jetzt durch den Teufelskult der Machbarkeit als des einzigen kategorischen Imperativs nicht nur sanktioniert, sondern sogar anbefohlen wird. Große Theologen der Vergangenheit, z. B. Kardinal Newman, sahen im Gewissen der Menschen einen der hauptsächlichen Gottesbeweise. Damit ist es vorbei. Kann man sich jetzt einen Naturforscher vorstellen, der sich weigerte, gewisse Versuche zu machen, weil sein Gewissen es ihm verbiete? Ich glaube, daß das Verschwinden zweier einstmals lebendigen Kräfte viel zu unserer Misere beigetragen hat. Diese sind das menschliche Gewissen und die Einbildungskraft, um sich in ein anderes Lebewesen hineinzuversetzen.

Wenn man Glück hat, kann man in einer einzigen Nummer der New York Times oder der Zeitschrift *Science* von genug wissenschaftlichen Schandtaten lesen, um ein ganzes Leben mit bitterstem Widerspruch versorgt zu sein. Fünfzigtausend Obdachlose allein in New York und 4 1/2 Milliarden Dollar für den sogenannten »Supercollider«, eine Maschine, die die Teilchenphysiker befähigen wird, das Atom noch kräftiger auf den Kopf zu hauen, bis es schreit, daß man es sogar in Stockholm hört; oder dort unten in Kalifornien eine azephale Mißgeburt, die einige Tage künstlich am sogenannten Leben erhalten wird, bis sich andere Neugeborene finden, die das eine oder andere Organ des hirnlosen Kindes brauchen können. *Requiescat in dollaribus!* Einem andern Fötus wird etwas entnommen, was, ins Gehirn eines Parkinson-Kranken verpflanzt, Wunder wirkt, zumindest für den Chirurgen. Organe werden munter transplantiert, als wären es Vergaser oder Zündkerzen; dabei mußte doch ein anderer sein Leben lassen unter Umständen, denen man besser nicht nachgeht. Tiefgefrorene Embryos werden schließlich zum Tode im Mistkübel verurteilt. Leihmütter streiten sich um Kind und Profit; In-vitro-babies kennen weder Vater noch Mutter, an ihrer Wiege standen milde lächelnd Pipetten und Pinzetten, vielleicht auch noch Gynäkologe und Advokat mit ihren Schecks. Was das für eine Welt ist!

Oder ein anderer, rosigerer Aspekt derselben Hölle. Das Gerede von der Bestimmung der gesamten Nukleotidsequenz des menschlichen Genoms. Was da alles herauskommen wird, und für nur drei Milliarden Dollar! (Dabei hat Präsident Reagan vor kurzem gewisse Steuererleichterungen für Blinde abgeschafft.) Endlich werden wir wissen, daß die ganze Menschheit krank ist, denn gewiß wird ein jeder von der Norm des menschlichen Genoms abweichen. Die Motive sind, denke ich, rein gewerkschaftlich: jahrelange Arbeit für eine Menge sonst unverwendbarer Molekularbiologen. Sequenzbestimmung, wie sie jetzt betrieben wird, gehört zum Geistlosesten auf der Welt. Aber die Computer werden viel zu tun bekommen, denn ein Text aus dreitausend Millionen Buchstaben kann von menschlichen Augen weder gelesen noch interpretiert werden.

So erhebt sich denn die Frage: müssen wir alles wissen? »Der Vogel Strauß ist ein weiser Vogel!« habe ich schon vor Jahren ausgerufen. Haben wir nicht das Recht, ja sogar in manchen Fällen die Pflicht, unsere Ohren zu verschließen? Ist nicht die übertriebene Emsigkeit unserer Forscher mitbeteiligt an der Neurasthenie, der Rastlosigkeit unserer Zeit? Überall, in allen Belangen unserer Existenz macht sich die Gilde, die ich die Wissensgschaftlhuber genannt habe, zu schaffen. Ich zitiere aus meinem Buch *Serious Questions* (S. 120):

> Unser Leben wird von Fachleuten regiert, die vielleicht nicht besonders gescheit sind, aber wissen, wo man es nachschaut. Spezialisten der gleichen Disziplin sind gewöhnlich *einer* Meinung, außer wenn sie von den beiden Prozeßgegnern besoldet sind; dann sind sie zweier Meinungen. Von der Geburt bis zum Grab sind wir Forschungsobjekte. Der kleinste Fötus wird den Zytogenetikern nicht entkommen, wenn sie aus den Chromosomen sein Horrorskop stellen. Wenn er trotz den Anstrengungen der Erziehungsfachleute aufwächst und seine Sozialversicherungsnummer bekommt, wird er ein Gegenstand für Statistiker, Soziologen, Politologen, Nationalökonomen. Im weiteren Verlaufe seines Lebens wird er unvermeidlicherweise in die Hände des biomedizinischen Standes geraten, und wenn er schließlich ans andere Ende kommt, werden Thanatologen seine Agonie studieren. Ethizisten werden seine Moral beklagt haben, Analytiker

seine Seele auseinandernehmen. Gurus, Propheten, Tonangeber, Politiker werden ihn irregeführt und verwirrt haben. Für alle ist er ein Mahlgut, und so wird er erscheinen in unzähligen Arbeiten, Büchern, Fragebogen und Kongreßberichten.

Ich habe mir erlaubt, Ihnen dieses etwas längliche Zitat in meiner eigenen Übersetzung zuzumuten, weil es einen Teil dessen kurz beschreibt, was ich unter der Denaturierung des Menschen durch die Naturforschung verstehe.

VI

Das ist aber bei weitem nicht alles, und vielleicht nicht einmal das Wesentlichste. »Menschenwürde« ist im Deutschen ein relativ junges Wort, aus der Schillerzeit. Aber schon im 15. Jahrhundert gab es das berühmte Buch des Pico della Mirandola *De dignitate hominis*. Der Begriff ist also älter als die Naturwissenschaft. Während diese sich langsam, zuerst sehr langsam, entwickelte, bestand für sie nicht einmal die Möglichkeit, gegen den Menschen zu verstoßen, seine Würde zu verletzen, außer vielleicht anläßlich der Sektion gestohlener Leichname. Noch auch kann man behaupten, daß während der ersten 300 Jahre ihrer Existenz die Naturforschung sich an der Natur vergriff. Der Abstand zwischen Forscher und Forschungsobjekt war viel zu riesenhaft. Der winzigen Phalanx ziemlich ratloser Forscher stand eine unglaublich vielfältige gigantische Natur gegenüber. Man wußte nicht wo anzufangen. Ob man je ein Gefühl für die *dignitas naturae* gehabt hat, weiß ich nicht; eher eine Scheu vor ihr oder sogar Ehrfurcht. Die Religion der Griechen und Römer hatte durch die Vergötterung der Naturerscheinungen – Ozean, Wind, Fluß, Baum – viel zu dieser *verecundia* vor der Natur beigetragen, und das Mittelalter hielt im wesentlichen daran fest.

Die gegenwärtige biologische und medizinische Forschung

hat all dem ein radikales Ende bereitet. Der Mensch, der arme Mensch, wie er in seiner Nacktheit, Anfälligkeit, Sterblichkeit dasteht, ist ein primäres Objekt der Forschung geworden. Ein großer Teil der sogenannten Durchbrüche, von denen man liest, muß als Vivisektionsexperimente am Menschen angesehen werden, welche – gäbe es ein himmlisches Nürnberg – fraglos als verbotene Experimente verurteilt und geahndet würden. Zumindest in Amerika ist diese Ahndung vorläufig den Geschworenengerichten überlassen, die durch die Zuerkennung phantastischer Geldsummen für sogenannte medizinische Kunstfehler dazu beigetragen haben, daß die Versicherungsgesellschaften die hauptsächlichen Nutznießer der Blüte biomedizinischer Forschung geworden sind, denn ihre Prämien steigen ins Astronomische.

Meiner Meinung nach ist also die moderne Naturforschung eine andauernde Attacke geworden auf die Würde des Menschen und auf die Idee einer ehrfurchtserregenden gewaltigen Natur. Beide hängen miteinander zusammen, und mit dem einen verschwindet das andere. Auf die Reifizierung, die Verdinglichung der menschlichen Seele durch die Psychiatrie, die Psychologie und die Psychoanalyse folgte die Erniedrigung des Menschenleibes zu einem reinen Material der Forschung. Wer braucht noch die Schlachthäuser oder die Sektionssäle, aus denen früher das Material kam? Und glauben Sie nicht, daß es dabei bleiben wird. Es gehört nicht viel Phantasie dazu, um sich die künftigen Fabriken auszumalen, in denen menschliche Embryos und Föten fabriziert werden als Ausgangsmaterial hochinteressanter Substanzen. Noch auch, glaube ich, sind wir weit von dem Zeitpunkt, da die Molekulargenetik sich mit dem Erbmaterial solcher menschlichen Embryos zu schaffen macht, mit allen ihren Künsten des Zusammenspleißens von arteigener und artfremder DNA. »Was gemacht werden kann, muß gemacht werden«, sagte der Teufel; und was kann nicht alles gemacht werden!

Hat jemals einer von diesen In-vitro-Befruchtern daran gedacht, daß mit jeder gelungenen Befruchtung eine menschliche Seele erzeugt wird – erzeugt von ihm, dem keiner Verantwortung Bewußten? Ich habe vor ein paar Tagen wieder einmal in Kierkegaards Tagebüchern gelesen. Zu denken, daß das vor weniger als 150 Jahren geschrieben werden konnte! Ich schaudere bei dem Gedanken, was in dieser kurzen Zeit aus des Schöpfers Ebenbild geworden ist, und was alles mit diesem Ebenbild jetzt gemacht wird.

Zu dieser allgemeinen Entmenschlichung der Wissenschaften, zu dem, was ich Denaturierung genannt habe, gehört auch, was ich vor kurzem in einer Zeitschrift las. Da erklärte der Verfasser, daß wir jetzt alle Naturerscheinungen im Griff haben, nur noch nicht das Wetter. Den Tod erwähnte er nicht, wahrscheinlich weil an dessen Abschaffung bereits gearbeitet wird.

VII

Der vor kurzem verstorbene bedeutende Biochemiker Albert Szent-Györgyi sagte einmal, daß jetzt mehr Leute vom Krebs leben als an ihm sterben. Damit spielte er auf die ungeheuren Geldsummen an, die alljährlich in den Vereinigten Staaten für die Krebsforschung ausgegeben und eigentlich vergeudet werden. Dic Statistiken zeigen keine Abnahme dieser Krankheit. Auch im Kampf gegen AIDS hat sich die Forschung vorläufig keinen Lorbeerkranz erworben. Man würde also sagen, daß ihr einige Bescheidenheit nicht schlecht stehen würde. Davon ist aber keine Rede; im Gegenteil, das Marktgeschrei wird immer lauter, denn die Wissensproduzenten bilden eine sehr einflußreiche Lobby. Sie besitzen eine Flagge, auf deren beiden Seiten zwei verschiedene Inschriften stehen. Die eine sagt »Wissen ist schön«, die andere »Wissen ist nützlich«. Welche Inschrift gezeigt wird, hängt von den Umständen ab. Keine dieser Aussagen würde einer strengen philosophischen Analyse standhalten; es kommt immer auf das Kleingedruckte an.

Das Kleingedruckte nimmt aber viel Zeit in Anspruch, und die haben wir nicht. Eines sollte aber gesagt werden, insoweit meine Ausführungen zu radikal geklungen haben. Ebensowenig wie ein Theaterkritiker ein Feind des Theaters ist – wenigstens sollte er es nicht sein –, ist ein Wissenschaftskritiker ein Feind der Wissenschaft. Er mag den Kopf schütteln über manche Ausartungen des Wissenschaftsbetriebs, über das Verhalten mancher Wissenschafter, er mag die durch eine gewissenlose Reklame aufgepeitschten, übertriebenen Erwartungen des Publikums bedauern, er mag die Höhe der aufgewandten Geldmittel beklagen; aber all dies macht ihn nicht zu einem Wissenschaftsfeind. In meinem Fall wäre das besonders albern, denn ich habe einen großen Teil meines Lebens der naturwissenschaftlichen Forschung gewidmet. Ich betrachte noch immer, um Beispiele zu nennen, die physikalische und die organische Chemie als wahre Wunder des menschlichen Geistes, imposant in ihrer intellektuellen Kohärenz und in ihrer ästhetischen Leistung. Bei alldem habe ich dennoch, wie schon gesagt, den Eindruck, daß in unserem Jahrhundert die Naturwissenschaften einer gewaltigen Veränderung erlegen sind. Sie liefern die Musik zu einem riesenhaften Kehraus, zu dem Ende der fast dreitausend Jahre währenden griechisch-römisch-christlichen Kulturepoche. Was jetzt anfängt, hat noch keinen Namen; auch würde es, fürchte ich, kein sehr schöner sein.

VIII

Meine sehr kritische Einstellung zu unserem gegenwärtigen Naturwissenschaftsbetrieb ist nicht meiner geringen Meinung über seine Leistungen zuzuschreiben, sondern meiner Überzeugung von der verhängnisvollen Wichtigkeit der Naturforschung. Sie hat den leeren Raum ausgefüllt, den das Verblassen der Religionen und des menschlichen Gewissens hinterließ. Wenn jedes Zeitalter einer Religion bedarf, so sind die Naturwissenschaften die Religion dieses Jahrhunderts geworden. Daß die überwiegende Mehrzahl der ausübenden Forscher sich als Atheisten bezeichnen, stört mich nicht. Tatsächlich denken sie an etwas ganz anderes.

Wenn man die Naturwissenschaften mit den Religionen, die eine schriftliche Offenbarung besitzen, vergleicht, wird man eines Mangels gewahr, der ihre Stärke ausmacht: die Naturwissenschaften besitzen nichts Geschriebenes zum Anhalten. Es wird zwar viel von der sogenannten wissenschaftlichen Methodik geredet, aber niemand kann einem sagen, was das ist. Von dieser Ungewißheit lebt die relativ junge Branche der Wissenschaftsphilosophie.

Während offenbarte Religionen im Prinzip statisch sind – sie entwickeln sich höchstens durch Auslegung und manchmal durch Häresie –, sind die Naturwissenschaften eine immerfort wachsende Religion, und nicht nur dadurch den heidnischen Religionen der Antike ähnlich. Die Anzahl der adorierten Götter und Heroen ist unbeschränkt, es können immer neue hinzugefügt werden, und die Tempel werden umbenannt. Auch ein gelegentlicher Caracalla oder Heliogabalus fehlt nicht, denn die Selbstvergötterung hat in den Wissenschaften so zugenommen, daß die Unterscheidung zwischen Naturforscher und Politiker häufig schwerfällt. Alles in allem würde ich sagen, daß die meisten Naturforscher nicht Atheisten sind, sondern Polytheisten.

Ich möchte die Analogie natürlich nicht übertreiben, obwohl ich glaube, daß das plötzliche rapide Wachstum der Naturwissenschaften daher kommt, daß sie ein ebenso plötzlich entstandenes Vakuum ausfüllen mußten. Aber auf eine weitere Ähnlichkeit will ich doch hinweisen: wenn man heutzutage wahre Devotion und Selbsthingabe sucht; wenn man Ausschau hält nach feuriger Gläubigkeit, ja sogar nach unduldsamer Sektiererentbranntheit: wo sonst als unter den Naturforschern würde man all das finden in unserer entgötterten Welt?

IX

Am Schlusse meiner Betrachtungen möchte ich Sie bitten mir zu gestatten, noch einmal auf deren Titel zurückzukommen, in dem ich von der Denaturierung des Menschen durch die Naturforschung gesprochen habe. Ich habe schon früher Beispiele angeführt, möchte jedoch jetzt noch einige Nuancen nachholen. Was ich Denaturierung nenne, hat sozusagen zwei Facetten. Einerseits haben fast alle Naturwissenschaften mit ihrem Anspruch, die Natur zu verändern und zu verbessern und viele Tätigkeiten der Natur in neue, nicht von ihr vorgesehene Wege zu lenken, den Menschen aus der Natur herausgerissen, sie haben aus ihm einen Gegner und zugleich einen Eigentümer der Natur gemacht. Unsere Forscher und Techniker scheinen seltsamerweise vergessen zu haben, daß es eine Zukunft gibt. Um nur ein Beispiel zu nennen: der jetzt abgelegte Atommüll wird möglicherweise noch auf Generationen strahlen, die gar nicht mehr wissen, was Kernenergie ist.

Dann gibt es aber noch die andere Facette, und die hat hauptsächlich mit der biologischen und medizinischen Forschung zu tun. Diese behandelt den Menschen als einen lebenden Kadaver. (Ich hoffe, der Graf Tolstoi runzelt seine himmlische Stirne.) Er ist ein seiner Würde entkleidetes Stück Fleisch, mit dem man allerhand Experimente machen darf. Auf einige davon habe ich schon früher angespielt. Da kommt das Sakrileg hauptsächlich davon, was ich einmal die Statistifizierung des Menschen genannt habe. *Individuum ineffabile*, sagten die Scholastiker, und sie wußten, daß es keine zwei völlig identischen Menschen gebe. Jetzt sind wir aber nur mehr Nummern, für die sich lediglich ein Computer interessieren kann.

Ich denke hingegen, daß die Individuation viel weiter gehen mag, als die Medizin es ahnt. Als ich noch Universitätsvorlesungen hielt, pflegte ich den Studenten vorzuführen, was meiner Meinung nach die Aussagen einer Leberzelle sein könnten. Die Leberzelle sagt: 1) »Ich bin eine Leberzelle.«

2) »Ich bin eine menschliche Leberzelle.« 3) »Ich bin eine männliche Menschenleberzelle.« 4) »Ich bin die Leberzelle des Herrn N.« Auf die letzte Aussage kommt es mir besonders an, denn ich frage mich, ob man wirklich ahnt, was alles bei der Transplantation eines Organs geschieht. Zurückweisung ist vielleicht nur die erste extreme Reaktion des Körpers auf ein fremdes Gewebe, vielleicht ist ihm auch das nicht zurückgewiesene nicht willkommen. Ich glaube, wir haben das letzte Wort darüber noch nicht gehört. Überhaupt hören wir sehr wenig über den schließlichen Ausgang der anfangs so laut verkündeten Wunderkuren.

Ähnliche Bedenken – aber sie sind mehr metaphysischen Charakters – habe ich bezüglich der Befruchtung *in vitro*. Man nimmt an, daß alle Spermien gleichwertig seien, und daß, wenn ein Ovum im Glasschälchen mit einer genügenden Zahl von Spermien zusammengebracht wird, es nur auf den Zufall ankomme, welche Keimzelle sich mit dem Ei vereinigen werde. Also genau so, wie wenn wir Silber mit Kochsalz zusammenbringen, und es nur der Zufall will, welches Silberion mit welchem Chloridion reagieren solle. Aber ist das wirklich so im Falle der Befruchtung? Oder wählt das Ovum das geeignete Spermium aus, um sich mit ihm zu vereinigen? Sollte dem so sein, so bestünden wichtige Unterschiede zwischen der normalen Befruchtung und dem *in vitro* Experiment. Im letzteren Fall hat der Experimentator – soll ich ihn als den Versucher übersetzen? – das Ei auf die ihm angebotenen Spermien beschränkt und auf diese Weise mit seiner Pipette bestimmt, welche Seele sich bilden solle.

Menschliche Seele – automatische Pipette: hier haben wir die ganze Diskrepanz, die der Denaturierungsvorgang an den Tag bringt. Es ist eine furchterregende Kluft zwischen einer Methodik und einem Menschen. Ob Sie die geheime Macht über das Schicksal der Menschen – ob Sie sie Vorsehung nennen oder Zufall: sie rechnet mit Äonen, sie mündet in die Ewigkeit. Und schräg gegenüber, da steht der einzelne Wissenschafter, und mit einer Hand, mit einem Finger rührt er an Geschicke, die anzutasten selbst die Größten der Welt sich früher gescheut hätten. Was mich so besonders berührt, ist die furchtbare Verantwortung, die die Naturwissenschaft auf sich nimmt: sie greift ein, mit plumper Hand greift sie ein, in die große, die überwältigende Unbestimmtheit und Unbestimmbarkeit menschlicher Schicksale.

Der kunstgestopfte Schleier der Maja

Einige Betrachtungen über die Gentechnologie

I

Wenn man über die Entwicklung der Naturwissenschaften in den letzten Jahrzehnten nachdenken will, so kommt es sehr darauf an, ob das von innen oder von außen geschieht. Tut man das letztere – also als Nutznießer der Segnungen oder als Opfer der Schäden –, so gewinnt man den Eindruck, daß man einem mächtigen Block unumstößlicher, ineinander verflochtenen Tatsachen gegenübersteht, den man so wenig in Frage stellen kann wie etwa Flut und Ebbe oder Geburt und Tod. Vor dieser riesenhaften Übermacht können selbst die sogenannten Supermächte nur den Hut abnehmen und die Geldbeutel ihrer Völker öffnen. Wahrhaftig, die Naturwissenschaften, besonders die als exakt bezeichneten, sind der Fürst dieser Welt geworden, von dem es im *King Lear* heißt »The Prince of Darkness is a gentleman«. Allerdings ist die Erforschung der Natur erst in den letzten zwei- oder dreihundert Jahren zu einer edlen Beschäftigung erklärt worden. Früher war man Sterndeuter, Goldmacher, Giftmischer, Barbier. Betrachtet man jedoch den Gang der Naturwissenschaften von der Innenseite, so bietet sich ein ganz anderes Bild: eine zur ewigen Beiläufigkeit und Unvollendetheit verurteilte pointillistische Skizze, deren Gültigkeit und Wert immer vom Betrachter abhängen wird. Je näher man tritt, um so mehr verliert das Bild an Kohäsion. Wenn ich auf meine fünfzig Jahre experimenteller Forschung zurückblicke, so ragt eine Beobachtung hervor, die mich schon immer beeindruckt und beunruhigt hat. Es ist die Zufälligkeit des Entdeckten, das Aleatorische des ersten Schrittes. Dem Forscher fällt der Würfel in den Schoß, und so errichtet er dort seinen Rubikon. Woher der

Würfel gekommen ist, weiß er nicht, aber es ist der erste Schritt, der alle weiteren nach sich ziehen wird. Meistens fragt er sich nicht, ob es nicht auch ein andrer Würfel hätte sein können und ein andrer erster Schritt. Ich war mir mein ganzes Leben lang dieser Ungewißheit, dieses Segens oder Fluches bewußt.

Nun kann man sagen, daß in den zwei grundlegenden Wissenschaften, in der Physik und der Chemie, also in der Lehre von den Kräften und den Stoffen, das Netz der sie durchackernden Wege so dicht gelegt worden ist, daß selbst der Skeptiker zum Gläubigen werden muß. Ich sage zum Gläubigen, nicht ohne weiteres zum Wissenden oder Verstehenden, denn es ist schwer, dem Außenseiter zu erklären, daß sogar in den Naturwissenschaften eine bestimmte Form des Glaubens manchmal eine Rolle spielt. Um die Gültigkeit einer Beobachtung anzunehmen, muß der Forscher sicher sein, daß er alle zu seinem Schluß notwendigen Prämissen versammelt hat. Es gibt aber Wissenschaften, in denen ein starkes Element des Glaubens vorhanden sein muß, um diese Sicherheit zu gewinnen. Daß die Naturvorgänge rational erklärbar sind, sagt vielleicht mehr über die menschliche Ratio aus als über die Naturvorgänge. Auch gibt es manche Axiome, unter denen sich ein Abgrund öffnet. Das bekümmert im allgemeinen den einzelnen nicht, weil seine Schritte unentwegt auf das Ziel gerichtet sind, das der erste Schritt ihm enthüllt hat. Daß das Ziel am Ende des Weges oft ganz anders aussieht als am Anfang, ist eine andere Sache, die ich hier nicht untersuchen will. Wenn der Forscher nicht mehr weiter kann, sagt er, er sei am Ziel.

Es soll nicht verhehlt werden, daß die Zweifel, von denen ich gesprochen habe, sicherlich nicht alle benagen. Die meisten mit Experimenten beschäftigten Forscher sind Kartesianer: sie wissen, daß man von A nach B gehen muß, um C zu erreichen. Diejenigen, die direkt von A nach C gehen, kriegen oft einen schönen Preis, und nachher tun sie meistens nichts als sich zu sonnen. Die Bedenken über die Aleatorik des Forschens und Findens gelten eher für diejenigen, von denen Tertullian hätte sagen können, aber nicht gesagt hat, sie besäßen eine *anima naturaliter religiosa.*

Die bedingte Gewißheit, welche die gegenwärtige Physik und Chemie übermitteln, gilt jedoch keineswegs für die Biologie. Solange in den Wissenschaften eine strenge Trennung zwischen Redaktion und Inseratenteil herrschte, war man sich dieses Unterschiedes durchaus bewußt. Ein Tier, eine Pflanze, eine Bakterie waren entweder lebendig – dann konnte man sie beobachten – oder man tötete sie, um sie dann zu untersuchen. Das Leben war ein eiserner Vorhang, den man nur senken konnte und niemals hinaufziehen. Leben kam auf andere, höchst geheimnisvolle Weise zustande. Man konnte es nur entgegennehmen, wo es gegeben wurde. Alles hatte seinen festen Platz auf einer festen Welt. Wir waren da, um ihn und sie zu beschreiben, nicht zu verändern.

II

Ich habe es schon bei einer andern Gelegenheit gesagt: die Naturwissenschaften befassen sich mit Fakten und Daten, fragen jedoch nicht, wer die *facta* gemacht und die *data* gegeben habe. Es war die Gegebenheit der Welt, die sie beschäftigte. Damit, mit deren Aufnahme, hatten sie während vieler Hunderter von Jahren genug zu tun. Erst zu meinen Lebzeiten ist etwas Neues, ein Drittes, dazugekommen. Zu dem Erschaffenen und Gegebenen gesellte sich das Entrissene, das Geraubte. Zu den *facta* und *data* kamen die *rapta.* Das hervorragendste Beispiel dafür ist natürlich die Atomspaltung, mit allem was sie nach sich zieht und ziehen wird. Ein anderes nicht weniger furchterregendes Beispiel bildet den Inhalt dieser Zeilen. So wie Theologen und Juristen seit langer Zeit über den Gerechten Krieg und den Ungerechten disputiert haben, wird es notwendig sein, den Begriff der Gerechten und Ungerechten Versuche einzuführen. Als Historiker habe ich den großen Nachteil dabeigewesen zu sein.

Mit diesem *raptum* also, diesem wertvollen Raubgut aus dem Schatz der Vererbungsvorrichtungen, befassen sich neuerdings die Wissenschaften und Künste, die das Lebendige verändern, verbessern wollen. Man nennt sie im allgemeinen Biotechnik. Die englische Bezeichnung *bioengineering,* für die es, glaube ich, keine gute deutsche Entsprechung gibt, ist ausdrucksvoller. Jeder Bierbrauer, Winzer, Bäcker ist eigentlich ein Biotechniker, und selbst ich, der gelbäugigste Beobachter, spreche da nicht von ungerechten Versuchen. Alles was langsam gewachsen und aufgenommen worden ist – also auch die Verwendung der Hefen und anderer Organismen in der Bereitung von Speise und Getränk –, gab den Menschen genügend Zeit, um sich anzupassen. Auch die Erzeugung der Antibiotika ist ein Zweig der Biotechnik, der kaum Anlaß zu Protesten bietet. Von solchen Dingen wollen also diese Zeilen nicht handeln, sondern davon, was man vielleicht als Genmachenschaften bezeichnen könnte.

Es ist nicht viel mehr als ein Jahrzehnt, seit man von Gentechnik reden kann, obwohl die chemische Natur der Gene, der Träger aller erblichen Körpereigenschaften, bereits vor fast fünfzig Jahren wahrscheinlich gemacht wurde. Heutzutage braucht man nicht mehr zu erklären, daß es sich dabei um Vertreter der Klasse der Desoxyribonukleinsäuren (DNS) handelt. Da ich keine historische Schilderung vorhabe, will ich es unterlassen, den Gang der Forschung nachzuzeichnen. Bis auf eine Bemerkung: die ungeheure Beschleunigung des Forschungstempos.

Wie groß diese Erhöhung der Arbeitsgeschwindigkeit in den letzten vierzig Jahren geworden ist, kann ein Außenstehender wahrscheinlich gar nicht erkennen. Erklären kann ich sie mir selbst auch nicht. Zuerst versuchte ich eine naive Erklärung. Der Hang der Amerikaner, zwei Bruthennen auf jedes Ei zu setzen, war mir bekannt; und da die Vereinigten Staaten sich in jenen Jahren zur fast ausschließlich herrschenden naturwissenschaftlichen Supermacht hinaufgearbeitet hatten, glaubte ich, einen Zusammenhang zwischen dieser Eigenschaft des Volkes und dem unerhörten Wirbeltempo der Forschung sehen zu können. Jetzt erscheint mir hingegen diese Erklärung als viel zu oberflächlich. Wie ich es in meinem kleinen Buch *Kritik der Zukunft* zu schildern versucht habe, scheint die ganze westliche Welt in einem geheimnisvollen Vorgang der Selbstverbrennung begriffen zu sein, und alles was sie unternimmt, wächst sich zu einem Rattenkönig oder Weichselzopf vielfacher, oft unappetitlicher Querverbindungen aus, so daß Ursachen und Symptome nicht mehr unterscheidbar sind. Man könnte unsere Epoche, wenn man nach einem historischen Schlagwort sucht, die Zeit der Sachzwänge nennen. In diesem Sinne ist auch die Naturforschung, wie sie jetzt betrieben wird, lediglich ein Symptom einer viel tiefer reichenden Krankheit.

Man hatte so unendlich viel Zeit in der alten Zeit und so wenig Neugier, oder sagen wir Forschungsdrang. Wenn man von einer auf uns gekommenen europäischen Kultur sprechen kann, so begann sie in Griechenland. Liest man historische Schilderungen der Wissenschaften und der Technik in der hellenistischen und römischen Epoche, so sieht man, daß schon die alten Griechen durchaus in der Lage gewesen wären, die Dampfmaschine zu erfinden. Warum ist das nicht geschehen? Warum mußten zweitausend Jahre vergehen, bevor die Kraft des Dampfes industriell verwertet wurde? Ich weiß, es gibt ökonomische und soziologische Antworten, aber mich befriedigen sie nicht. Es hat Kulturen gegeben in Tausenden von Jahren, die viel mehr konnten als sie wollten. Die Geschichte Europas und Chinas bietet zahlreiche Beispiele. Warum sind wir die ersten, die alles wollen, was sie können, und dieses Können immer rascher hinaufschrauben? Der weise Grieche mit seinem Wahrspruch »Von nichts zuviel« könnte in den Vereinigten Staaten nicht mal als Liftboy eine Anstellung finden. Ist es doch bekannt, daß das Motto des Wohllebens lautet »Von allem zuviel«.

III

Ich habe von dem Geratewohl der Naturforschung gesprochen. Es geht zu wie bei einer übersättigten Lösung, mit der die Chemiker oft zu tun haben. Es kommt vor, daß man die Lösung einer reinen festen Substanz in irgendeinem Lösungsmittel vor sich hat, in der viel mehr von der Substanz aufgelöst ist als der Löslichkeit derselben entspricht. Trotzdem rührt sich nichts und die Lösung bleibt übersättigt, bis der Chemiker einige feste Kristalle derselben Substanz hineinwirft. Darauf beginnen sehr schnell Kristalle massenhaft an den Impfstellen emporzuschießen. Hätte man jedoch jedem Molekül in der ursprünglichen Lösung eine Nummer geben können, so wäre es nicht voraussagbar gewesen, welche Nummern sich zuerst um die Impfkristalle scharen würden. Das geschah auf gut Glück. Ähnlich ging es zu, als die Grundlagen der Gentechnik sich einfanden; ich würde zögern zu sagen, daß sie gelegt worden sind.

Es gibt einen Aphorismus des geistreichen Antoine Rivarol, den ich gerne zitiere. Neben de Maistre und Burke war er der beredteste Gegner der Französischen Revolution. Der Ausspruch lautet:

> La fatalité ou prédestination est dans les choses et non dans nous. Il est fatal que tout corps qui passera sur telle pente glisse et tombe; mais il ne l'est pas que tel homme y passera.

Sobald Chemiker mit Zellen und Zellkernen zu hantieren begannen, war die Entdeckung der DNS unvermeidlich. Wäre es nicht Friedrich Miescher gewesen, so bald ein anderer. Das war also Rivarols schiefe Ebene; die DNS war gegeben, und in ihr lag die Vorherbestimmung. Alles weitere war nicht voraussagbar. Nicht daß Avery 1943 den Gencharakter der DNS beweisen werde, nicht daß mein Laboratorium sich mit der Chemie der DNS befassen und die Basenpaarung entdecken werde, noch auch, daß Crick und Watson deren Formulierung als Doppelhelix vorschlagen werden. Irgendeinmal wäre all das wahrscheinlich gefunden worden, aber wer weiß wann? Alles weitere machten aber dann die Kartesianer: sie gingen, nein sie rannten von A zu B, zu C, und so weiter. Warum sie bei den Genmanipulationen haltzumachen schienen, ist wahrscheinlich eher ökonomisch als wissenschaftstheoretisch zu erklären: an diesem Punkte begann das Kapital zu fließen, die Forschung konnte zur Anwendung werden. Die Spekulanten erkannten, daß es sich hier um ein Konsumgut handle.

Rein parenthetisch: mit den Folgen des anderen riesenhaften »ungerechten Versuches«, der Atomspaltung, hat es sich anders verhalten. Das Arbeitstempo war ursprünglich zwar noch größer, aber alles ging vor sich unter der schweren Hand des Staates und völlig im geheimen. Es war anfangs nicht nötig, die Öffentlichkeit zu belügen oder ihr die Segnungen auszumalen, die in Zukunft zu erwarten seien. Die später mit dem Slogan »Atoms for Peace« lancierte sogenannte friedliche Nutzung der Atomkraft war, denke ich, nur eine Verlegenheitslösung, um eine Verwendung für die während des Kriegs geschaffenen Rieseninstallationen und das Heer von dort Beschäftigten zu finden. Die Mechanismen der Gehirnwäsche, die die Industrialisierung des Nuklearbetriebes begleitete, waren allerdings denjenigen ähnlich, die uns jetzt die Segnungen einer vom Zwang ererbter Gene befreiten Zukunft vortäuschen.

IV

Über wenige wissenschaftlichen Fragen ist in den letzten Jahren so viel geschrieben worden wie über die chemischen Grundlagen der Vererbung und über die Erbfaktoren, die Gene, die in den Riesenketten der Desoxyribonukleinsäuren in einer bestimmten und nicht zufälligen Anordnung aufgereiht sind. Ich muß das als bekannt voraussetzen, verweise jedoch auf die knappe Schilderung in einem Kapitel meines Buches *Unbegreifliches Geheimnis* (S. 144 ff.). Gentechnik beruht im wesentlichen auf Gentransplantation. Zum Beispiel wird aus der DNS-Kette eines gewissen Organismus ein Stück herausgeschnitten, das, soweit man weiß, nur ein Gen enthält und somit die Synthese eines bestimmten Hormons oder Enzyms zu vermitteln vermag. Dieses Bruchstück, verpflanzt in die DNS eines diese bestimmte synthetische Fähigkeit entbehrenden Organismus, befähigt diesen von nun an die ihm vorher unmögliche Synthese auszuführen. Auf diese Weise kann eine Kultur des Empfängerorganismus, meistens Kolibakterien, veranlaßt werden, größere Quantitäten etwa des menschlichen Insulins, eines Blutgerinnungsfaktors oder eines Wachstumshormons zu erzeugen. Das klingt einfacher als es ist, und ich denke nicht, daß die Versprechung sehr billiger Heilmittel in Erfüllung gehen wird. Ich habe den Eindruck – aber die Chefs der in den letzten Jahren enorm ins Kraut geschossenen Firmen werden es gewiß leugnen –, daß bei dem Ganzen trotz dem Riesenlärm erstaunlich wenig herausgekommen ist.

Es gibt Tätigkeiten, z. B. die Technik, deren Leistung proportional ist der Anzahl der eingesetzten Arbeitskräfte und Apparaturen. In anderen, hauptsächlich geistigen Berufen ist dies nicht ohne weiteres der Fall. Da kommt es häufig darauf an, was ich metaphorisch die Impfkristalle genannt habe, deren Vorhandensein und Qualität eigentlich nicht voraussagbar sind. Ähnliche Gedanken, wie sie sich Jacob Burckhardt über das Glück in der Weltgeschichte gemacht hat, könnte man auch mit Bezug auf die Naturwissenschaften verfolgen. Hier kann zwar vielleicht das Wissen technisiert werden, nicht aber das Suchen, das zu jenem führt. (Vgl. *Unbegreifliches Geheimnis*, S. 211 ff.)

In jenen Zweigen der Naturforschung, die ich zu überschauen vermag, stelle ich in den letzten Jahren einen plötzlichen Übergang fest: sie sind technifiziert worden. Besonders die Molekularbiologie – eine Dachorganisation, in der sich viele biologischen Disziplinen, wie Genetik, Virologie, Gentransplantation usw. zusammenfinden – ist zur Technik geworden, und das bedeutet, daß die Forschung hauptsächlich Analogieforschung ist. Es ist ein Wissen, das eigentlich auch von Robotern erzeugt werden könnte. Die einstmals so wichtigen Funktionen der Intuition, der Phantasie sind vielfach außer Kraft gesetzt und ein jeder schaut über jedes anderen Schulter. Gleichzeitig ist die Anzahl der in diesen Fächern Beschäftigten enorm angestiegen. Da diese Horden von Wissenschaftern ihre Existenzberechtigung nur durch die Veröffentlichung von Arbeiten beweisen können, erfolgt eine vorher unerhörte Flut von Publikationen, oft trivial und schlecht geschrieben. Ich glaube nicht, daß der einzelne Forscher jetzt in der Lage ist, auch nur ein Zehntel dessen aufzunehmen, was er als ehrlicher Arbeiter auf dem Feld der Natur zur Kenntnis nehmen müßte. Für den unter der älteren und stilleren Observanz Aufgewachsenen bedeutet das eigentlich das Ende jeglicher Wissenschaft.

V

Im Folgenden will ich einige Dinge besprechen, wie sie gerade aus meiner privaten Pandorabüchse herausfallen. Dabei will ich versuchen, obwohl es mir schwerfällt, mich kühl und sachlich auszudrücken, indem ich meiner satirischen Feder kleine Stiefel aus Blei anlege.

1) *Das Bakteriunkulum: neue Lebewesen aus dem Labor* – Das war eigentlich das erste in diesem Forschungsbereich, das einen tiefen Eindruck auf mich machte: die Fähigkeit des genetischen Ingenieurs, neue Lebewesen, also fortpflanzungsfähige Organismen, herzustellen, wie die Welt sie in ihrer urlangen Dauer noch nicht gesehen hatte. Ein Kolibazillus, der seinen Tochterzellen die Fähigkeit vererbt, sagen wir, Insulin zu erzeugen, ist ein neues Lebewesen. Da sich diese Mikroorganismen gerne, und sehr willkommen, auch im Verdauungstrakt des Menschen aufhalten, hätten wir einen Dickdarm, in dem das Hormon dort erzeugt wird, wo es nichts zu suchen hat. Man versichert uns, daß der bestimmte Coli-Stamm, der zu diesen genetischen Manipulationen verwendet wird, außerhalb seines

spezifischen Nährbodens kaum lebensfähig ist, und das bin ich bereit zu glauben. Aber manchmal schießt auch ein Besenstiel.

Es war die Unwiderruflichkeit des Lebendigen, die mich erschreckte, als ich einen Brief der Warnung an die Zeitschrift *Science* schickte, der, im Juni 1976 gedruckt, nicht unbeachtet geblieben ist. Viel mehr jedoch als die Gefahr der »Infektionen«, die man durch Schutzmaßnahmen sicherlich vermindern kann, bewegte mich die Einsicht, daß hier wieder, wie im Falle der Atomspaltung, ein erster Schritt erfolgt war, der in Zukunft zu einer immer weiter wachsenden Brutalisierung der wissenschaftlichen Phantasie führen mußte. Darauf komme ich noch zurück.

Natürlich blieb ich nicht allein. Bald konnte man viele Stimmen hören. Die meisten warnten vor der sicherlich irreversiblen und möglicherweise verhängnisvollen Verschmutzung der Umwelt, während mich die weniger palpable, aber gewiß nicht weniger gefährliche Verschmutzung der Einbildungskraft und die damit verbundene Anheizung der wissenschaftlichen Anmaßung noch mehr beunruhigten. Hier setzte nun der Vernebelungsapparat ein, der immer bereit steht, um die sogenannte öffentliche Meinung dorthin zu treiben, wo sie ihre Spielchen spielen kann, ohne Schaden zu stiften. Es wurde sehr still. Nur das Stöhnen derjenigen war hörbar, die Aktien der Biotechnologiefirmen zum Höchstkurs gekauft hatten.

Die Stille, denke ich, täuscht, denn im Volk besteht eine große Unruhe. Das zeigte sich erst vor kurzem, bei den Protesten gegen die Freigabe eines genetisch veränderten Präparats eines Pseudorabiesvirus oder gegen die Versprühung eines modifizierten Mikroorganismus, der die Bildung von Reif an Obstbäumen verhindern sollte. Die Scheu vor der Unwiderruflichkeit des Lebendigen, vor der proteischen Gewalt der beleidigten Natur ist noch immer vorhanden; allerdings nur bei denen, die nichts dagegen unternehmen können.

2) *Ewige Jugend, ewiges Leben* – Unsere gegenwartsbesessene Zeit hat die Vergangenheit vergessen und schert sich nicht um die Zukunft. Dabei ist die Gegenwart immer so lächerlich

kurz. Auch die genetisch zusammengeschneiderte Fähigkeit einer Zelle, artfremde Substanzen zu erzeugen, gehört bereits der Vergangenheit an. Obwohl ich mich scheue, mich der sehr gescheiten Marquise de Sévigné zuzugesellen, die dem Kaffee keine Zukunft vorausgesagt hat, halte ich es nicht für unmöglich, daß die Bedeutung der Gentechnik für die Industrie mit der Zeit einschlafen wird. Die Forschung selbst läuft ja bereits anderen Gaukelbildern nach. Schon am Anfang bliesen die Trompeten einem etwas vor über die Bekämpfung des Krebses. Nun spielt der Kampf gegen den Krebs eine ähnliche Rolle in der biologischen und medizinischen Forschung wie die Kreuzzüge in der Politik des Mittelalters: ein Mantel, unter dem manches Lichtempfindliche vor sich zu gehen vermag. Man kann so wenig gegen die Ausrottung des Krebses sein wie gegen den Sieg über die Ungläubigen. Mit dem unter solchen Vorwänden reichlich gesammelten Peterspfennig sind viele schöne und nutzlose Dinge bezahlt worden, weniger schön als, aber ebenso nutzlos wie eine gute Sonate. Vorläufig ist meines Wissens fast nichts herausgekommen, das die Verhütung oder die Heilung dieser noch immer geheimnisvollen Krankheit ermöglichen würde. Die Herren im Kittel darf man aber nicht fragen: sie leben von der gegenteiligen Behauptung. Sie werden vielleicht auf die Entdeckung der sogenannten Onkogene, die irgendetwas mit der Malignität zu tun haben sollen, hinweisen. Aber trotz starkem Medienlärm ist die Zahl der Krebsfälle im Steigen. Was man hingegen nicht oft genug betonen kann, ist, daß sehr viel dafür spricht, daß viel häufiger als in der Vergangenheit die Krebserkrankungen eine Folge der Vergiftung und Verpestung unserer kaum mehr aufnahms- und atemwürdigen Umwelt sind. So wie das Waldsterben das Menschensterben: eine Warnung von seiten der Natur, daß es Grenzen gibt.

Eines der neuerdings aufgekommenen Schlagworte ist Gentherapie. Die Entfernung schädlicher Gene, wenn es so etwas wirklich gibt, oder die Eingliederung fehlender Gene wären gewiß ein wichtiges Problem, aber ich glaube nicht, daß man weiß, wie das bei höheren Lebewesen bewerkstelligt werden kann. Ein Statistiker würde vielleicht sagen, daß genetische Erkrankungen demographisch überhaupt nicht ins Gewicht fallen, aber da würde ich ihm widersprechen: es gibt nichts Wichtigeres als ein einzelnes Leben.

Alles in allem glaube ich nicht, daß – abgesehen von den soeben erwähnten angeborenen Abnormalitäten – der Mensch in seinem Zellkern für Krankheiten programmiert ist, wohl aber für den Tod, insoweit dieser als Krönung der Alterserscheinungen eintritt. Das Welken ist in die Natur ebenso eingebaut wie das Blühen. Da ist, fürchte ich, ein neues Irrlicht aufgetaucht, dem nachzulaufen die Wissenschaft sich anschickt. Es gibt schon Behauptungen (Science, *232*, 393, 1986), daß alte Zellen in Gewebskulturen eine Art von Ribonukleinsäure enthalten, die, in junge Zellen injiziert, deren Teilung hemmt. Das wäre also, wenn man will, ein Hinweis darauf, daß es so etwas gibt, wie ein Seneszenz-Gen, das seine Tätigkeit erst beim Altwerden entfaltet. Da in der Naturforschung der Wunsch häufig der Vater der Entdeckung ist, kann man sich auf vieles gefaßt machen. Zuerst die Abschaffung des Alterns, dann des Todes. Nicht daß diese uns vor der Tür, oder dem Grab, stehen, aber wo der Wille stärker ist als die Erfüllung, sind wir bereit, uns mit jenem abzufinden.

Übrigens, wenn Gentherapie einen Sinn haben soll, wird sie am frühen menschlichen Embryo vorgenommen werden müssen. Da Experimente, auch an leblosem Material, häufig fehlgehen, in welchem Falle dieses im Mist endet, ist gar nicht auszudenken, was da an Menschenmord wird vor sich gehen müssen, wenn es sich um Embryonen handelt. Dieser ganze Bereich ist noch immer vom Leichengestank der Eugenik erfüllt.

3) *Verfilzung* – Als ich noch an meiner Universität, der Columbia University, tätig war, wäre es für ein Mitglied der medizinischen Fakultät völlig undenkbar gewesen, ein Patent anzumelden. Entdeckungen von medizinischer Bedeutung waren selbstverständlich frei und offen. So besitze ich auch kein einziges Patent. Der Lehrer lehrte, der Forscher publizierte, und

das war alles. Das war auch der Geist, in dem unsere Doktoranden erzogen wurden. Unsere kindlichen Gemüter hingen dem Glauben an, Forschung sei Dienst an der Menschheit. Obwohl ich diesen Glauben längst verloren hatte, seit Auschwitz und Hiroshima, erschienen mir Ideale aus Papiermaché besser als gar keine.

Wer jedoch jetzt, als Mißvergnügungsreisender, solche Gebiete wieder besucht, wie die Molekulargenetik, die Virologie, die Gentechnologie, der muß sich vorkommen wie ein nach einhundert Jahren zurückkehrender Rip van Winkle, und dabei sind es kaum zehn. Die Verfilzung von Industrie und Universität, von Kommerz und Forschung hat, zumindest in den Vereinigten Staaten, unglaubliche Ausmaße angenommen. In alle Universitätsinstitute, in denen mit Genen experimentiert oder geschlampt wird, haben sich die großen chemischen und pharmazeutischen Firmen eingekauft; manchmal sind es auch sogenannte Stiftungen, die dem Steuerunterschleif und -unterschlupf dienen. Die früher oft sehr hochstehende Qualität und Moral der industriellen Forschungslaboratorien ist durch den engen Kontakt mit Akademikern – immer schon eine windige Mischung – gewiß nicht verbessert worden. Diese hinwiederum schnuppern zum ersten Mal im Leben den Duft der Dollarmillionen. Manche an Universitäten angestellten Forscher haben sich an der Gründung kleinerer Biotechnologiefirmen beteiligt, und in den unter dem dummen Slogan »High Tech« errichteten Kartenhäusern wird freudig geforscht und geschachert. Da eine sehr große Menge spekulativen Kapitals investiert worden ist, wird irgendeinmal irgendetwas irgendwo gefunden werden müssen, von dem man behaupten wird, es sei ein sensationeller »Durchbruch«. Der Skeptiker wird den Kopf schütteln, sich aber nicht weigern, das Zeug zu schlucken. Ein wahrer Skeptiker zweifelt auch an seiner Skepsis.

Seit man laut Gerichtsbeschluß sogar neuartig modifizierte Lebewesen patentieren darf, nicht zu reden von den oft sehr dunklen und schlecht durchschaubaren Verfahren, die die Erzeugung und Verwendung solcher Organismen beschreiben, herrscht auf dem ganzen Gebiet der Genmanipulation die Moral des Marktplatzes oder des Basars. Man spioniert, man horcht herum, man entwendet, man unterschiebt falsche Bilder, man prozessiert. Ich glaube, in der langen Geschichte der Naturwissenschaften ist kein Gebiet so schnell so sehr korrumpiert worden wie die potentiell lukrativen Gebiete der Molekularbiologie. Die Blumenmädchen in Klingsors Zauberreich tragen jetzt zwar meistens Vollbärte, sind aber nicht weniger verführerisch für den im Irrgarten der Gentechnologie herumirrenden reinen Toren.

4) *Schwindel* – In einem Kapitel eines englisch geschriebenen Buches, *Serious Questions*, habe ich mich mit dieser Frage ausführlicher befaßt. Hier beschränke ich mich auf wenige Punkte. In den letzten zweihundert Jahren war in den reinen Naturwissenschaften die Publikation gefälschter und erlogener Resultate etwas überaus Seltenes. Vielleicht ist mir hie und da Derartiges zu Ohren gedrungen, aber in meiner eigenen Erfahrung bin ich eigentlich niemals auf Schwindel gestoßen. Es gibt natürlich tieferliegende ethische Gründe dafür, aber die einfachste Erklärung ist, daß die exakte Forschung über einen Mechanismus der Selbstreinigung verfügte. Außerdem ist in unserer Zeit der Ehrgeiz ein schwächerer Trieb als die Habgier, und diese wäre vor der Kommerzialisierung der Forschung nicht leicht zu befriedigen gewesen. Was ich unter Selbstreinigung verstehe, beruhte darauf, daß angesichts der relativ geringen Zahl von Arbeiten die Wahrscheinlichkeit sehr groß war, daß jede halbwegs wichtige Beobachtung innerhalb von ein oder zwei Jahren widerlegt oder bestätigt worden wäre. Dies trifft nicht mehr zu, denn – besonders auf den als biomedizinische Forschung bezeichneten Gebieten – ist die Fülle der Arbeiten so überwältigend, die Versuchsanordnung so kompliziert und kostspielig und die experimentelle Beschreibung oft so ungenau und oberflächlich, daß eine Wiederholung viel zu schwierig und uneinladend ist. Trotzdem ist in den letzten Jahren eine überraschend große Menge von Schwindel und Gaunerei aufgedeckt worden, mei-

stens als Folge von Denunziation und Berufsneid; und das ist wahrscheinlich nur die sprichwörtliche Spitze des Eisbergs.

VI

Die beiden weiteren Punkte, die ich zunächst erwähnen will, verdienen ein separates Kapitel, denn sie unterbrechen gewissermaßen den Fluß meiner Überlegungen.

5) *Brutalisierung der wissenschaftlichen Einbildungskraft* – Es mag naiv klingen, aber ich kann mich des Eindrucks nicht erwehren, daß unsere Zeit durch einen unerhörten Anstieg der Brutalität im Zusammenleben der Menschen und der Nationen gekennzeichnet ist. Die Menschen selbst sind wahrscheinlich im Lauf ihrer langen Geschichte weder besser noch schlechter geworden, aber selbst dem Dr. Pangloß wären Bedenken gekommen, hätte er einige Jahre in einer Stadt wie New York verbringen müssen. Noch in meiner Jugend erschienen die Wissenschaften wie auch die Künste als Oasen milder menschlicher Rationalität. Was die Naturwissenschaften betrifft, so ist diese geduldige und bescheidene Milde zu Ende gegangen mit der Atomspaltung und der Fähigkeit, im Apparat der Vererbung herumzupantschen. Jene liegt außerhalb der gegenwärtigen Betrachtungen (obwohl viel zu sagen wäre), nicht aber diese. Diese beiden mit »Erfolg« gekrönten Bestrebungen sind der erste Versuch der Naturwissenschaften, die Gegebenheit der Natur aufzuheben, indem sie die Natur verändern oder, wie manche behaupten, verbessern.

Die Vielfalt der Natur, die unbeschreibliche Buntheit des Anorganischen und Organischen, sind ein Schatz, ohne den, denke ich, die Menschen nicht leben könnten. Die ungeheure Mannigfaltigkeit, zugleich mit der Einheitlichkeit alles Lebendigen, kennzeichnen Pflanze, Tier und Mensch. Die beiden ersten leben noch immer in der Natur, der Mensch lebt jetzt gegen sie. In den Jahrmillionen ist ein riesenhaftes Reservoir menschlicher Gene entstanden – das Englische spricht vom *gene pool,* dem »Genteich«, es ist aber der größte aller Ozeane –; und bis vor kurzem war es vor wissenschaftlichen Eingriffen geschützt. Mit der Möglichkeit kommt die Absicht, und so erscheint mir die heutige Gentechnologie als die Vorhut, die einem Riesenangriff auf die menschlichen Vererbungsvorrichtungen vorausgeht. Vor nichts empfinde ich mehr Furcht als vor dem Leuchten in den Augen des Weltverbesserers.

Vorderhand, würde man sagen, zeigt sich die Brutalisierung mehr auf anderen Gebieten: den Scheußlichkeiten, welche die Industrialisierung der Empfängnis und Geburt begleiten, den »Retortenbabys«, den tiefgefrorenen Embryos, den gemieteten Gebärmüttern; oder in den Ungeheuerlichkeiten, die anläßlich von Organtransplantationen, insbesondere bei der Einflanzung plastischer Herzen, begangen werden. Es ist aber immer das gleiche Klima; man tut alles, was man kann, und daher viel mehr als man sollte. Dabei ist das nur der Anfang. Wann immer ich ein neues Heft einer Zeitschrift öffne, sehe ich Anzeichen neuer kommender Brutalitäten.

Ob der Triumphzug der biologischen Forschung jemals enden wird, kann ich nicht sagen, außer daß alles einmal zu Ende geht auf dieser schwankenden Welt. Eine Verlangsamung erhoffe ich nur von der allmählichen Verarmung der reichen Völker; oder sie mag von den Gesetzgebungen und den Gerichten ausgehen, wenn einmal die durch die Wissenschaft Geschädigten zu Wort kommen. Davon handelt mein nächster Punkt.

6) *Staatliche Versicherungsanstalten für Forschungsgeschädigte* – In Amerika werden sogenannte ärztliche Kunstfehler durch die Geschworenengerichte unbarmherzig geahndet. Oft werden den Geschädigten oder angeblich Geschädigten Millionenbeträge zuerkannt, wobei der Großteil in die Taschen der ungehemmten Advokatenzunft fließt. Chirurgen, Neurochirurgen und Orthopäden sind besonders gefährdet, weshalb ein beträchtlicher Teil der Einkünfte dieser Ärzte auf die enorm hohen Versicherungsprämien aufgeht.

Mit den durch die physikalische, chemische und biologische Forschung bewirkten Schäden sind die Gerichte wenig vertraut.

Sehr geehrte Leserin,
sehr geehrter Leser,

mit dem Kauf dieses Buches haben Sie Interesse an unserem Programm gezeigt. Wir möchten Sie daher gerne in eine Kartei von Interessenten aufnehmen, die bevorzugt über unser Programmangebot informiert werden.

Bitte senden Sie uns diese Karte zurück.

Selbstverständlich gibt Ihnen auch Ihr Buchhändler gerne Auskunft über unser Programm.

Ich interessiere mich besonders für:

- ☐ Literatur (LT)
- ☐ Sachbücher (SH)
- ☐ Psychologie/Psychoanalyse Psychotherapie/Pädagogik (HU)
- ☐ Geschichte/Politik (GE)
- ☐ Kultur und Gesellschaft (KG)
- ☐ Philosophie (PL)
- ☐ Natur und Umwelt (OE)
- ☐ Kunst (KU)

Ich interessiere mich für Ihr Programm aus:

- ☐ privaten,
- ☐ beruflichen Gründen.

<u>**Übrigens:**</u> **Einmal im Jahr verlosen wir unter den Einsendern dieser Karte folgende Preise:**
1. Preis: Bücher aus unserem Programm im Wert von DM 400,–
2.–10. Preis: Bücher im Wert von je 50,– DM

P 902 727

Absender

Name: ____________________

Straße: ____________________

PLZ/Ort: ____________________

Ich wurde auf dieses Buch aufmerksam durch:

ISBN 3-608-95851-7

Mit Rücksendung dieser Karte erkläre ich mich damit einverstanden, daß ich in Ihre Informationskartei aufgenommen werde.

Bitte als Postkarte freimachen

Antwort

Klett-Cotta
Abteilung Vertrieb
Postfach 10 60 16

7000 Stuttgart 10

Fälle von Vergiftung durch Dioxin anläßlich der Verwendung von »Agent Orange« durch die amerikanische Armee in Vietnam und auch bei frühen Nuklearbombenversuchen erlittene Strahlenschäden waren schon vor den Gerichten; aber im allgemeinen sind die durch Strahlen oder langsam wirkende Gifte verursachten Erkrankungen schwer auf ihren Ursprung zurückzuführen, gar nicht zu reden von den durch die Verschmutzung der Umwelt, die Vergiftung des Trinkwassers usw. hervorgerufenen Leiden. Seit Forschung und Technik an die Stelle der Vorsehung getreten sind, haben sie das dieser zuerkannte Prärogativ der Unergründlichkeit übernommen und sind immer wieder bereit, sich selbst ein von der Öffentlichkeit leider anerkanntes Attest der Unschuld auszustellen. Mag es um die Atommeiler und um manch eine Fabrik noch so schweinisch zugehen, niemand würde es wagen, dem Fürsten dieser Welt aufs Fell zu klopfen. Wenn in Nagasaki, Philadelphia oder Kiew jemand an Leukämie erkrankt, wird er es schwer haben, die von wenigen bezweifelten Urheber juristenfest nachzuweisen.

Anders liegt es jedoch bei den durch ärztliche oder genetische Eingriffe erzeugten Schäden. Hier stehen Namen, Daten und Umstände meistens fest. Den Empfänger eines künstlichen Herzens läßt man, solange er noch bei Bewußtsein ist, einen Revers unterschreiben, der den Arzt jeder Verantwortung enthebt. Aber wer unterschreibt für das befruchtete Ei, für den gefrorenen Embryo? Wen kann ein mit Erbschäden geborenes Kind einer früher gentherapeutisch behandelten Mutter zur Verantwortung ziehen? Die Mutter, den Vater, den Genetiker, die Vorsehung? Was vor kurzem groteske Science-fiction war, rückt der Verwirklichung immer näher. Vor den allzu schnell auf sie einregnenden Segnungen sind die Völker hilflos.

Ich denke, es ist nicht zu früh, darüber nachzudenken, in welcher Form die Opfer des Fortschritts und der Forschung durch den Staat, den Förderer des Fortschritts und der Forschung, entschädigt werden sollen. Dabei muß man in Betracht ziehen, daß eine beträchtliche Zeit vergehen kann, bevor Verletzungen der Chromosomen, ob durch ionisierende Strahlung bedingt oder durch andere genetische Eingriffe, sich pathologisch ausdrücken. Die Strahlenbelastung der Weltbevölkerung nimmt fraglos zu; und dazu werden sich beim weiteren Ausbau der Gentechnologie noch andere Schäden gesellen. Ich habe im Titel dieses Abschnitts von einer staatlichen Versicherungsanstalt gesprochen, habe aber wenig Hoffnung, daß, zumindest in den Vereinigten Staaten, an so etwas gedacht werden kann. Die Entwicklung geht in die entgegengesetzte Richtung: immer größerer Haß gegen Hilflose.

VII

Nehmen wir an, alles oder das meiste sei eingetroffen. Die Menschheit lebe in einem paradiesischen Schlaraffenland, der Krönung und daher dem Ende des Fortschritts: besser gehe es nicht mehr. Ein jeder wird einsehen, daß das unsinnig ist. Es liegt im Wesen des Fortschritts, daß er nicht zu Ende gehen kann. Er muß fortschreiten; wenn er nicht aufwärts gehen kann, so geht er im Kreis. Vielleicht hat er das schon immer getan. Auch die Naturforschung kann nicht aufhören. Wo immer sie eine Zikkurat hoch in den Himmel gebaut hat, gräbt sie daneben ein ebenso tiefes Loch. Irgendwie bleibt der Mittelwert immer Null.

An diesem Punkt meiner Überlegungen angekommen, muß ich es vermeiden, in das Utopische zu verfallen; um so eher, als es klargeworden sein wird, daß ich nicht glaube, daß das biologische Schlaraffenland jemals eintreffen wird. Leider haben sich die medizinischen und biologischen Wissenschaften neuerdings darauf verlegt, unerfüllbare Hoffnungen zu nähren. Solange sich die Ärzte darauf beschränken durften, das Mögliche zu tun und dem Unmöglichen händeringend zuzusehen; solange die Menschen in ihren Gotteshäusern um das Unerfüllbare flehten, anstatt, wie sie es jetzt tun, es von ihrer Ersatzreligion, der Naturforschung, zu fordern, ging die Welt ihren Weg, ihren kleinen, elenden, menschlichen Weg. Auch die Erforschung des Lebendigen war langsam und kümmerte sich um das Wissen, nicht das Machen. Das hat sich jetzt geändert. Das Unbeschreibliche wird beschrieben und in den Schulen wird »der Urknall« trivialisiert; das Unmögliche wird durch kosmetische Tricks zum Möglichen erklärt; das Unerfüllbare wird morgen früh erwartet.

Wer in der gegenwärtigen biologischen Forschung herumhorchen kann, wird merken, daß er sich in einem Klondike der Wissensgräberei befindet. Es herrschen die Hast, die Rastlosigkeit des Goldrausches. Ich glaube nicht, daß irgend jemand sich davon Rechenschaft geben kann, was da herauskommen wird. Die Fortschrittstrunkenen werden es für möglich halten, daß die Forschung es zustandebringen wird, den Fluch der Leiblichkeit des Lebendigen im Menschen zu überwinden. Andere, Kleinmütigere, Bedächtigere werden das als weder möglich noch erwünscht erklären; sie werden sogar behaupten, der Fluch sei in Wirklichkeit ein Segen.

Die eine Erscheinung, die es wahrscheinlich immer geben wird, ist der Warner als komische Figur. Er bietet wirklich ein lächerliches und zugleich bedauernswertes Bild. Mit dem gleichen Zeigefinger weist er auf die drohende Strahlenverseuchung der Welt, auf die Hemmungslosigkeit genetischer Unterfangen, auf die erbarmungslose Fragwürdigkeit vieler Organtransplantationen. Wenn er die Unwiderruflichkeit neu erzeugter Lebewesen beklagt, so erwidert man ihm, darin liege eben die Unaufhaltsamkeit der Forschung. Wenn er sagt, daß jetzt Versuche an zu diesem Zweck erzeugten menschlichen Embryonen ausgeführt werden, die früher undenkbar gewesen wären, so antwortet man ihm, sie seien eben jetzt dank dem Fortschritt der Wissenschaft denkbar geworden; außerdem habe sich die Definition verändert und das seien überhaupt keine menschlichen Embryonen, sondern nur befruchtete Eier. Was immer der lästige Nörgler sagte, er erhält ein und dieselbe Antwort: »Das haben wir schon immer gehört, jetzt wollen wir etwas anderes hören, etwas Konstruktives.« Allmählich verstummen also auch die wenigen warnenden Stimmen.

Der Schleier von Scheu und Geheimnis, der früher über vielen Dingen des Lebens ruhte – Zeugung, Vererbung, Geburt, Tod, Schicksal –, er ist zerrissen. Einige werden das beklagen, die meisten aber werden finden, so sei es besser. Ich aber muß mich fragen, ob der Mensch ohne Geheimnisse überhaupt existieren kann.

Gibt es Alternativen zu unseren gegenwärtigen Naturwissenschaften?

I

Ich bin das oft gefragt worden und habe, soweit ich konnte, darüber nachgedacht. Leider bin ich, um meine Antwort vorwegzunehmen, zu dem Schlusse gekommen, daß es unter den jetzigen Umständen keine Alternativen gibt, es sei denn man verzichte auf das Ganze. Entsagung ist aber unsrer Zeit fremder als irgendeiner andern. Das abscheuliche Jahrhundert, das jetzt bald zu Ende geht und wahrscheinlich von einem noch ärgern gefolgt werden wird, hat sich mit der Forschung und Technik verfilzt; es erwartet von jener, daß sie Entdeckungen macht, die diese dann in neue Erfindungen und in die Produktion verkäuflicher Güter verwandeln kann. Innovation ist ein geistloser Slogan, aber er regiert die Zeit.

Wer ein Ziel hat, kann es oft auf verschiedenen Wegen erreichen. Wenn ich an irgendeinem Ort in New York sein will, kann ich wählen zwischen Zufußgehen, Untergrundbahn, Autobus, Taxi. Das sind wirkliche Alternativen, die alle auf ein definierbares Ziel gerichtet sind. Aber genau besehen haben die Naturwissenschaften in ihrer jetzigen Massengestalt kein Ziel, wie es z. B. die amerikanische Verfassung mit ihrer »Jagd nach Glück« hat. Wer *pursuit of happiness* als ein Ziel annimmt, könnte sagen, daß es Alternativen zu seiner Erreichung geben kann, etwa mittels verschiedener Gesellschaftsformen: Kapitalismus, Kommunismus usw. Was die Naturwissenschaften und die Naturforschung angeht, so hätte man in alten Zeiten vielleicht behaupten können, ihr Ziel sei die Feststellung der Wahrheit über die Natur; und die Wahrheit könne auf verschiedenen Wegen erreicht werden. Aber das ist längst vorbei. Beide Begriffe – Wahrheit, Natur – sind unterdessen derart zerzupft, verschleiert und mit unmittelbaren Notmotiven inkrustiert worden, daß, wer das jetzt vorbringt, nur gedankenlose Gemeinplätze wiederholt. Diese eignen sich für die Leitartikel der Tageszeitungen und für die Reklameliteratur, die man in solchen Zeitschriften wie *Science* oder *Nature* vorfindet. Es wäre interessant, die Antworten eines Krawattenhändlers und eines Molekularbiologen zu vergleichen, wenn man sie nach ihren Zielen fragt. Jener wird wahrscheinlich nicht sagen, daß er die Menschheit verschönern, dieser aber gewiß, daß er sie retten wolle. Wer ist ehrlicher? Je verschwommener das Ziel, desto dicker der Schleier, insbesondere wenn der Abstand zwischen Ziel und Absicht sehr weit ist.

II

In dem Maße wie die Forschung sogenannte Wahrheiten über die Natur herausholte, entfernte sie sich von der Natur. Bis in die Mitte des vorigen Jahrhunderts hatten die Naturwissenschaften ein Ziel: sie vermerkten die wahrnehmbaren Naturvorgänge, sie unterschieden zwischen ihnen, sie beschrieben sie mit großer Ehrlichkeit und Aufmerksamkeit. Durchdrungen von der Unendlichkeit der Natur und der geringen Reichweite des menschlichen Geistes waren sie bescheiden. Sie jagten nicht als Meute, geschweige denn als Heer; sie waren wenige, denn es war ja kein Feldzug gegen die Natur, woran sie teilnahmen; und, obwohl Männer vom Fach, besaßen sie doch die Art von Liebe zu der Natur, wie sie in der Bezeichnung Amateur nachklingt.

Stifters *Der Nachsommer* bietet ein getreues Bild dieses Zustands, in dem es nicht leicht ist, zwischen Fachmann und Laien zu unterscheiden. Das Buch ist voll von Erwägungen naturwissenschaftlicher Art, die sich auf etwa obergymnasialer Ebene bewegen. Trotzdem vermittelt es ein treffendes Bild der biedermeierlichen Forschung, bevor sie dem großen Vorwärtssprung erlag.

So war es auch zu jener Zeit, daß es noch große Geographen

und Ethnologen, aber auch Botaniker und Zoologen gab. Neu lag die Welt vor ihnen und unberührt, sie näherten sich ihr in Ehrfurcht. Was wir von den Naturvölkern wissen, von ihren Gebräuchen und Mythen, stammt meistens aus jener Epoche. Die späteren Fachleute mußten die Wilden dafür bezahlen wild zu sein.

Mit dem 19. Jahrhundert ging die große Kunst der Beschreibung zu Ende. Die Fachlichkeit begann das Zusammenhängende zu atomisieren. Die jetzt unbeschreiblich gewordenen Bruchstücke wurden hingegen erklärt, Naturwissenschaft wurde Erklärungswissenschaft, davon lebend, daß sie aus unzähligen winzigen Naturfragmenten verschiedene Collagen herstellte. Nun ist es so, daß die Gültigkeit von Erklärungen beschränkt und zeitgebunden ist, im Gegensatz zu der von Beschreibungen: ein Umstand allerdings, der die Fortdauer unserer Naturwissenschaften zu gewährleisten scheint, solange sie sich an die herrschenden Moden halten. Die neuste Wahrheit ist die beste, bevor es eine noch neuere gibt.

III

Obwohl die Wissenschaften noch immer weit voneinander entfernte Inseln auf dem Ozean vorläufiger Erklärungen sind, ist es nicht dabei stehen geblieben. Die Naturforschung ist im Begriffe, eine Korrekturanstalt der Natur zu werden. Die Schöpfung hat sich als mangelhaft erwiesen: Flora und Fauna und insbesondere der Mensch haben sich als vielfach verbesserungsfähig herausgestellt. Mit Vorsehung und Schicksal, mit Glück und Zufall wird aufgeräumt. Der kerngesunde und daher patentfähige Weltraummensch – das *venture capital* kommt aus Japan – nähert sich der Verwirklichung. Mag er manchen nicht weniger dumm erscheinen als der einstige, jetzt als Unterteufel entlarvte Übermensch, wer kann die Entwicklung aufhalten.

Da unser Zeitalter bekanntlich das der Naturwissenschaften

ist – *the scientific age* –, ist die Anzahl der Naturforscher seit dem Zweiten Weltkrieg derart gestiegen, daß man sie als Mitglieder eines neuen erhaltungswürdigen Standes, des der Wissensproduzenten, ansehen muß. Dieser Umstand allein schließt Alternativen aus: wie könnte man die 2¹/₄ Millionen Naturforscher, die es angeblich in USA gibt, anderweitig beschäftigen? Man könnte da Vorschläge machen, die einen aber als Zyniker entlarven würden. Auch in andern Ländern, besonders in der Sowjetunion, ist der Anstieg der Naturbürokraten ebenfalls enorm gewesen. Sie hauen alle in die gleiche Kerbe, publizieren in der gleichen Sprache und unterscheiden sich untereinander nur kraft des verschiedenen politischen Prestiges ihrer Länder. Es gibt gewiß keinen Staat auf der Erde, der nicht einen Forschungsrat besäße, denn Forschungen, das sind die Haare des Freiherrn von Münchhausen, mit denen er sich selbst aus dem Dreck zieht.

Dazu kommt noch, daß die Naturforschung unglaublich teuer geworden ist. In Amerika verschlingt sie viele Milliarden im Jahr, deren Großteil aus Steuergeldern kommt. Dennoch hört man nicht den geringsten Protest, wie er sich sofort erhebt, wenn es um Fragen der Wohlfahrt geht, um Arbeitslose, Obdachlose, kranke Kinder, Blinde usw. Die Rolle der Inquisitoren oder der Exorzisten in der Kirche der alten Zeit wurde damals gewiß mehr in Frage gezogen als jetzt die Gültigkeit der Forschung.

Dabei hat es sich bereits in weiten Kreisen herumgesprochen, daß dem Segen, den uns Forschung und Technik gebracht haben, ebenso viel oder noch mehr Unheil gegenübersteht. Die Versicherung von seiten der Naturwissenschaften, daß nur sie selbst den von ihnen verursachten Schaden beheben können, stößt auf immer mehr Skepsis. Allerdings ist unser wissenschaftliches Zeitalter auch das lethargischste, das müdeste der Zeitalter, dem die Tatkraft des einzelnen geschwunden zu sein scheint. Nur die Verbrecher sind noch munter.

IV

Daher ist, besonders unter den Jungen, die Sehnsucht nach Alternativen lebendig. Sie sind sich dessen vielleicht mehr bewußt als die Älteren, daß ein Erstickungs- und Vergiftungsprozeß im Gange ist, der unsre Erde bald nicht mehr bewohnbar machen wird. Dem soweit wie möglich abzuhelfen ist ein heroischer Aufruf; wo aber ist unser Herakles, wo sind die mythischen Helden der Gegenwart? Leider ist es die Gegenwart, die mit Argusaugen – »wie ein Haftelmacher« sagte man in Wien – auf die kleinste technische Neuerung lauert, um sie sich anzuschaffen. So bleibt eigentlich der Ruf nach Alternativen unaufrichtig, denn ohne Askese geht es nicht. Leute, die die Umwelt aus ihrem privaten Automobil retten, sind mir verdächtig, aber sie sind die einzigen, die uns verblieben sind.

Die hauptsächliche Alternative zu den gegenwärtigen Naturwissenschaften wäre, sich ihrer zu enthalten, sie fallenzulassen. Ich habe schon anfangs angedeutet, daß das nicht geschehen wird; noch auch bin ich sicher, daß es wünschenswert wäre. Erstens würden die Schlauköpfe, die sich jetzt mit der fortgesetzten, immer kostspieliger werdenden Zertrümmerung des Atomkerns beschäftigen, oder diejenigen, die gerade dabei sind, dem Zellkern Krebs und andere schwere Krankheiten als Erbgut anzuzüchten, dann vielleicht auf noch schlimmere Ideen kommen. Und zweitens kann ich mir nicht verhehlen, daß die Wissenschaften in ihrer Summe, wie sie seit Jahrhunderten aufgehäuft worden ist, viel Großartiges enthalten, worauf die Menschheit nicht verzichten darf. Ein entlegener Betrachter könnte sogar sagen: »Die Wissenschaft ist gut, aber der Mensch ist schlecht«.

Wenn man von alternativer Wissenschaft spricht, muß man zwischen den verschiedenen Wissenschaften unterscheiden. Was sie alle – Geistes- und Naturwissenschaften – gemeinsam haben, ist die fast absolute Vorherrschaft eines geradezu monomanischen Spezialistentums. Sogar in den Humanwissenschaften ist es sehr selten, ja unmöglich geworden, daß ein einzelner sein weites Feld zu überblicken vermag. Der Blick ist ihm verstellt durch die fortwährend aufschießenden, oft höchst banalen Details, so daß fast jede Publikation schon bei ihrem Erscheinen als überholt verurteilt werden kann. Man sollte glauben, daß ungewöhnliche Gedanken und ein großer Stil ein Werk vor dem Verschwinden schützen sollten, aber das ist nur selten der Fall. Bedeutende Beispiele für solche Ausnahmen sind die Werke des Montesquieu und Gibbons *Decline and Fall*. Auch manche Schriften Voltaires, Lessings und Herders könnten dazu gezählt werden, wie übrigens auch fast alles, was Jacob Burckhardt veröffentlichte. Da jetzt »Information« ein ebenso geistloser Slogan ist wie »Innovation«, fürchte ich, daß sogar vor so ausgezeichneten Büchern wie den soeben genannten, der heutige Leser zuerst vergessen muß, daß es sich um wissenschaftliche Schriften handelt, bevor er bereit ist sie zu bewundern. Das gleiche gilt von manchen philosophischen Werken, wie denen eines Descartes, Hume oder Schopenhauer: Originalität und Stil sind noch immer die besten Schutzmittel gegen Fäulnis.

Die übertriebene Fachlichkeit unsrer Zeit hat uns gelehrt, Dilettanten, Amateure zu verachten. Dennoch sind sie die wahren Vertreter alternativer Wissenschaft, zumindest was die Geisteswissenschaften betrifft. Wenn eine Masse von Gedanken, Beobachtungen und Tatsachen durch das Gehirn eines einzelnen originellen Schriftstellers sozusagen filtriert wird, kann etwas zustande kommen, dem man Überlebenskraft verspricht. Weiningers *Geschlecht und Charakter* oder Canettis *Masse und Macht* fallen mir als Beispiele ein.

V

Wenn man weitergeht zu den Naturwissenschaften und über Alternativen nachdenkt, wird man einsehen, daß es sich dabei nicht um Bücher handeln kann. Die meisten Naturforscher sehen sich nicht als Schriftsteller, und die Niederschrift ihrer Betrachtungen und experimentellen Beobachtungen erscheint ihnen oft als der unangenehmste Teil ihrer Tätigkeit. Da aber nur der Hund, der bellt, was zum Beißen kriegt, fügen sie sich in das Unvermeidliche.

Während jedes philosophische System eine Alternative zu den vorhergegangenen ist, sind die Naturforscher der Gegenwart unmittelbare Erben derer, die vor ihnen waren. Wer ein Lehrbuch der Physik, der Chemie oder der Genetik zu lesen vermag, wird erkennen, daß die gegenwärtigen imposanten Gebäude auf unerläßlichen, in der Vergangenheit gelegten Fundamenten stehen. Man hört zwar, daß Naturforscher Verächter von Tradition und Geschichte sind, aber das trifft nur auf den einzelnen zu, wenn er ignorant ist. Leider gibt es derer jetzt sehr viele, aber die Naturwissenschaften selbst sind geradezu traditionshörig.

Allerdings hat man beim Lesen neuer naturwissenschaftlichen Arbeiten den Eindruck, daß das einzige, was von der älteren Literatur noch am Leben ist, als Methodik bezeichnet werden kann, nämlich die Gesamtheit der mit den Jahren routinemäßig gewordenen synthetischen, analytischen und diagnostischen Verfahren. Die Bibliographien der Abhandlungen stützen sich hingegen meistens auf Arbeiten, die in den letzten drei oder fünf Jahren publiziert worden sind. Lebendig ist nur der unmittelbare Vordergrund einer auf viele Jahrhunderte zurückreichenden Szene. Die Traditionshörigkeit der Naturforschung, von der ich sprach, ist also eigentlich eher eine immer blasser werdende Jugenderinnerung. Was sich im Lichte des gegenwärtigen Tages abspielt ist ein wüster Wettlauf um Verfahren, die die Natur verändern und sie aus ihren alten Bahnen herausreißen. Die jetzt herrschende exakte Gnosis macht aus jedem einen Demiurgen aus Pappendeckel oder bestenfalls aus Blech.

Alternativen? Wie könnte zum Beispiel eine *andere* Chemie aussehen, eine »Chemie mit einem freundlicheren Gesicht«? Forschung ist an sich weder freundlich noch unfreundlich, sie folgt dem Gesetz, das der verhängnisvolle Wissensdrang des Menschen ihr auferlegt. Nicht einmal die fürchterliche Verschmutzung der Welt kann der reinen Forschung zur Last gelegt werden. Wohl aber kann ich mir vorstellen, daß das Gewissen des einzelnen Forschers als Bremse wirkt, so daß er sich weigert, z. B. über Gifte und Nervengase zu arbeiten oder Hekatomben von Tieren zwecks trivialer Details in den Tod zu treiben. Alternativen können nur aus dem Herzen der einzelnen kommen, die es verstehen, daß Wissenschaft nie zu einer Lizenz zur Unmenschlichkeit werden darf. (Ich weiß, daß ich mich hiemit in einen lexikalischen Abgrund begebe, denn tatsächlich ist der Mensch das Unmenschlichste auf Erden.)

Meiner Meinung nach gibt es nur eine gültige Alternative zur Naturforschung, nämlich mit ihr aufzuhören, ihr wegen ihrer verheerenden Folgen zu entsagen. Ein solcher Entschluß von seiten der Menschen entspräche einer geistigen Umwälzung, möglicherweise vergleichbar derjenigen, die zur Ausbreitung des Christentums geführt hat. Dazu wird es angesichts der allgemeinen Lethargie der Massen nicht kommen. Viel eher könnte man von zunehmendem politischen Druck erwarten, daß er zu einer empfindlichen Beschneidung der von den Völkern der Forschung gespendeten enormen Geldmittel führt. Eine starke Abkühlung der Forschungshitzigkeit wäre sehr zu erwünschen. Es ist denkbar, daß der zu erwartende wirtschaftliche Niedergang dies in der Zukunft bewerkstelligen wird.

Was ich hier von der Chemie gesagt habe, gilt wahrscheinlich für die meisten exakten Wissenschaften, aber möglicherweise nicht für die unter der Bezeichnung Biologie zusammengefaßten Forschungszweige. Die Erforschung des Lebendigen ist nämlich eine besonders verzwickte Angelegenheit. Man kann das Leben nur erforschen, indem man es beseitigt. Die am lebendig bleibenden Organismus vorgenommenen Forschungen gehören, soweit sie nicht Flunkerei sind, zur angewandten Wissenschaft. Was jedoch große Teile der Biologie, z. B. die Genetik, so gefährlich macht für den Menschen, ist der Umstand, daß sie Gelegenheit zu irreversiblen Eingriffen in die von der Natur behütete Stabilität des Lebendigen liefern. Mancher wissenschaftliche Knabe mag glauben, er stopfe nur ein Loch im Deich zu, aber in Wirklichkeit macht er ein viel größeres, nicht mehr zu verschließendes. Ich habe an andern Orten soviel über meine Einstellung zur Gen- und Reproduktionstechnologie geschrieben, daß ich mich hier nicht wiederholen will.

VII

Wenn ich soeben behauptet habe, die einzige Alternative zu unserer Art von Naturwissenschaft bestehe darin, sich ihrer zu enthalten, muß ich mich auf einen Einwand, den ich mir selbst oft entgegengehalten habe, gefaßt machen. Wenn man die Geschichte der westlichen Wissenschaft und Forschung zu ihren Anfängen zurückverfolgt, kommt man zu den Vorsokratikern. Unter den Teilnehmern an diesem strahlenden Beginn der griechischen Philosophie finden sich viele Namen – Anaxagoras, Leukipp, Demokrit usw. –, die auch in einer Geschichte der Naturwissenschaften erwähnt werden müssen. Das waren aber Wissenschafter von einer ganz andern Art als der, an die wir gewöhnt sind. So wie ihre philosophischen Überlegungen noch ohne Logik und Ethik auskommen konnten, war ihnen in ihrem Nachdenken über die Natur die Diktatur des Experiments völlig fremd. Mehr als 2000 Jahre mußten vergehen, bevor die Betrachtung und Betastung der Natur vom induktiven Denken überwältigt wurde. Auch von dessen Gegensatz, der Deduktion, kann man bei den Vorsokratikern kaum sprechen. Sie waren Poeten der Natur, Verdichter der Beobachtung und des Nachdenkens, die von ihrem Geist einen Gebrauch machten, den unsere verfachlichte Welt überhaupt nicht wiederaufrufen kann.

Diese Philosophen waren sich der Einheit einer Welt bewußt, die uns verloren gegangen ist. »Ich war ja einst schon Knabe, Mädchen, Strauch, Vogel und aus dem Meere emportauchender stummer Fisch.« (Empedokles, in der Übersetzung von W. Capelle). Kein Wunder, daß von diesem philosophischen Dichter, der auf Hölderlin einen so großen Eindruck gemacht hat, erzählt wird, er habe geglaubt, daß alle Wesen mit Vernunft begabt seien, nicht nur die Tiere, sondern auch die Pflanzen. Oder »nach Leukippos besteht die Seele aus Feuer«. Das waren wahrhaftig keine Gedanken, die zu Experimenten einluden.

Wir haben tiefe Metaphern gegen kleine Wahrheiten eingetauscht und können nicht mehr zurückgehen. Dennoch kann man sich fragen, ob das Vorwärtsgehen und insbesondere das überschnelle Vorwärtsstürmen auf unserem Weg einen Sinn hat. Die Forschung, wie sie jetzt betrieben wird, hat der Menschheit die Phantasie, diesen höchsten Lebenstrost, geraubt; wir schlachten die Natur und haben wenig Freude daran.

Käme Leukipp zu uns, um uns seine Gedanken über die Seele zu offenbaren, so würden wir ihn auffordern, zuerst ein Seelenpräparat herzustellen und dann ein Thermometer hineinzustecken. Dann würde es sich schon zeigen, ob die Seele aus Feuer besteht. Nach einigen solchen Zusammenstößen würden alle Vorsokratiker einheitlich beschließen, die Philosophie und also auch die *philosophia naturalis* aufzugeben und über »Struktur und Funktion« irgendeines Drecks zu arbeiten. Auch würden sie voller Schmerz zugeben, daß ihre Art zu denken unzeitgemäß ist und keine Alternative zu der gegenwärtigen Naturforschung darbietet.

VIII

Dort wo es um die Verwertung der von der reinen Forschung gelieferten Ergebnisse geht, also in den angewandten Wissenschaften und in der Technik, ist es hingegen nicht schwer, sich Alternativen vorzustellen. Die Medizin ist vielleicht die wichtigste unter den angewandten Wissenschaften; und wer ihre Entwicklung in der Vergangenheit betrachtet und die vielen Arten vergleicht, in denen sie jetzt bei den verschiedenen Völkern praktiziert wird, muß die Vielfalt der bereits existierenden Möglichkeiten erkennen. Ich fühle mich jedoch nicht berufen, diese im Detail zu diskutieren. Der Eindruck, den ich in meinem Leben empfangen habe, ist, daß die immer schneller fortschreitende Verwissenschaftlichung der Medizin, d. i. ihre allmähliche Verwandlung in eine reine Naturwissenschaft, nicht unbedingt segensreich gewesen ist. Aus dem Arzt ist ein pragmatischer Wissenschafter geworden; der Patient gewinnt manchmal, oft aber leidet er darunter. Am Ende sind sie alle noch immer tot.

Nicht nur in der Art, in der die Medizin dem einzelnen Kranken begegnet, sondern auch in der Art, wie sie den Bürgern eines Landes nahegebracht wird, sind Alternativen denkbar und wünschenswert. Im Laufe meines eigenen Lebens habe ich die furchterregende Verschlechterung in der Erziehung des Arztes erlebt, gar nicht zu reden von dem völligen Zusammenbruch des Spital- und Pflegewesens. Ich erwarte keine Verbesserung. Zahlreiche wohlmeinenden Menschen haben sich mit Bergstöcken ausgerüstet, um eine schiefe Ebene hinaufzuklettern; nach einigen Jahren sind sie aber erstaunt zu finden, daß sie ganz unten angelangt sind. Es gibt Prinzipien der moralischen und sozialen Dynamik, die dem Zweiten Lehrsatz der Thermodynamik erstaunlich ähnlich sind. Gott sei Dank gibt es noch nicht das Spezialfach der Sozioentropiker.

Wer gerade jetzt (Ende 1988) von den Skandalen liest, die sich in Amerika rings um die von der Regierung betriebenen Fabriken entfaltet haben, in denen Uranium, Plutonium, Tritium usw. zwecks Fütterung unserer Bomben hergestellt werden, wird erfahren haben, daß diese Orte in ihrer weitern Umgebung völlig verseucht sind. Von der dort seit über 30 Jahren herrschenden Schluderei kann man sich gar keinen Begriff machen, noch auch davon, wie viele Menschenleben deswegen bereits verfallen sind. Ebenso sorgfältig geht es sicherlich um die anderen Fabriken zu, ob sie nun der Chemie, der Metallurgie usw. dienen. Was an Pestiziden, Herbiziden und anderen Giften da versickert, zerstäubt, aber auch vergossen wird, ist gar nicht auszudenken. Eine ganze gesellschaftliche Epoche scheint sich der Giftmischerei ergeben zu haben, und ihre Opfer sind ihr noch dankbar dafür. Wenn man an die arme La Voisin denkt, die 1677 in der berühmten *Affaire des poisons* in Paris auf dem Scheiterhaufen verbrannt wurde, was war das für eine armselige, bescheidene Vorläuferin unsrer großartigen chemischen Industrie!

IX

Wer die Gegenwart abscheulich findet und die Vergangenheit unwiederholbar, ist versucht, sich mit der Zukunft einzulassen. Das will ich nicht tun; schon deshalb nicht, weil ich vermute, daß die Zukunft eine ewige Gegenwart ist. Genauso wie in Dichtung und Kunst alles mit der »Moderne« aufgehört hat, und was nachher kommt ist nur »postmodern«, scheinen wir in eine Epoche der »Postgegenwart« hineingeraten zu sein: vieles verschwindet, nichts wird ersetzt. Die Wirklichkeit steht nur auf dem Papier, wir schnappen nach Luft in einem Knäuel von Bei- und Vorläufigkeiten. Wir machen nur so, wir simulieren, daß wir die Pseudozukunft im Griff haben. In Wirklichkeit gibt es keine Wirklichkeit mehr. Die Dienstleistungsgesellschaft kennt nur Fertigwaren, und die sind von sehr schlechter Qualität. Auf dem Bildschirm ist alles als ob, und noch dazu eindimensional. Auch die Naturforschung ist eindimensional geworden, sie kennt das Bekannte, sie denkt das Gedachte. Sie gleicht einem riesigen Fischteich, aus dem sie jetzt unter Geschrei herauszieht, was sie früher hineingesetzt hat. Wie Fische es tun, hat dieses sich vermehrt gehabt.

So erhebt sich die Wiederentdeckung der Wirklichkeit als die einzige Alternative. Woher jedoch die Kraft zur Einschränkung kommen kann, welche die Menschheit zur makroskopischen Wirklichkeit zurückdrängt, weiß ich nicht.

VII

Tod eines Obdachlosen am 17. September 1988

I

Man wußte nur, daß er Johnny hieß; niemand kannte seinen Zunamen. Er war schwarz, um die dreißig und obdachlos. Seine Habe trug er mit sich in einem verschossenen Nylonbeutel. Manchmal wusch er Automobile und verdiente damit etwas Geld. Er soll ein ruhiger Mann gewesen sein. Wie viele andern, die kein Dach über dem Kopf haben in dieser trostlosen Stadt, zog er es vor, selbst einen Schlupfwinkel zu finden, anstatt sich in den höllischen Wirrwarr eines städtischen Asyls zu drängen. So verbrachte er mit einigen andern die Nacht in einem hohlen Pfeiler einer Fußgängerbrücke, die vom Harlemfluß zum vielbefahrenen Harlem River Drive führt.

Elend bringt das beste heraus in der menschlichen Natur. Daher wurde, wie es oft zu geschehen scheint, die Unterkunft auch in jener Nacht von einer Bande junger Neger angegriffen, die, wie es im Bericht heißt, die Schlafenden »necken« wollten. Zu diesem Behuf zündeten die Jungen ein Stück Karton an und warfen die brennende Pappe in den engen Unterschlupf. Johnny flüchtete auf die Fahrstraße, wo er sofort von einem Wagen überfahren und getötet wurde. Daß der Fahrer nicht einmal anhielt versteht sich von selbst. Wer bleibt um 2 Uhr nachts schon stehen, mitten in Harlem, wenn er über einen Fetzen fährt?

Ich habe die Einzelheiten einer gut geschriebenen Reportage von S. H. Verhovek entnommen, die in der New York Times vom 19. 9. 1988 erschienen ist.

II

Während des Regimes des Präsidenten Reagan hat die Zahl der Obdachlosen, der Armen, der Bettler enorm zugenommen. Das unterscheidet eben das Land von seiner Apotheose, Hollywood, wo die dort auftretenden Armen und Bettler sicherlich sehr gute Gagen erhalten. Aber im Land Amerika, das niemand in der Lage ist wirklich zu kennen und zu verstehen, dort sieht es anders aus. Wie soll man sie zählen, wenn man nicht einmal ihre Namen weiß? Dazu kommt die Verachtung, die die Fahnenwedelnden immer gegenüber der Armut empfunden haben. Und in den Vereinigten Staaten schwingen schon die kleinsten Kinder ihre Fähnchen. Wenn es etwas Unamerikanischeres gibt als kein Geld zu haben, so ist es, sich nicht darum zu reißen.

Daher werden derartige Zählungen mit den gespreizten Fingern der linken Hand vorgenommen und mit einer Gaze vor dem Mund gegen Ansteckung. So weiß ich nicht, wie groß die Unterschätzung ist, wenn man mir sagt, es gebe vielleicht drei, vielleicht fünf Millionen Obdachlose im Land und mindestens 50 000 in der Stadt New York. Die Zahl der Menschen unter der Armutsgrenze beträgt jedenfalls ungefähr 14 % der Gesamtbevölkerung. Auf die genaue Zahl kommt es ja auch gar nicht an. Was hat man schon vom Weg, wenn der Wille fehlt?

Jedenfalls fühlt sich ein Besucher New Yorks in die Lazzaroni-Zeit von Neapel versetzt. Überall sind Bettler, und nicht einmal alle tragen das Kainsmal der Anderheit, das schwarze Gesicht. Mit Befriedigung sieht er gelegentlich auch hellbraune und manchmal sogar weiße Gescheiterte. Auf den größeren Bahnhöfen der Untergrundbahn spielen ganze Bettelkammerorchester. Durch die Waggons ziehen in langsamem Singsang die Jammer- und Krüppelgestalten. Fast niemand gibt ihnen etwas, denn vielleicht hat Herr Jeremiah Peachum sie organisiert; und der methodistische Gott sieht es nicht gerne, wenn man auf so etwas hereinfällt. Wenn sie manchmal ihrer Befremdung über so viel Hartherzigkeit hörbaren Ausdruck geben, so nennt man sie *panhandlers* (»Pfannenstieler«), mit welchem Ausdruck die amerikanische Sprache das alte, ehrliche englische Wort *beggar* oft ersetzt. Wenn dieser Besucher der Stadt gleichzeitig vernimmt, der Ökonomie des Landes sei es seit langem nicht so gut gegangen wie unter dem Präsidenten Reagan, so muß er annehmen, daß die schlimmen Dinge, die er soeben gesehen hat, nur die unaussprechlichen Schamteile eines wahrhaft augusteischen Zeitalters sind. (Allerdings wäre Johnny unter dem Kaiser Augustus von einem Ochsenkarren wahrscheinlich nicht überfahren worden.)

Ohne daß sie sich geradezu nach Flammentod sehnen, ist dieser auch anderen Obdachlosen zuteil geworden. Wenige Monate vor Johnnys Ende las ich in der Zeitung, daß eine »Schar von Kindern« einen in einem Park Schlafenden angezündet und getötet haben. *Sunt pueri pueri.* Und da die Extreme einander gerne berühren, ist es erwähnenswert, daß im Dezember 1988 bereits zwei erfrorene Obdachlose eingesammelt worden sind.

III

Was mich an Johnnys Tod so berührt, ist dieses Nebeneinander von unendlichem Reichtum und unsäglichem Elend. Gerade jetzt, wie ich das schreibe, ist Präsident Reagan im Abtreten begriffen; und sein Abtritt – im Gegensatz zu dem, der im Fernsehen nicht gezeigt werden darf – wird mit Lobhudeleien verziert, wie sie selbst dem Pferd des Kaisers Caligula nicht widerfahren sind. Die ökonomische Lage, bei der sechs Millionen Arbeitslose zuschauen dürfen, wird als glänzend beschrieben, die obern Klassen verdienen mehr als je, und die andern Schichten betrachten sie mit Genugtuung im Fernsehen.

Es ist eine stumpfe und vordergründige Welt, eine Welt der Indirektheit. Das Leben und das Denken gehen als Schatten vor sich, als huschende Bilder auf fahlen Schirmen. Es ist eine Welt, die sich selbst die Narrenklapper umgehängt hat, so daß Begriffe, die durch Jahrtausende leuchteten, wie Gott, Seele, Geist, Gemüt, Glaube, Liebe, Schönheit, Ehre, Treue, nur mit einem ironischen Lächeln ausgesprochen werden können. Alles, alles war einmal.

Was jetzt ist kann nur statistisch erfaßt werden. Wer eine Tabelle abzulesen, eine Kurve zu übersetzen vermag, kann manches erfahren, das ihn nur wenig rührt. Als ich ein Kind war – ohne Zeitung, ohne Rundfunk – war ich dem Geschehen näher als ich es jetzt bin. Waren es auch damals nur Schatten, die ich wahrnahm? Jedenfalls waren sie dreidimensional. Das Leiden war keine medizinische Kategorie und die Freude kam nicht aus dem Lautsprecher. Die Chemotherapie war beim Aspirin angekommen und das Rizinusöl wurde von der Natur geliefert.

Der wahrhaft unermeßliche Fortschritt der reduktiven Wissenschaften in den letzten vierzig Jahren hat die Welt, glaube ich, mehr verändert als es seinerzeit die Völkerwanderungen oder die Reformation getan haben. Mit reduktiven Wissenschaften meine ich die Naturwissenschaften und die mit ihnen verschwisterte Technik. Wenn man ihnen den kleinen Finger reicht, so nehmen sie nicht die ganze Hand, sondern sie amputieren lieber den Finger und ersetzen ihn durch drei künstliche. Aus dem Vorhandensein einer Hand mit fünf Fingern schließen sie auf die Möglichkeit einer siebenfingrigen. Mit unerklärlicher Plötzlichkeit hat der menschliche Verstand sich dem technoromantischen Abenteuer, wie Karl Kraus es einmal nannte, verschrieben, so daß jede Möglichkeit zu einem Befehl wird, sie zu verwirklichen. Das Unmögliche befeuert ihn noch mehr, denn er hat gelernt, daß die Natur auf Tricks hereinfällt wie ein Gimpel. Auch hat die Menge es sich abgewöhnt, leicht zu verhöhnen. Wenn man ihnen sagt, die Wissenschaft arbeite an der Zukunft, fragen die Leute nicht mehr, ob das eine wünschenswerte Zukunft sei.

IV

Was haben denn die strahlende Blüte der Naturwissenschaften und der allgemeine Aufschwung der Technik mit Johnnys armseligem Tod zu tun? Viel mehr, denke ich, als ein oberflächlicher Blick zu erkennen gibt. Allerdings muß ich zugeben, daß ich es mir nicht zutraue, die Zusammenhänge im einzelnen herauszuarbeiten. Zuerst muß ich jedoch bemerken, daß meines Erachtens die Wichtigkeit der gegenwärtigen Naturforschung für die gegenwärtige Technik überschätzt wird. Ich sehe eher Parallelismus als Verknüpfung. So wie die Forschung dem menschlichen Wissensdrang entspricht, den sie mehr anheizt als er sie, soll die Technik die Erfordernisse der Menschen erfüllen; was sie aber wirklich tut ist, durch ewige Reklame diese Bedürfnisse immer mehr hinaufzuschrauben und gleichzeitig sehr viele Menschen ihrer Arbeitsmöglichkeiten zu berauben.

Die programmierte Maschine ersetzt den denkenden Menschen; und je kompletter die Programmierbarkeit jener wird, um so weniger kann dieser seine Vernunft anwenden. Tatsächlich ist sie im Begriffe, ihm verloren zu gehen: die tüchtigste Gouvernante erzeugt das dümmste Kind. Die Maschine, die anfangs nur ein wirksames Werkzeug war, hat im Zuge ihrer unglaublichen Verfeinerung und Spezialisierung die Menschen aus ihrer gewöhnlichen Arbeit verdrängt, und für die Johnnys unserer Welt gibt es schon seit langem gar nichts zu tun; nichts als geboren zu werden und zu sterben.

Habe ich recht, wenn ich sage, daß die Kluft zwischen dem, was der einzelne verstehen sollte, und dem, was er versteht, nie so groß war wie jetzt? Wahrscheinlich ist die Welt ihm immer zu kompliziert vorgekommen; aber solange sie von Gemeinschaften erfüllt war, konnte er sich viel eher zurechtfinden als in der heutigen starr gegen ihn organisierten Gesellschaft, deren Feindseligkeit soviel größer ist als ihre Effizienz. Das Ideal der gegenwärtigen Dienstleistungsgesellschaft scheint zu sein, daß mit Ausnahme der sehr Reichen alle andern ein dürftiges Auskommen finden, indem sie füreinander Wäsche waschen. Tatsächlich ist es ganz anders: die einen erfreuen sich der von den andern für sie gewaschenen Wäsche. Wenn diese, die andern, dies nicht zu tun vermögen, dürfen sie zugrunde gehen.

V

Die Aufgabe dieser Zeilen ist es jedoch nicht, die schiefe Ebene der Soziologie hinunterzurutschen, sondern den frühen Tod eines armen Teufels zu beklagen. Hätten die spaßhaften Knaben ihn nicht aus seinem Versteck verscheucht, so wäre er wahrscheinlich noch ein paar Jahre am Leben geblieben. Aber er hätte kaum ein gemütlicheres Heim gefunden als den hohlen Brückenpfeiler. Denn – entgegen der Legende – ist die Art von Armut, die Johnny als einziges Eigentum besaß, eine unheilbare Krankheit in Amerika. Man riecht sie von ferne und vermeidet sie.

Jetzt, da es kälter zu werden beginnt in New York, sind die Zeitungen plötzlich voll von Bildern aus dem Leben und Treiben dieses für das Land in solchem Umfang neuen Elendstandes. Da sieht man eine Art von Wohnstraße: in langer Linie stehen Pappschachteln nebeneinander, und in jeder kauert ein Mann oder ein Weib, oft auch ein Kind. Das ist ihr trautes Heim im Jahrhundert der Wissenschaft und der Technik, in einem Land, das sich gerne das reichste nennt. Oder da ist ein Foto von zwei ältern gebrechlichen Männern, die einander stützen. Sie stehen in der Abfahrtshalle für Fernomnibusse, daneben ihr Besitz in einem Einkaufswägelchen, und zwischen ihnen liegt ihr kleiner Hund. Wie wohlhabend dieses Hündchen aussieht, verglichen mit seinen Herren! Oder die Bilder, schon aus früheren Jahren vertraut, von Leuten, die auf dem Eis schlafen, mitten auf der Gasse. Oder die Frau, von ihrem kleinen Mädchen begleitet, schiebt, dünn gekleidet, ihren Besitz durch den winterlichen Park.

Nun frage ich – aber wer wird mir antworten? –, ist es ein

Zufall, daß derartige Erscheinungen in solcher Fülle erst seit dem Antritt des Präsidenten Reagan aufgetreten sind? Oder hat dieselbe Fäulnis, die an so viel Elend schuld ist, auch ihn als eines ihrer Bläschen in die Luft emporgetrieben? Ich glaube, das letztere ist der Fall. Das Volk ist in einer Zersetzung begriffen, von der man nicht sagen kann, wo sie enden wird. Reagan ist der unwürdigste Präsident, dem ich, in fast 60 Jahren in Amerika, begegnet bin. Dabei ist er einer der beliebtesten gewesen; später werden viele ihn verfluchen.

VI

Jedenfalls ist unter dem letzten Regime die Anzahl von Armen derart gewachsen, daß in dieser Beziehung – und vielleicht nur in dieser – Amerika an der Spitze aller westlichen Länder steht. Die stolze Vorhut dieses Heeres von etwa 34 Millionen Armen bilden die Obdachlosen, deren Zahl niemand wissen möchte. Die Politiker und Bürokraten, deren Pflicht es sein sollte, sich um jene zu sorgen, reden meistens Unsinn. So zum Beispiel der Bürgermeister von New York, Edward Koch: »Viele Obdachlosen ziehen die Straßen den Asylen vor, weil sie keinen Willen haben. (›They lack motivation.‹) Diese fehlende Motivierung hat ihre Ursache in Drogensucht, Alkoholismus, Geisteskrankheit in einer oder andern Form. Wir haben es hier mit den schwierigsten Leuten zu tun, denen jeglicher Halt verloren gegangen ist.« Umgekehrt, und zugleich ähnlich, sagte Präsident Reagan in einer seiner zahlreichen gerührten Abschiedsreden, daß die ihm vorgeworfenen Obdachlosen sich weigerten, in die Asyle zu gehen, weil sie einen Willen haben; sie zögen die Straße vor.

Daß Johnny nicht richtig »motiviert« war, geht schon daraus hervor, daß er sich in einen Brückenpfeiler zurückzog und nicht nach Wall Street. Die andern Verfehlungen – Drogen- und Trunksucht oder Irrsinn – können ihm jedoch anscheinend nicht vorgeworfen werden. Die schwerste Krankheit, an der er litt, seine Hautfarbe, hat Mayor Koch überhaupt nicht erwähnt, denn er will ja wieder gewählt werden.

Nun ist es natürlich so, daß man unter den Obdachlosen allerhand findet: nicht besonders erfolgreiche Verbrecher, Rauschgiftsüchtige, Geisteskranke, insbesondere aber Leute, die nicht mehr mithalten konnten. Zum Beispiel sind viele Familien aus ihren Wohnungen vertrieben worden und können sich angesichts der horrenden Mieten keine andern leisten. Schließlich war ihr ganzes Leben ein System von schiefen Ebenen: nur wer ganz unten ist, kann nicht mehr rutschen.

Etwa ein Drittel der Obdachlosen soll aus Geisteskranken bestehen. Das kann man verstehen, wenn man hört, daß in den letzten 30 Jahren vier Fünftel aller Betten in den staatlichen Irrenhäusern – etwa 430 000 Plätze – abgeschafft worden sind, ihre als ungefährlich erklärten Insassen in die ach so gesunde Welt von Angebot und Nachfrage entlassend. Da im Falle von verwirrten und kranken Leuten jenes unendlich viel größer ist als diese, strömten die derart der freien Welt Wiedergegebenen auf die Straße. Gleichzeitig schrumpfte die Zahl erschwinglicher Mietwohnungen sehr erheblich, denn in den Städten werden fast nur mehr Luxuspaläste gebaut.

Der jetzt herrschende wildgewordene Sozialdarwinismus möchte gerne alle Erniedrigten und Beleidigten als geisteskrank erklären, denn Armut an sich erscheint ihm als abnormal. Daß diese in Amerika, und nicht nur dort, erblich ist, dürfte stimmen; sie ist jedoch gewiß nicht genetisch programmiert. Das gleiche gilt für die im Land fürchterlich überhandnehmende Kriminalität. Natürlich sind Armut, Obdachlosigkeit, Verbrechen, Drogensucht usw. Zersetzungserscheinungen; aber in der Form, in der sie einen jetzt in Amerika Lebenden packen, sind sie jüngsten Datums. Manche werden bereit sein, sie dem Reaganregime anzurechnen, andere werden sagen, als Keim seien sie schon bei der Gründung des Landes vorhandengewesen.

VII

Johnny scheint ein friedlicher Mann gewesen zu sein, friedlicher als die Bande, die ihn in den Tod trieb. Wer nicht in den Vereinigten Staaten lebt, kann sich von dem Anwachsen der Kriminalität keinen Begriff machen. Wo ich wohne, in der harten Stadt New York, zähle ich im Durchschnitt acht Morde im Tag, woran die Obdachlosen nur als Opfer beteiligt sind. Eltern und Großeltern, die das Leben ihrer Kinder auslöschen, manchmal indem sie sie in fast kochendes Wasser werfen, sind da gar nicht mitgezählt, noch auch die Resultate der nie endenden Kämpfe zwischen Rauschgifthändlern.

Daß in unserem Jahrhundert das Menschenleben nichts mehr wert ist, das ist ein Gemeinplatz geworden. Man beruft sich auf zwei Weltkriege, Ausrottungsfabriken, Völkergemetzel, Massenbombardements. Das sind keine Gründe, das sind Symptome. »Die letzten Tage der Menschheit«, die für Karl Kraus im August 1914 begannen, dauern noch immer an. Der Gründe für sie sind so viele geworden, daß ganze Wissenschaften – Philosophie, Theologie, Geschichte, Soziologie – sie nicht bewältigen können. Auch Dichtung und Kunst haben es längst aufgegeben. Unser Atem ist eine Threnodie geworden für etwas, das verschwunden ist. Dabei wissen wir nicht, ob es jemals existierte.

Für die Wissenschaften ist das Leben nichts als ein aktivierter Schleim. Mit dem Aktivieren hapert es noch im Laboratorium, aber man verspricht uns baldigen Erfolg. Ich glaube nicht, daß er jemals eintreffen wird; das bleibt meine Marotte. Im Töten des Lebendigen hat jedoch unser Jahrhundert unglaubliche Fortschritte gemacht, und da kann man noch viel erwarten.

Was ist also verschwunden, und ich weiß nicht einmal, ob es es gegeben hat? Der Glaube an, die Ehrfurcht vor der Menschlichkeit des Menschen, die Überzeugung von der Einmaligkeit und Unwiederholbarkeit des einzelnen. Unsere Zeit hat es geschehen lassen, daß der Mensch zum Fetzen erniedrigt wurde, zu einer Konsumware, »the cheapest of all Big Macs«.

Bin ich der einzige, dem Johnnys Tod zu Herzen gegangen ist? Gewiß nicht, aber für einen Sturm auf die Bastille werden alle diese leicht gerührten Leute nicht ausreichen, um so weniger als niemand weiß, wo die Bastille steht. Wahrscheinlich befindet sie sich in den eingelullten, vergifteten Köpfen einer herzlos gemachten Mehrheit.

VIII

Jetzt muß ich aber eine Wendung von 180 Grad machen, indem ich zugestehe, daß die Mehrheit des Volkes meine Ausführungen, wenn sie sie überhaupt zur Kenntnis nähme, durchaus zurückweisen würde. Ich hatte immer geglaubt, diese Harthörigkeit und Hartherzigkeit gehöre zur Mythologie des Landes, des wohlbekannten »land of the free«. Ich bin aber nicht mehr so sicher, nachdem ich vor kurzem ein Gespräch mit einem chinesischen Taxifahrer hatte. Ich rede gerne mit diesen Schwerarbeitern. Er war der Besitzer des Taxis, was unter den New Yorker Verhältnissen eine sehr beträchtliche Investition ist. Jetzt 48 Jahre alt, war er vor 17 Jahren völlig mittellos aus seinem Geburtsland Taiwan nach New York ausgewandert. Wie der sich hinaufgearbeitet haben muß! Auch heute noch fahre er zwölf Stunden im Tag. Wer die Straßen New Yorks kennt, weiß, was das bedeutet.

Ich kam auf die Obdachlosen zu sprechen, die mir in diesen Tagen besonders am Herzen liegen. Da zeigte es sich aber, daß die Chinesen zu Unrecht als leidenschaftslos beschrieben werden: er wurde borstig wie ein jugendlicher Igel. Amerika sei ein wundervolles Land, das beste auf der Welt. Niemand, der zu arbeiten bereit sei, brauche arbeitslos oder gar obdachlos zu sein. Das seien faule, verkommene Wesen; je schneller sie krepierten, desto besser. Leider waren wir am Ziel, und der patriotische Schnellkurs mußte enden.

Ist dieser leicht aufzugießende Patriotismus in Pulverform – eine für viele Einwanderer typische Erscheinung – rein mythologisch? Gewiß nicht im Falle meines Chinesen. *Ubi bene ibi patria*; und ihm war es gelungen, wie auch sehr vielen anderen Neuankömmlingen. Aber hätte Johnny rechtzeitig daraus lernen können? Er war schwarz, mein Gewährsmann gelb. Daß dieser Umstand schwerer wiegt als man glauben sollte, wird nur verstehen, wer lang im Land gelebt hat; dennoch reicht er nicht aus, obwohl die unendliche Schuld des Sklavenimports nicht wegzuwaschen ist.

Vielleicht war Johnny schwachsinnig, ich weiß es nicht; vielleicht war er Analphabet; gelernt hatte er wahrscheinlich nur sehr wenig, und *Moby Dick* hätte er nicht lesen können. Aber ist es nicht die Pflicht einer Gesellschaft, die diesen Namen verdient, zu verhindern, daß manche ihrer Mitglieder zugrunde gehen, weil sie unfähig sind, mit dem immer rasender werdenden Tempo des Lebens mitzuhalten? Gerade jetzt machen hier im Lande die organisierten Abtreibungsgegner einen enormen Lärm, sind aber gleichzeitig von der Partei, die gegen alle Wohlfahrtsmaßregeln Sturm läuft. Die Abtreibung *post partum*, wie sie Johnny zuteil wurde, scheint mit dem Glauben an das »right to life« durchaus vereinbar.

Vor vielen Jahren habe ich einmal in mein Notizbuch geschrieben: »Allen Kindern schauen die Augen Gottes aus dem Gesicht heraus.« Es ist kein schwarzer Gott und kein weißer Gott. Einmal hat auch Johnny so ausgesehen, und um seiner Kinderaugen willen, die ich nie gesehen habe, hätte auch er nicht so sterben dürfen.

’s ist leider Krieg!

I

Der Aufschrei des Matthias Claudius in seinem 1779 gedruckten »Kriegslied« hat mich durch mein ganzes Leben begleitet. Ich war keine sieben Jahre alt – aber alt genug, um die wichtigsten Tagesneuigkeiten aus der Zeitung übermittelt zu bekommen –, als die verschiedenen Balkankriege sich meinem Kindergehirn einverleibten. Ich besaß bereits einen kleinen Atlas und konnte mich gegen die Türken erwärmen, obwohl sie irgendwie als »unsere« Bundesgenossen figurierten. Bald darauf kam jedoch der Erste Weltkrieg, und den erlebte ich, zumindest teilweise, mit erwachtem und erwecktem Geist, denn 1917 hatte ich begonnen, die »Fackel« des Karl Kraus zu lesen, und das war die Zeitschrift gewesen, in der mir Claudius zuerst begegnete. Ich selbst erlebte diesen Krieg als geringfügiges Opfer: wir mußten schon gleich am Anfang, im Herbst 1914, nach Wien übersiedeln.

Bald begannen die Hekatomben von Gefallenen, die Tränenwolken unendlichen Leids, die Millionen von Witwen und Waisen, das verlogene Geschrei erkennbar lügenhafter Propaganda mein Gemüt zu belasten. Ich kann sagen, daß ich diese Last nie mehr losgeworden bin; im Gegenteil, sie ist immer schwerer und verwirrender geworden. Verwirrend, weil es schwer ist für ein Kind, dem von den Beeinflussungsmaschinen ausgestreuten giftigen Nebel zu widerstehen. Bald war ich aber was man erwachsen nennt und konnte mich gegen die Angriffe auf den Verstand wehren.

Das soll jedoch nicht ein autobiographischer Text werden; vielmehr soll sein Gegenstand der Krieg sein als nicht wegzudenkender Bestandteil des Lebens im 20. Jahrhundert. Jetzt, da das 21. sich nähert, sieht es so aus, als sollte Krieg überhaupt der Hauptbestandteil des Lebens werden.

Aufgerufen, meine oft bewiesene Nichtfachmännlichkeit auszuüben, muß ich vielmehr darauf hinweisen, daß ich ein Experte bin darin, wie ein großes Volk in den Krieg gehetzt werden kann. Wer 60 Jahre in den Vereinigten Staaten gelebt hat kann, widerstrebend wie er sein mag, nicht umhin, zum Fachmann geschlagen zu werden.

Bevor ich mich der vorläufig letzten Eintragung im blutigen Kalender widme, mag es nicht verfehlt sein darauf hinzuweisen, daß der Krieg, der angeblich im Jahre 1918 zu Ende gegangen ist, tatsächlich nie geendet hat und wahrscheinlich nie enden wird. Ich weiß, »nie« ist ein langes Wort, und die Zukunft hat noch einige erstaunliche Pfeile in ihrem Köcher. In den letzten vier- oder fünfhundert Jahren, seit dem Verblassen der Religionen und dem Aufkommen der Nationalstaaten mit ihren kapitalistisch-kolonialistischen Systemen, hatte die Instabilität der Oberfläche des Weltgefüges zu derartigen Spannungen geführt, daß es aufbrechen mußte, und das ist, denke ich, 1914 geschehen. In den auf 1918 folgenden zwanzig Jahren wurden einige Risse stümperhaft zugeklebt, aber wenige Menschen hatten Vertrauen zu dem aus dem Amerika des Präsidenten Wilson importierten weltpolitischen Scotchtape. So um 1938 platzten tatsächlich alle Notverbände, und der Zweite Weltkrieg erwies sich als eine direkte Fortsetzung des Ersten. Er endete mit einem klaren Sieg der Alliierten: Amerika, Rußland, England. Das war aber nur für die Geschichtsbücher, denn nach weiteren 45 Jahren sieht es so aus, als wären die Besiegten, Deutschland und Japan, die eigentlichen Sieger. Das alte Sprichwort »Du sollst den Tag nicht vor dem Abend loben« erweist sich als unanwendbar, denn was tut man, wenn man immer in einer Nacht gelebt hat, der weder Tag noch Abend vorangegangen sind? Es wird, fürchte ich, nötig sein, die Entscheidung zu verschieben, bis man sich wiedersieht im Tale Josaphat.

Irgendwie kann ich mich noch immer nicht dareinfinden, daß jetzt, da wir das Ende der Ideologie, der Weltgeschichte und besonders das des Kommunismus zelebrieren, das Plateau erreicht ist, auf dem die Menschheit von nun an ihre zierlichen Menuette ausführen wird. Mir erscheint nämlich diese sorgenfreie Tanzfläche als ein stinkendes Beinhaus, als die Schädelstätte, auf der die Kopfjäger noch immer ihre Beute abliefern. Ob sie hundert Dollar, Mark oder Pfund für den Schädel bekommen ist egal: in dem unendlichen Bankenhimmel, unter dem wir leben, schneiden sich alle parallelen Währungen.

II

Wie viele Kriege die Welt seit 1945 erschüttert haben – eine Welt, die ihnen völlig unerschüttert zugesehen hat, während sie sie mit Waffen, Flugzeugen, Giftgas und Verbandwatte ausstattete –, wie viele Kriege es in dieser Zeit gegeben hat, kann ich gar nicht zählen. Das ist ein Zeitraum, der sich gerne *Pax Americana* nennt; aber ich glaube, daß er keinen einzigen Tag enthalten hat, an dem nicht irgendwo dieser gottgefällige Friede mit Bomben und Kanonen gefeiert wurde. Aus der Tiefe meiner Unwissenheit kann ich keine Zahlen schöpfen, aber ich bin überzeugt, daß Millionen von Menschen den von der Geschichte kaum registrierten Kriegen zum Opfer gefallen sind. Diese Kriege spielten sich meistens in entlegenen Gegenden ab, weit entfernt von den Ländern, die die Lizenz, die Welt zu verwalten, erworben zu haben vorgeben.

Auch die Kriege, die ich als näher beteiligter Zeuge verfolgen konnte, nämlich die von den USA direkt geführten, gingen weit weg von Amerika vor sich. Der Zweite Weltkrieg, nicht viel später der Koreakrieg, dann der Vietnamkrieg und jetzt der Golfkrieg: die letzten drei waren amerikanische Kriege, wenn es auch manchmal durch irgendeine Gaunerei gelungen ist, sie als Koalitionskriege zu kostümieren. Über den zuletzt genannten Krieg, der im Augenblick, da ich diese Zeilen schreibe, erst drei Wochen alt ist, werde ich noch einiges zu sagen haben, darf aber nicht unterlassen darauf hinzuweisen, daß über allen diesen amerikanischen Kriegen – sie alle umfassend und erklärend – der sogenannte Kalte Krieg schwebte, der waffenstarrende und alle besseren Instinkte der Menschheit vergiftende Friede gegen die Sowjetunion. (Das Substantiv Friede verbindet sich gewöhnlich mit den Präpositionen »mit« oder »zwischen«, erfordert jedoch hier ausnahmsweise das Verhältniswort »gegen«.)

Ein Bewohner Amerikas hatte genug Gelegenheit, sich über diese Kriege Gedanken zu machen. Leider machten nicht viele Gebrauch von dieser Gelegenheit. Diese Abstinenz hat viele Gründe. Manche sagen »Ich bin bereit, mein Leben fürs Vaterland zu opfern«. Andere sagen fast das gleiche, nur ändern sie das Possessivum zu »dein«. Andere wieder sagen »My country, right or wrong« und fahren für die Winterferien nach Florida. Die meisten sagen überhaupt nichts und erfreuen sich an den jetzt manchmal rot gefärbten Fernsehbildern. Mütter, deren Söhne gefallen sind, heißen Goldsternmütter und tragen ein Abzeichen, das niemand beachtet. Der jeweilige Präsident, der das Land in den Krieg verwickelt hat, genießt weitgehende Zustimmung, zuerst etwa 80 %, die bald abnimmt. Die Abgeordneten, die mitgestimmt haben, verkriechen sich in verschiedenen trotzigen Posen, und bald schwenken sie die Flagge nur mehr mit der linken Hand, während die rechte assortierte Friedenszeichen ausführt. Am Schluß war niemand verantwortlich, die Historiker leiden an Tatsachenverschlingung; und später, wenn alle Gefallenen ohnedies schon tot wären, wird alles ein Ruhmesblatt. Die Kinder in der Schule nehmen dieses stumpf zu sich, aber nicht ohne Feierlichkeit, denn das ist der Moment, da ihre Verblödung beginnt. Nur unter den Krieggewinnern finden sich gelegentlich Kriegsgegner, wahrscheinlich weil ihr gesteigertes Einkommen ihnen gestattet, sich mit einer feineren Herzensbildung zu versehen.

III

Es gab eine Zeit, als ich, William James folgend, glaubte, daß es möglich sein sollte, einen Ersatz zu finden für den Kriegsdrang der Menschen. Wie könnte so ein Substitut aussehen? Kannibalismus wäre eine Möglichkeit, aber zu viele Menschen haben einen zu schwachen Magen, um ausschließlich von ihresgleichen leben zu können; und außerdem würde sich die Menschenfresserei nur als eine ehrlichere Form des Krieges herausstellen. Ununterbrochener Geschlechtsverkehr wäre aus physiologischen, ökonomischen und sozialen Gründen kaum durchführbar und würde die Weltbevölkerung noch schneller vermehren, als unsere gegenwärtige Lebensweise es tut. Sport hätte den Vorteil, daß er nicht weniger verroht als Krieg und sich ebenso gut zum Wedeln mit Fahnen eignet; er hat aber gegenüber diesem den Nachteil, daß er wenig zur Dämpfung des Bevölkerungswachstums beiträgt. Ein weiterer Kandidat, der Vegetarismus, muß auch wegfallen: die Zeit des Nationalsozialismus hat gezeigt, daß Vegetarier höchst blutrünstig sein können. Alles andere, z. B. das Schachspiel, das Sammeln von Briefmarken, Schmetterlingen usw., kommt nicht in Betracht. Die fürchterliche Vorstellung, daß die Mehrzahl der Menschen sich der Naturforschung widmen sollte, will mir überhaupt nicht in den Sinn kommen. Da die Mordlust des Menschen noch stärker ist als der Glaubensdrang, haben sich die Religionen in den seltenen Fällen, in denen sie es versucht haben, als hilflos erwiesen. Selbst im gläubigen Mittelalter, als das Christentum viel stärker war als es jetzt ist, hat es nur selten zustandegebracht, die Mordlust zu kanalisieren, etwa in den Kreuzzügen und manchmal in den Judenpogromen. Das war gewiß nicht die Art der Ablenkung, die der kluge William James gutgeheißen hätte.

Ich hörte auf zu grübeln. Der Mensch ist wie er ist: es gibt keinen Ersatzleichenschädel für den Krieg. So schaute man lieber aus dem Fenster, denn der Vietnamkrieg war gerade zu Ende gegangen, und die Vereinigten Staaten hatten ihn verloren. Was ich jedoch durch das Fenster erspähte war seltsam: meine Beauftragten, für deren keinen ich je gestimmt hatte, waren gerade damit beschäftigt, den Trauerkrepp gegen Siegesgirlanden zu vertauschen. Und ist es vielleicht wirklich ein Sieg, wenn ein Riesenland armen Teufeln irgendwo in Asien das Dach überm Kopf wegbrennt und dann in Nacht und Nebel verduftet? Krieg ist nicht mehr die Fortsetzung der Politik mit andern Mitteln, sondern die Politik ist nur eine Maske, die der Krieg vorhält, wenn er besonders scheußliche Absichten hat. Krieg ist der Dauerzustand unsrer Welt geworden, aber die Maske soll uns verhindern, das grauenerregende Kainszeichen auf seiner Stirne zu erkennen.

IV

Mit Kriegen läßt es sich leicht leben, wenn sie in weiter Ferne vor sich gehen. Wohlgefällig sieht man sich die Zitterbilder an, man hat sein Geld nicht für nichts hergegeben, unsere Burschen sind doch die besten. Wir haben ihnen schießende Computer gekauft, und High-tech hat das Morden zu einem Vergnügen gemacht. Man drückt nur auf Knöpfe, und Jericho fällt ganz ohne Posaunen. Wenn es fällt, ist Jericho vom Erdboden verschwunden, aber das macht nichts, Disneyland ist ohnedies schöner. Josua wird nachher Generaldirektor einer riesigen Waffenfabrik.

Während meines langen Aufenthalts in den Vereinigten Staaten kann ich mich nur an zwei Präsidenten erinnern, unter denen keine amerikanischen Kriege stattfanden: Carter und Reagan. Dieser hat zwar seinem Land mehr Schaden zugefügt als manch ein Krieg, aber auf andere Weise. Der zerstreute Großpapa, den er leider erfolgreich spielte, hat sich fast nicht mit Blut beschmutzt. Die einzige Ausnahme, die Eroberung von Grenada, zählt nicht. Wenn ein mächtiger Löwe unter Gebrüll ein Infusorium frißt, ist das ein so jämmerlicher Anblick, daß nur die Komik übrigbleibt. Was sogar in diesem Falle, aber noch viel mehr in allen andern Fällen, den stillen Beobachter bis ins Mark erschreckt, ist jedoch der unfehlbare Reflex, mit dem das amerikanische Volk jedem Krieg entgegenjauchzt. Natürlich wurde jeder Bürger sein ganzes Leben hindurch dafür präpariert. Die Einbleuung beginnt im Kindergarten oder noch früher. Unentwegt finden Zeremonien statt, in denen die Landesfahne begrüßt und gefeiert wird. Der ganze Unterricht dient der Verherrlichung der glücklicherweise recht langweiligen Geschichte des Landes. Weil die Landessprache einem andern Volk entlehnt worden ist und ein großer Teil der Einwohner verschiedene anderen Muttersprachen zwar vergessen, aber nicht ersetzt hat, fehlt die Glorie einer eigenen durchlebten Sprache. Das bewirkt eine oberflächliche, eindimensionale Geschichtslosigkeit, die, ohne zum Patriotismus zu führen, gleich mit dem Chauvinismus beginnt. Ein Fremder, der, sagen wir, Italien zum ersten Mal besucht, wird sofort die Gescheitheit und Warmherzigkeit des Volks gewahr. Kommt er nach Amerika, so wird er gewiß eine ungewöhnliche Großzügigkeit, ja sogar Gutmütigkeit bemerken, aber er stößt gleichzeitig auf eine nach allen Seiten uninformierte Stumpfheit. Er steht gleichsam einem riesenhaften Insekt gegenüber, dessen unzählige Beine jedes im gleichen Augenblick in tausend verschiedene Richtungen laufen. Es bewegt sich aufs lebhafteste, kommt jedoch nicht voran. Wird aber ein Krieg vorbereitet, so stehen sie zuerst still, und dann laufen plötzlich alle Beine in ein und dieselbe Richtung.

Wie die delegierte Todesverachtung – man erträgt gefaßt den Tod der anderen – erzeugt wird, ist mir nach vieljährigem Studium noch immer rätselhaft. Natürlich sind die Massenmedien daran beteiligt, und die tun doch nur, was Geld einbringt. Wer aber zahlt für den Chauvinismus? Wäre der Teufel nicht so unmodern geworden – und eine seiner größten Schlauheiten ist, daß es ihn nicht gibt –, so würde ich ihn bezichtigen, denn er ist der große Verlierer, der nichts zu verlieren hat. So muß ich meine Ignoranz bekennen, jedoch nicht meine Bereitschaft, den Soziologen und Massenpsychologen das Feld zu räumen. Fachjargon ist nicht, was man braucht um Rätsel zu lösen.

V

Im Jahre 1258 belagerte Hūlāgū, ein Nachkomme des Dschingis-Khan, mit seinem Mongolenheer die Stadt Bagdad. Als die uralte Märchenstadt in seine Hände fiel, ließ er 90 000 Gefangene abschlachten, darunter den Kalifen Mustasim mit seiner Familie. Die Geschichte berichtet, daß Hūlāgū ein sehr tüchtiger Herrscher war. Ob sie über den Präsidenten Bush ebenso günstig urteilen wird, bleibt offen.

Offensichtlich sind diese Zeilen bei ihrem Anlaß angelangt. Im Sommer 1990, als Saddam Hussein mit seinen Truppen in Kuwait einmarschierte, hielt ich mich in der Schweiz auf, und die Tagesneuheiten kamen zu mir nicht aus dem altmongolischen Pressebüro in Washington, sondern von der nüchternen Neuen Zürcher Zeitung. (Es gibt Momente, da man für Nüchternheit dankbar ist.) Ich kann nicht behaupten, daß mein Herz schneller schlug oder daß mein Blut kochte. Als friedlicher Greis war ich natürlich gegen jede Veränderung: es macht mich schon nervös, wenn ein gewohnter Laden zumacht, was angesichts der wirtschaftlichen Lage oft vorkommt. Ob das Rohöl von einem autoritären Emir oder einem totalitären Parteiführer bezogen wird, ist mir egal, um so mehr als ich seit 1949 kein Automobil besitze. Die Geschichte der Grenzziehungen in jenem Teil Vorderasiens erschien mir verworren, von relativ sehr jungem Datum und mehr ein Ausdruck des sich zurückziehenden Kolonialismus als der einer alten Tradition. Warum gab es ein Land Kuwait und kein Land Palästina? Wer hatte gegen die Behandlung der Kurden protestiert? Ist in der Staatengeschichte der Welt jemals etwas aus reinen Motiven getan worden? Darf ein Volk, das dafür sorgte, die eigentliche Bevölkerung seines präsumtiven Landes auszurotten, bevor es in seinem Besitz war, darf ein solches Volk sich als Hohepriester der internationalen Moral aufspielen? So viele Fragen und keine Antworten.

Natürlich weiß ich, daß man mit Moral keine Mücken fängt. Während ich dies schreibe, lächelt mir mein Machiavelli vom Bücherregal herüber, und ein anderer Favorit, Joseph de Maistre, konversiert lebhaft auf einer Soiree in St. Petersburg über seinen Erzfeind Napoleon. Aber irgendwie erinnert mich Präsident Bush weder an die Medici noch an Napoleon. Was er den Arabern bringen kann, ist mehr Coca-Cola, mehr AIDS, mehr Kokain. Was man von den Amerikanern lernen sollte, können diese nicht lehren, denn sie haben es selbst vergessen. Es gab eine Zeit, da Amerika ein gut funktionierendes Gemeinwesen war, aber die ist längst vorbei. Auch ich habe nur die letzte verschwindende Kante gesehen.

Was gleich anfangs überraschend wirkte, war die ganz ungewöhnliche Hast, mit der die Regierung der USA den Einmarsch in Kuwait beantwortete. Es war, als hätte sie auf einen Vorwand gewartet, Saudi-Arabien zu besetzen; ein Verdacht, der an Begründung gewann, als man hörte, daß die amerikanische Botschafterin in Irak Sadam Hussein kurz vorher ermutigte, an Grenzrevisionen zu denken. Weniger argwöhnische Leute würden die Raschheit der Reaktion mit dem Wunsch des Militärs erklären, die Aufmarschbereitschaft der Armee endlich ausprobieren zu können, und das unter friedlichen Bedingungen. Wäre der Drang Arabien zu besetzen nicht so groß gewesen, hätten sie die Erlaubnis zu einem so kostspieligen Unternehmen – eine halbe Million Soldaten und fast die ganze Meeres- und Luftflotte – kaum erhalten; um so weniger als die wirtschaftliche Lage des Landes sehr schlecht ist. Aus diesem Grunde könnte es sich auch um einen Ablenkungsversuch gehandelt haben: nichts ermuntert die Volksseele mehr als ein Krieg.

Nachdem es durch eine undurchsichtige Packelei gelungen war, den Beschluß von wirtschaftlichen Sanktionen und ein Ultimatum an Irak durch den Sicherheitsrat der UNO durchzupeitschen, brauchte die neueste Saison des Massenmordes nicht lange auf ihre Eröffnung zu warten. Es waren noch keine 24 Stunden seit dem Ablauf des Ultimatums vergangen, und schon begann die amerikanische Luftwaffe mit dem Bombardement von Bagdad, wahrscheinlich dem bis jetzt intensivsten der Geschichte. Auch jetzt – mehr als vier Wochen seit Kriegsbeginn –

ist die Luftwaffe damit beschäftigt, die uralte Stadt völlig zu zerstören, und es bestehen gewiß bereits Pläne, sie im Stil von Brooklyn wiederaufzubauen.

VI

Der Betrachter des jüngsten Versuchs, am blutigen Gespinst der Weltgeschichte weiterzuweben, darf nicht vergessen, daß hinter dem riesenhaften Aufmarsch der Armee der Wunsch gestanden hat, die komplizierten und kostspieligen neuen Waffen endlich auszuprobieren; Waffen, deren Anschaffung zum wirtschaftlichen und sozialen Ruin des Landes wesentlich beigetragen hat. In vielen Beziehungen wird sich dieser Krieg als eine Flucht nach vorne herausstellen, eine Flucht vor den Problemen, den unlösbaren Problemen Amerikas. Was jedoch den Betrachter, also mich, erstaunt hat ist der Erfolg, mit dem die sogenannte öffentliche Meinung manipuliert worden ist. Während, bevor das Schießen begann, etwa die Hälfte der Befragten gegen das Vorgehen des Präsidenten war, ist es jetzt kaum ein Fünftel. Die Kniffe, mit deren Hilfe es immer wieder gelingt, die Vernunft des einzelnen zu betäuben, so daß er in eine bewußtlose Maße verschmilzt, sind von großer Einfachheit. Der Mensch wartet nur darauf, sein Persönlichkeitszentrum verlieren und das Nagen in seinem Herzen überschreien zu können. Früher gab es ein besseres Wort dafür: Gewissen. Aber was ist aus solchen einstmals wirksamen Begriffen geworden wie Gewissen, Ehre, Treue? Ich fürchte, Pascal hat recht gehabt, wenn er in seinen »Pensées« schreibt, daß alle Menschen von Natur aus einander hassen. Es ist daher leicht, diesen Haß in jede gewünschte Richtung zu konzentrieren, solange diese nicht den konsumatorischen und sexuellen Ansprüchen der Mehrheit widerspricht. Man hört, daß Präsident Bush Brokkoli nicht mag. Ich wollte, er hätte seine propagandistischen Fähigkeiten eher an diesem Gemüse erprobt. Es wäre ihm zweifellos gelungen, Liebhaber von Spargelkohl als Landesverräter zu stempeln, um so eher, als der Beitrag der Züchter dieser Pflanze zu seiner Wahlkasse wahrscheinlich nicht sehr groß ist.

Wenn 250 Millionen Menschen auf 16 Millionen losgehen, ist das kein geradezu erhebender Anblick. Aber das sind alte Bubengefühle, und wer schert sich jetzt um so etwas? Der Landkrieg hat zwar noch nicht angefangen, aber man kann voraussagen, daß dieses Mal Goliath über David siegen wird.

VII

Ich weiß nicht, ob es jetzt noch Menschen gibt, die Kants edle Schrift »Über den ewigen Frieden« ernstnehmen und über sie nachdenken. Sie war das Erzeugnis eines besseren Jahrhunderts, und wir sind getrennt von ihr durch ein Meer von Blut. Jetzt lacht man über die Aufklärung. Was war das schon? Sie kannten nicht einmal das Periodische System der Elemente, und fliegen konnten sie auch nicht. *Current Contents* enthält mehr in einer Nummer als die ganze *Encyclopédie*, auf die sie so stolz waren. Gewiß hätte den Diderot eine Gänsehaut überlaufen, wenn er von unserer Informationsexplosion gehört hätte. Aber vielleicht hätte ihn diese nur an die Gänse des Kapitols erinnert, deren Gackern auch niemanden gerettet hat. Wenn man das Schrifttum des 18. Jahrhunderts mit dem der Gegenwart vergleicht, sieht man vielleicht, was für ein gesegnetes Jahrhundert jenes gewesen ist. Es ist wahr, sie waren beschränkt, aber sie waren Meister, und wir nur ein fesselloses Stümperpack. Man braucht nur die Werke der Präsidenten Jefferson und Reagan zu vergleichen.

Die Weltgeschichte hat keine ehernen Gesetze, wie die Planeten sie haben in ihrem Lauf um die Sonne. Immer hätte es auch anders kommen können; aber warum es so gekommen ist, darüber wird niemals Einigkeit herrschen. Und immer hat es Menschen gegeben, die mit erhobenem Zeigefinger gepredigt haben und ausgelacht wurden. So hat es auch Pazifisten gegeben, lange bevor es den Namen gab. Diese Bezeichnung kam erst um 1900 auf – sie ist weder im Oxford English Dictionary enthalten noch im Littré –, aber seit Grotius hat man, mit viel Geistesschärfe und wenig Erfolg, über die Ächtung des Krieges als eines Werkzeugs der Politik nachgedacht.

Ich bin nie ein Pazifist gewesen, weil ich den Menschen, sobald sie als Masse agieren, soviel edle Friedfertigkeit weder zugetraut noch zuzumuten gewagt hätte. Was die Bergpredigt nicht zustande gebracht hat, wer kann sich vermessen, es mit mehr Erfolg zu tun? Ich fürchte, daß die Menschen selbst den Geboten Gottes nur folgen, wenn etwas dabei für sie herauskommt.

Daß auch nur ein Soldat sein Leben den Wiederwahlchancen des Herrn Bush opfern soll, halte ich für einen schändlichen Anspruch, aber Hunderte von Millionen fallen darauf herein. Immer wieder macht man die Fehler der Gegenwart, indem man vorgibt, die Fehler der Vergangenheit zu vermeiden. Was man bei Hitler versäumt hat versucht man, an dem kleinen Saddam Hussein wiederschlechtzumachen. Nichts scheint leichter zu sein als einen Feldzug zwecks Aneignung der arabischen Ölquellen als einen Verteidigungskrieg zu kostümieren. Die Weißwaschmaschinen der UNO können nach wenigen Handgriffen als Blutsprühmaschinen eingesetzt werden, und so geht die Historie weiter mit ihren Gedenktagen und Tapferkeitsmedaillen. Ich habe oft darüber nachgedacht, wie ein Universalkotzen der Menschheit aussehen würde, bin aber zu dem Schluß gekommen, daß universal nicht gilt: der eine kotzt, der andre schmatzt. Auch sehe ich keine Anzeichen, daß eine freie Weltabstimmung über Krieg und Frieden sich für den Pazifismus aussprechen würde. Das Wenn und Aber menschlicher Entschlüsse ist so verwirrend, daß niemand verstehen würde, wofür er stimmt. Bischöfe, Mullahs und Rabbiner haben zu allen Zeiten die Waffen gesegnet, denn jedem Volk erscheint sein Krieg als ein gerechter Krieg; was nur zeigt, wie wackelig der Begriff der Gerechtigkeit immer gewesen ist. Viel höher als diese ist die Barmherzigkeit, aber die steht nur mehr in den Wörterbüchern.

VIII

Natürlich folge ich dem Cato und bin, entgegen den Göttern, auf seiten der besiegten Sache. Nur finde ich es, aus der Greisenperspektive gesehen, oft nicht leicht zu entscheiden, wer der Sieger und wer der Besiegte ist. Zuerst hört man allenthalben nur Haßgesänge, später ertönt irgendwo ein Tedeum, das sehr schön ist, wenn es von Haydn geschrieben wurde; aber zwanzig, dreißig Jahre später ist alles umgedreht: die einstmaligen Sieger gehen mit dem Bettelsack umher, und die Japaner verkaufen mehr Automobile als die Amerikaner. Wieviel Elend, wieviel unbeschreibliches Elend dieses heiter bewimpelte Ringelspiel geschaffen hat, läßt sich nicht ermessen.

Wer die Liste der Alliierten durchgeht, die es Goliath überhaupt ermöglicht haben, von einer Allianz zu reden, wird mit Erstaunen gewahr, daß es mehr oder weniger die gleichen sind, die seinerzeit am Kampf gegen Deutschland und Japan beteiligt waren. Diese beiden sind den kriegerischen Aktionen gegen den Irak ferngeblieben, auch die Sowjetunion ist mehr draußen als drinnen. Die hätte vielleicht ihr Veto gegen den Ultimatumsbeschluß der UNO aussprechen sollen, denn der jetzt vor sich gehende Krieg ist irgendwie auch eine Kostümprobe für den angeblich zu Ende gegangenen Kalten Krieg.

Daß die Bevölkerung der Vereinigten Staaten anfangs jedem Krieg zugejubelt hat, sollte den dort Lebenden eigentlich nicht überraschen. Er muß schon längst erkannt haben, daß Amerika immer eine riesenhafte Fremdenlegion gewesen ist und noch immer ist, die seit der Entdeckung oder, besser, seit der Erfindung des Landes ein Anziehungspunkt wurde für die Wagemutigen, Verzweifelten, Gescheiterten und Verfolgten der ganzen Welt. So ist die Vabanquementalität der Légion Étrangère nie verloren gegangen. Die Amerikaner sitzen leicht auf der Welt und schwer auf ihrem eigenen Boden. Sie behandeln ihr Land wie eine schnell ausnutzbare eroberte Kolonie und erscheinen mir als das am wenigsten friedfertige aller großen Völker. Sie hassen auf Befehl und aus völliger Gedankenlosigkeit und sind gleichzeitig rührselig, wie es sich für Kraftlackel gehört.

IX

Dieser Text ist am 1. Februar 1991 begonnen und am 28. Februar beendigt worden, während ich versuchte, mich von dem irritierenden Jubelgeschrei der Zeitungen und der Sender abzusondern. Es war der verlogenste Krieg, den ich hier erlebt hatte: die Regierung diktierte den Berichterstattern, was sie sehen und sagen durften. Die Bevölkerung war in einer Trance, unfähig, gegen den endgültigen Abbau der vielgepriesenen Demokratie zu protestieren. Vieles, was jetzt akklamiert wurde, wäre in ruhigeren Zeiten als verfassungswidrig erkannt worden. Es war gelungen, das Volk während sechs blutiger Wochen von der Misere des Landes abzulenken.

Als ich den fünften Abschnitt dieses Aufsatzes schrieb, waren die amerikanischen Landstreitkräfte noch nicht eingesetzt worden; nur die Flugwaffe übte ihren fürchterlichen Terror aus. Unterdessen begann auch die Landarmee den Vormarsch, und gestern wurde verkündet, daß das Feuer eingestellt worden sei. Hand aufs falsche Herz, ich glaube überhaupt nicht mehr, was man mir erzählt. Wie viele Hunderttausende von Zivilisten dem angeblich mit chirurgischer Präzision ausgeführten Bombardement zum Opfer gefallen sind, weiß ich nicht, noch auch die Anzahl der erschlagenen irakischen Soldaten. Die amerikanische Armee hat angeblich nur 79 Gefallene zu beklagen. Sie behauptet das ganz ohne Erröten; es wird lange dauern, bis die Wahrheit, die jedoch wie immer zu spät kommt, bekannt ist.

Die mordenden Computer, die schießenden Teleskope, die lasergesteuerten Bomben, die unsichtbaren Flugzeuge haben also ihre Arbeit geleistet. Alle anderen Scheußlichkeiten – chemischer, bakteriologischer und nuklearer Art – mußten im Hintergrund verbleiben; sie waren nicht benötigt und warten auf andere Gelegenheiten. Der überzeugende Ausgang des kurzen

Feldzugs, den der unangenehme Riese gegen den unangenehmen Zwerg unternommen hatte, bringt große Gefahren mit sich. Er hat den primitiven Radaupatriotismus, der zu den meistbenutzten Werkzeugen des Politikers gehört, gewaltig angestachelt. Der zu einem riesenhaften Sieg heraufgeblasene Erfolg bringt das Volk auf schlechte Gedanken. Das Bewußtsein, daß die USA jetzt als die einzige Weltmacht übriggeblieben ist, erzeugt eine Art von Drogenrausch. Ein Organismus voll von Antikörpern gegen nicht existierende Infektionen wird diese erfinden müssen, und wehe uns, wenn der große Plumpsack sich einmal gewöhnt hat umzugehen!

Namensverzeichnis

Inhalt

Die Kapitel 1, 2, 6, 10, 11, 16 sind ungedruckt. Die Kapitel 3, 4, 8, 9 sind in der Zeitschrift »Scheidewege« erschienen, die Kapitel 5, 14, 15 in der »Neuen Rundschau«, Kapitel 7 in »Vor der Jahrtausendwende« (Hrsg. P. Sloterdijk), Kapitel 12 in »Geist und Natur« (Hrsg. J.-P. Dürr und W. Ch. Zimmerli), und Kapitel 13 im »Merkur«.

Verlagsgemeinschaft Ernst Klett Verlag –
J. G. Cotta'sche Buchhandlung

Printed in Germany
Schutzumschlag: Klett-Cotta-Design
Im Bleisatz gesetzt aus der 10/12 Baskerville
von Alwin Maisch, Gerlingen
Gedruckt auf holzfreiem und säurefreiem
Werkdruckpapier
von WB-Druck, Rieden am Forggensee
Gebunden von Lachenmaier, Reutlingen

Die Deutsche Bibliothek – CIP-Einheitsaufnahme

Chargaff, Erwin:
Vermächtnis: Essays/Erwin Chargaff. –
Stuttgart: Klett-Cotta 1992.
ISBN 3-608-95851-7